双書 ジェンダー分析 11

育児の
ジェンダー・ポリティクス

舩橋惠子

勁草書房

はしがき

　本書は，現代社会において育児をとおしてカップルが不平等な関係に陥っていくメカニズムと，それに抗して平等であろうとする諸実践の構成要素を，ミクロなカップルの主体的行為のレベルとマクロな社会政策のレベルの双方の絡み合いの中で，解明しようとするひとつの試みである。その方法として，比較社会学的変動論の立場を取り，日本・フランス・スウェーデンの3ヵ国で独自のフィールドワークを行い，得られた47＋1カップルのインタビュー・データに根ざした概念形成を試みた。本書の特徴は，質的調査研究によってリアリティのある類型を抽出し，その類型を手がかりに「平等主義」的関係への移行過程，世代間変動過程，そして主体的な戦略的実践と社会政策との関係を明らかにし，現代日本社会がはまりこんでいる隘路の構図を照らしだすところにある。
　フランスの育児政策は，「保育学校」を中心とする多彩な保育・教育制度において，スウェーデンの育児政策は，きめ細かく柔軟な育児休業制度とそれを男性ケアラー化に結びつける「パパ月」の仕組みにおいて，それぞれ世界に誇れる優れた特質を持っている。それらの背景にある家族文化や福祉レジームを理解したうえで日本の変革を考えると，育児休業中心型でも保育・教育制度中心型でもぶつかる障壁が見えてくる。しかし，フランスやスウェーデンでも一世代前には，それぞれ困難な状況と変革の必要性があったのであり，そこから私たちが隘路を突破する可能性も同時に見えてくる。
　私は21世紀はケアの時代であると考えている。女性だけでなく男性もケアラーになることが必要であり，また新しい風通しのよいケア関係の構築が必要である。育児や介護をはじめとするケア問題の家族主義的解決は，しだいに構造

はしがき

的に不可能になり，地域や社会政策に基づくケア制度を模索していかなければならない。モノの生産は依然として社会の基礎であるが，このようなケア関係の社会理論を社会科学は探求していく必要がある。実証的研究の常として，本書で明らかにしうることは極めて限られているが，これから育児問題をジェンダーの視点を持って考えようとするときに鍵になる概念をいくつか提示したい。学術書ではあるけれども，研究者や学生だけでなく子育てに悩む男女や育児問題に実践的な関心を持つ方々にも読んでいただけることを願って，いたずらに難解な表現を避けて極力わかりやすい表現を心がけたつもりである。

　本書には，96人の調査協力者の〈声〉が，ぎっしりとつまっている。調査協力者は，まさに育児と仕事に忙しいなかをインタビュー調査に快く応じて下さり，プライベートな家族生活の実際やそれへの思いを本当に率直に語って下さった。どのインタビューも私にとってひとつひとつ貴重な出会いであり，感動があった。それを埋もらせてはならない，これらの〈声〉をプライバシーに配慮しつつ社会的に開示する責務があると思い続けてきた。どうかひとりひとりの語りを味わっていただきたい。最後に，調査協力者の方々に心から感謝し，本書を捧げる。

育児のジェンダー・ポリティクス

目　次

目　次

はしがき

序　章　育児にひそむジェンダー・ポリティクス …………1
　　1　家族内在的なジェンダー秩序の探求 ………………2
　　2　育児に関わる社会制度の変革とジェンダー秩序 …3
　　3　マクロな社会政策とミクロな家族戦略の
　　　　ジェンダー・ポリティクス …………………………4
　　4　本書の構成 …………………………………………5

Ⅰ　調査研究の枠組

第1章　育児とジェンダーをめぐる理論的課題 ……………11
　　1　家族・労働市場・ジェンダーの基本的関係 ………11
　　2　ジェンダー秩序の理論 ………………………………12
　　3　福祉レジーム論におけるジェンダーの視点の導入 ………17
　　4　家事・育児分担に関する実証的研究 …………………25
　　5　本書の課題 ……………………………………………32

第2章　比較社会学の視点と方法 ……………………………34
　　1　比較社会学という方法 ………………………………34
　　2　日本・フランス・スウェーデンを選んだ理由 ……40
　　3　スウェーデンの育児環境 ……………………………43
　　4　フランスの育児環境 …………………………………51
　　5　日本の育児環境 ………………………………………57

第3章　フィールドワークからの発見 ………………………63

1	調査のデザイン	63
2	3ヵ国におけるインタビュー調査	66
3	分析方法	68
4	4つの通文化的類型の析出	70
5	性役割配分の視点から見た4類型	74

II 「夫婦で育児」の通文化的4類型

第4章 平等主義タイプ …………………………………79

1 典型的な「平等主義」タイプのプロフィール ………79
2 〈平等〉はどのように捉えられているか ……………87
3 〈平等〉を促すもの …………………………………90
4 平等主義カップルにおける微妙なジェンダー秩序 ……95

第5章 役割逆転タイプ ………………………………103

1 典型的な「役割逆転」タイプのプロフィール………103
2 男性が稼ぎ手役割から降りて育児の
主体になるという選択の意味…………………………106
3 「役割逆転」に孕まれている機制 …………………111
4 不徹底な逆転 …………………………………………114

第6章 女性の二重役割タイプ ………………………118

1 典型的な「女性の二重役割」タイプのプロフィール …118
2 不平等な家事分担の正当化 …………………………125
3 妻の断念と抱え込み …………………………………132
4 外部サポートによる緊張緩和…………………………135

目　次

第7章　男性の二重役割タイプ……………………………137
1　典型的な「男性の二重役割」タイプのプロフィール…137
2　不平等な総労働時間の正当化………………………143
3　夫の家事・育児参加の条件…………………………148
4　「男性の二重役割」タイプの限界……………………151
5　第Ⅱ部のまとめ………………………………………153

Ⅲ　ジェンダー・ポリティクス

第8章　平等主義タイプへの移行過程……………………157
1　「平等主義」タイプへの典型的移行事例……………158
2　「男性の二重役割」タイプからの離脱条件…………167
3　「女性の二重役割」タイプから「平等主義」タイプへ…173
4　移行過程の全体像……………………………………180

第9章　世代間の変動………………………………………187
1　フランス農民家族の2世代の事例…………………188
2　性役割の流動化………………………………………194
3　父親役割の構造的変動と新しい
　　父親役割についての考察……………………………199
4　世代間変動の仮説的モデル…………………………203

第10章　社会政策とカップルの戦略………………………210
1　マクロの社会政策とミクロの家族戦略……………210
2　スウェーデンにおける育児休業制度の
　　発展とカップルの育児休業取得戦略………………215

3　フランスの保育・教育制度の発達と
　　　　カップルの両立戦略 ……………………………………222
　　　4　日本社会への示唆 ………………………………………232

終　章　ジェンダー変革の困難と希望……………………………239
　　　1　通文化的4類型を貫くジェンダー秩序の
　　　　ベクトルと対抗ベクトル ………………………………239
　　　2　育児に関わる社会政策のジェンダー効果 ……………241
　　　3　社会政策とカップルの戦略との相互規定関係………242
　　　4　比較社会学的変動論 ……………………………………243
　　　5　本書の意義と限界 ………………………………………245

参考文献 …………………………………………………………………248
あとがき …………………………………………………………………257
索　引 ……………………………………………………………………259

序章

育児にひそむジェンダー・ポリティクス

　素朴な問いから始めよう。男性は子どもが生まれようが生まれまいがほとんど変わりなく、自分の人生航路を歩む。しかし女性は、子どもを産むかどうか悩み、産めるかどうか一喜一憂し、また子育てによって自分の人生航路に何らかの修正が加わることが多い。なぜ男性は産育に左右されずに個人の人生を生き、女性はかくも産育に左右されるのだろう。女性は男性よりもそれだけ豊かに深く産育を経験するのかもしれないが、産育に囚われていると見ることもできる。

　たしかに現代社会では、女性の生き方の多様性、選択の自由の範囲は拡大した。また女性の社会的発言力も増してきた。さらに職場における男女平等規範も、たとえ建前に過ぎなくても、一部分の現象に過ぎなくても、少しずつ広がりつつある。そして対等なカップル関係を築きたいと願う男女は増えてきている。

　しかしながら、対等であり続けたいと願うカップルも、ひとたび子どもを持つと育児を通して不平等な関係に陥っていく傾向がある。男性は産育に深く関わることができず、したがって産育に左右されずに職業人生を歩みやすく、女性は産育に深くコミットするがゆえに両立に悩む。もちろん妊娠と分娩と授乳が女性の身体を通して行われることから、ほ乳類の雌雄としての制約はあるものの、そうした男女の直面する状況の違いのすべてを、生物学的性差に帰することはできない。日本だけでなく、私が調査対象としたフランスでもスウェーデンでも、程度の差はあれ同じような状況がある。

　労働や政治の場でいかに男女平等が進んでも、人間の再生産が女性の身体を舞台にして展開されることを根拠に構築されている「母性イデオロギー」の社会的な縛りは、なかなか解けない。女性という性別カテゴリーは、しばしば

「産む性」と称されるように，産育と深く結びつけられている。このことは女性をケアの領域に結びつける内発的な引力になり，男性をケアの領域から排除する力としても働く。産育は家族の性別分業を維持する最後の砦のように見える。

本書は，この問題を以下の3つの問いとして追求する。
(1)育児を通じて男女の不平等を生み出していく家族内在的なからくりは何か。
(2)育児に関わる社会制度はジェンダー秩序とどのような関係にあるか。
(3)マクロな社会政策とミクロな家族戦略はどのような関係にあるか。

1 家族内在的なジェンダー秩序の探求

現代家族には育児を通じて男女の不平等を生み出していくような，何か非常に巧妙なからくりが潜んでいるのではないだろうか。いわばジェンダー秩序に向かって流れる強力な磁場のようなものがあって，それに抗して平等であろうとするベクトルとせめぎ合っているのではないか。私は両性を貫くジェンダー秩序の磁場と平等主義のベクトルとのせめぎ合いの場として，家族を捉え直してみたい。

このことは現代の子育て家族を深く分析すると同時に，ジェンダー秩序とは何かという古くて新しい問いを深めていく仕事でもある。もちろんジェンダー秩序は，様々な制度の複合的な絡み合いの中で作動しているので，家族だけを見ていても充分に捉えきれず，例えば企業と家族，教育と家族といった領域間関係の分析を欠かすことができない。だが複合関係の分析とともに，個別下位システムの分析も必要である。例えば長く家族企業間関係を研究してきた木本喜美子は，職場内在的な固有のジェンダーの成り立ちを研究する必要について述べている（木本 2003：8-28）。本書は，その対極にある家族内在的なジェンダーの分析を志している。

なお育児を通じて家族内在的にジェンダーが再生産されるメカニズムについては，すでにN.チョドロウの『母親業の再生産』（Chodorow 1978＝1981）という仕事がある。チョドロウは，現代の多くの母親が自分から進んで育児を引き受け情動的に子どもにかかわろうとする傾向を，女性の生物学的特性による

説明ではなく，その母親自身が母親によって育てられてきた精神社会的発達過程から心理学的に説明している。私はそのような親子関係の経路ではなく，カップル間役割分業と社会制度との関わりに注目した社会学的分析をしたいと思う。

2 育児に関わる社会制度の変革とジェンダー秩序

　本書を貫くもうひとつの問いは，育児をめぐる社会制度の変化が，ジェンダー秩序とどのような関係にあるかということである。

　社会は次世代を産み育てることなしに存続しえない。それぞれの社会，それぞれの時代には固有の産育制度があると考えられる。そしてリプロダクション（再生産）をめぐる規範や制度は，社会の構造的変動を背景に変化する。たとえば，多くの先進工業社会では，伝統的な地域の子育てシステムが衰退して，母親に育児の主責任が託された後，孤立した育児のもたらす問題点が顕在化し，ふたたび育児を社会的に保障する制度の形成に向かっている。この変化を私は「産育保障の時代へ」と表現した（舩橋 1992）。

　このような育児の社会化にともなって，ジェンダー関係の再編も生じるが，その方向性は多様である。実際に，児童手当，育児休業，保育などさまざまな育児支援政策や，仕事と家庭の両立支援政策が講じられつつあるけれども，それらはどの程度ジェンダー秩序を流動化させているのだろうか。また父親の育児参加は，はたして進んでいるのか，また今後もっと進んでいけばジェンダー秩序を揺るがすに至る見込みはあるだろうか。ジェンダー秩序を変えていくような制度変革の条件は，何だろうか。

　かつて私は育児休業制度について，ジェンダー秩序を補強する可能性を指摘し，ジェンダー秩序を流動化させる条件について論じた（舩橋 1998）が，本書ではそれをさらに発展させて，育児の社会化諸政策についての検討をめざす。

3 マクロな社会政策とミクロな家族戦略のジェンダー・ポリティクス

　ジェンダーの規範は，ミクロな日常生活の諸実践からマクロな社会構造に至るまでびっしりと埋め込まれている（江原 2001）。そうしたジェンダー秩序の立体性・総体性・複合性を念頭に置きつつ，本書では「育児のジェンダー・ポリティクス」をマクロな社会政策と個々の具体的な家族戦略という二つのレベルで，複眼的に見ていきたい。

　ジェンダー・ポリティクスという言葉は，様々な使われ方をしている。例えば深澤和子は『福祉国家とジェンダー・ポリティクス』において，明示的に定義はしていないものの，福祉国家の社会政策をジェンダーの視点から分析し，隠れたジェンダー関係を明らかにすることによって，福祉国家の持っている潜在的な女性解放力を高めていく可能性を探るというような文脈で使用している（深澤 2003）。また海妻径子は『近代日本の父性論とジェンダー・ポリティクス』において，大正期の一條忠衛の父性論を「産業化や国民国家化が男性を駆り立て，また男性自身も選び取っていく社会的達成というものが，競争原理からの癒しとしての家庭的充足という欲望を男性に生じさせ，しかし同時にその家庭的充足は物質的基盤としての男性の社会的達成を要請する，という対立的補完関係において展開する」（海妻 2004：387）という視角から分析している。そして「私たちが放り込まれているジェンダー・ポリティクスとは，権力関係の解体をめざして行うジェンダーの変革要求が，同時に新たな権力関係へ自らを囲い込んでいくことになるような性質のものなのである」（海妻 2004：388）と述べている。いずれもケイト・ミレットの『性の政治学』以来，ラディカル・フェミニズムの重要な遺産となった，一見気づかない社会秩序の中に潜んでいるジェンダーの権力関係に注目する，という方法を用いている。

　これらの先例に倣いつつ，私は「育児のジェンダー・ポリティクス」という言葉を本書の問題意識の核として，以下の意味で使用したい。

①家事・育児分担をめぐるカップル間の交渉を分析する際に，顕在化した対立だけでなく，潜在的な葛藤や，葛藤すら生じさせない日常的自明性の政治性

に注目する。これを(1)の問いに関わるミクロなポリティクスと呼ぼう。
②育児に関わる社会政策を分析する際に，それがジェンダー秩序にもたらす効果に注目し，政治化する。これを(2)の問いに関わるマクロなポリティクスと呼ぼう。
③以上の①②をふまえてさらに，育児に関わる社会政策が，それを受けとめて生きる諸個人の家族戦略を介して，いかなる社会的枠組を構成するかに注目する。これを(3)の問いに関わるマクロとミクロのジェンダー・ポリティクスと呼ぼう。

　本書の目的――育児をめぐるジェンダー・ポリティクスを，マクロ・ミクロ両面から問う――を達成するために，私は比較社会学という方法をとった。異なる制度を持つ複数の社会について，マクロな制度面だけでなく，制度を生きる個々の家族のリアリティと戦略に迫り，共通性と異質性を抽出しながら比較分析していきたいと考えている。そのために日本・フランス・スウェーデンの3ヵ国を選び，1999年にフィールドワークを行った。本書では3ヵ国計47＋1家族のオリジナルなインタビュー・データに根ざした理論化を試みよう。

　このような課題を遂行していく上で重要なのは，ジェンダー秩序とその流動化のイメージである。ジェンダー秩序とは，男女の生物学的差異を理由に，絶えず男性を主体に女性をその補助的存在へと位置づけることによって，社会的な性別格差を生み出していくような社会秩序である。そしてその流動化とは，男女の生物学的差異はあっても，性別による社会的格差が減少していくことである。しかしそれは，現在の男性労働者を基準にして格差を縮める（男並み平等）のか，それとも女性ケアラーを基準にして格差を埋めていく（女並み平等）のか。いずれもポジティヴにイメージを描きにくいとすれば，どのようなモデルを想定しうるだろうか。このような根本的な問いについても，比較社会学的探求の中で模索したいと思う。

4　本書の構成

　本書の第Ⅰ部では，先行研究をふまえて調査研究の枠組みを示す。
　第1章は，まず家族・労働市場・ジェンダーの基本的な関係をおさえた上で，

序　章　育児にひそむジェンダー・ポリティクス

ジェンダー秩序の理論と家族に潜む権力の理論を，さらに福祉レジーム論をジェンダーの視点から再検討する諸理論をとりあげながら，本書の立脚する理論的基礎を形成していく。さらに，家族社会学分野における家事育児分担に関する実証的研究成果をレビューしつつ，本研究の課題を絞っていく。

第2章は，前章の基礎の上にさらに国際比較の方法を検討し，本書の研究を比較社会学的変動論へと焦点化していく。そして日本，フランス，スウェーデンの3ヵ国をフィールドに選んだ理由を述べ，具体的分析の背景になっている各国の現代育児政策の基本的枠組を概観しておく。

第3章は，3ヵ国のフィールドワークのデザイン，データの方法的限定，実施経過，分析方法を述べ，インタビュー結果から抽出された4つの通文化的類型について説明する。

第II部では，その通文化的4類型について，典型的な事例を紹介したうえで，インタビューの語りをジェンダーの視点から丹念に分析していく。

第4章は，「平等主義」タイプについて，平等の捉え方，平等を促すもの，平等を志すカップルにもかかってくるジェンダー秩序のベクトルなどを分析する。

第5章は，「役割逆転」タイプについて，男性が稼ぎ手役割から降りて育児の主体になるという選択の意味づけ，逆転に孕まれている機制，逆転の不徹底などを分析する。

第6章は，「女性の二重役割」タイプについて，不平等な家事分担の正当化のしかた，妻の断念と抱え込み，外部サポートによる緊張緩和などを分析する。

第7章は，「男性の二重役割」タイプについて，不平等な総労働時間の正当化のしかた，夫の家事・育児参加の条件，そしてその限界について分析する。

第III部では，育児をめぐるジェンダー・ポリティクスを，マクロとミクロの両面から縦横に分析していく。

第8章は，共稼ぎと男女平等の主流化という視点から，「平等主義」タイプに向かっていく4類型間の移行プロセスを，マージナルな事例や移行事例の語りを中心に，ミクロのジェンダー・ポリティクスの視点から分析する。〈不可視的権力〉を可視化し，〈個〉に基礎づけられた〈共同性〉を通じて，より平等に向かっていく機制が明らかにされる。そして移行過程の全体像の中で，

「役割逆転」が新たな位置づけを獲得する。

　第9章は，親世代との比較を通じて，生活世界の社会的枠組の変化を分析する。親世代へのひとつのインタビューと，それぞれの親世代に関する語りを分析する中から，母親規範や父親規範の変化と生活様式の変化を捉える。そして，父親役割の歴史的変化について，中間考察を行う。そのうえで，世代間変動についての仮説的モデルを構成する。

　第10章は，マクロの社会政策とミクロの家族戦略との関係を捉えていく。家族文化や福祉レジームと育児政策との親和性に注目し，スウェーデンとフランスにおいて典型的に優れて発展した制度——育児休業と保育・教育制度——を，その発展の歴史に遡って見ていく。さらに，それぞれの制度を主体的に利用しようとするカップルの戦略を分析する。そして，そこから得られた知見を参考に，現代日本社会の抱えている内的困難を明らかにする。

I
調査研究の枠組

第 1 章

育児とジェンダーをめぐる理論的課題

　本章では，先行研究の中から特に重要なものを取り上げて，育児のジェンダー・ポリティクスを問う本研究が立脚する基本的な理論枠組を提示しよう。第1節では，家族・労働市場・ジェンダーの基本的関係について，第2節で，ジェンダー秩序の理論について，第3節で，福祉レジーム論におけるジェンダーの視点の導入について検討する。その後，第4節で，家族社会学における家事・育児分担に関する実証的研究の成果を確認し，本研究の出発点を明らかにする。

1　家族・労働市場・ジェンダーの基本的関係

　家庭における女性の家事・育児遂行と職場における女性の劣位との関係を明らかにすることは，フェミニズム理論のひとつの重要課題であった。
　N.ソコロフは『お金と愛情の間』のなかで，従来の理論を以下の五つに整理した（Sokoloff 1980＝1987）。
①女性の不利な条件を与件として扱ってしまう従来の社会学的階層化・地位達成理論
②女性の二次的市場への動員に注目する二重労働市場理論
③それらを独占資本主義的な利用から説明するマルクス主義理論
④再生産を担う主婦は資本にとって必要な労働力再生産に利用されるとともに産業予備軍としても利用されるとする前期マルクス主義フェミニズムの理論
⑤家父長制的関係が作用して労働市場において女性に従属的な立場を割り当てていくことを問う後期マルクス主義フェミニズムの理論

そしてソコロフは，それぞれの理論の意義と限界を論定したうえで，⑤後期マルクス主義フェミニズム理論をベースに，家父長制と資本主義との相互調整という視点を導出し，女性労働の弁証法的諸関係という新しい理論的地平を開いた。

上野千鶴子は『家父長制と資本制』において，こうした方向を発展深化させ，さらに日本社会の分析も試みた（上野 1990）。男性＝生産労働，女性＝再生産労働という性分業によって，資本制は社会にとって必要な次世代の再生産を家族から無償で得ている，という認識は重要である。育児のコストを払わずに女性の無償労働の上に「ただ乗り」しているのは，子どものいない女性ではなく家父長制的資本制社会の方であり，それゆえ，出生率低下に直面すると，家父長制的資本制社会は育児コストを少し払うことによって「安乗り」に軌道修正し，女性から次世代育成の労力提供を確保しようとする。今日の育児支援政策が，一方で現代の育児困難への解決可能性を孕みつつも，どこか対症療法的なうさんくささを持つのは，このような視角から理解される。

私もかつて『母性の社会学』において，環境問題における社会的コスト論とのアナロジーで，家族の中の女性が無償で提供している育児の社会的コストについて論じた（舩橋 1992）。ここから今日の変革の基本的方向性として，育児コストの社会的再配分（育児の社会化），女性の就労を通じての経済的自立，男性の家事育児遂行という三本柱が導き出される。本書においても，この基本枠組は維持したい。ただソコロフの「資本主義」や上野の「資本制」，さらに両者の「家父長制」という概念は，そのままでは実証的データ分析に使いにくい。今後，操作的な概念化が必要であり，福祉国家の役割を再考する中で資本主義の現代的性格を検討することも必要である。

そのために私が注目している理論的鉱脈は，ジェンダー秩序の理論（第2節）と，その視点から福祉レジーム論を変革すること（第3節）である。

2　ジェンダー秩序の理論

性支配の問題を複合的な社会秩序の問題として分析するジェンダー秩序の諸理論の中で，私はラディカル・フェミニズムの視点から新たに切り込んだ江原

由美子の『ジェンダー秩序』とA.コムター「潜在的権力」と「不可視的権力」のメカニズムを取り上げたい。

◇江原由美子『ジェンダー秩序』

江原は性支配の問題を法規範上の平等に還元せず，また支配の歴史的起源論でもなく，諸個人のジェンダー化の過程と同時に，主体的実践の選択肢の範囲のジェンダー差を論じうる理論をめざして，ジェンダー秩序の下での諸実践がジェンダー体制を再生産する循環的構造を描き出した（江原 2001）。

江原によれば，「ジェンダー秩序」は「性別分業」と「異性愛」から成る。

「性別分業」とは，いわゆる「男は仕事，女は家庭」という「夫婦間の役割分担」もその中に含みつつ，その根底にある「男は活動の主体，女は他者の活動を手助けする存在」という社会的規則である。したがって女性職にケアの仕事が多いことも，ジェンダー秩序のあらわれとして説明しうる。このような根底的な「性別分業」の定義は重要である。女性の就労が進んでも，多くの女性は，職場でも家庭でも「他者の活動を手助けする存在」として働いており，女性の就労だけではジェンダー秩序の変革は語りきれない。

江原の言う「異性愛」とは，情緒的愛着に関する社会システムの構造特性で，「性的欲望の主体」を「男」という性別カテゴリーに，「性的欲望の対象」を「女」という性別カテゴリーに結びつける社会的な認識枠組である。男の「主体」化と女の「性」化というセクシュアリティの構図は，生物としての人間の性には根拠を持たないにもかかわらず，近代の人間に文化として深く内面化されている。

このふたつの機制が絡み合いつつジェンダー秩序を作り上げているのであるが，本書ではとりあえず「異性愛」のモメントは括弧に入れて，「性別分業」のモメントを中心に議論を展開していきたい。このことは，本書の限界にも関わっている。

さらに江原によれば，ジェンダー秩序を支えているのは，我々の「ジェンダー知」，すなわち性差に関する「知識」である。「ジェンダー知」は「社会的に流布している言説」にも「日常的に語られる会話」の中にも，遍在しており，相互に参照しあいながら強い力を発揮している。社会の中には，性差について

のステレオタイプな「知識」があふれている。たとえば，女は子ども同然で分別を持たないので（というジェンダー知に基づき）選挙権など与える必要はないというような社会的言説は今では笑いごとだが，そうした主張が大まじめに議論されたのはそう古いことではない。

「ジェンダー知」は，似非科学的知識の形を取ることもあるが，我々の日常知，ハビトゥス，日常感覚に深く根を下ろしているため，なかなか対象化しにくい。またひとたび対象化すると，日常生活が疑問に満ちてきて滑らかには進まなくなる。ジェンダー秩序に気がつき始めると，身の回りはジェンダー秩序だらけで目から鱗が落ちる感動を味わうが，ジェンダー秩序に気づかない周囲の人たちとの関係が難しくなると言われる。たしかに誤った「ジェンダー知」に基づく言説は，圧倒的な強い流れを形成しており，その流れに抵抗するにはエネルギーが要る。

ジェンダーの権力とは，このような社会秩序そのものである。ソコロフや上野が表現しようとした「家父長制」というジェンダーの権力は，不断に「男」を「主体」とし，「女」を「主体」によって定義される存在，すなわち「他者」化（Simone de Beauvoir 1949＝1997：11-15）するような「ジェンダー知」に基づいて行われる社会的実践の総体と，それによって存立しているジェンダー体制と言えるのではないだろうか。

このような権力の捉え方は，社会学における通常の権力の捉え方よりも広い。この点で，A.コムターの権力概念は示唆的である。

◇A.コムター「不可視的権力」のメカニズム

A.コムターは，カップル間の権力関係について，「明らかな権力」（manifest power）「潜在的権力」（latent power）「不可視的権力」（invisible power）という三つのタイプを提示した（Komter 1989, 1990）。さらに，G.アーネとC.ロマーンは，スウェーデンのカップルについて，コムターの権力概念を使用した分析を行っている（Ahrne & Roman, 1997＝2001）。

「明らかな権力」とは，対立し合う意思の調整において一方が他方の意思に逆らって自らの意思を押し通すことのできる可能性を言う。これは通常の「権力」概念である。

「潜在的権力」とは，対立し合う意思の調整における交渉というコストに片方が耐えられず要求を飲み込んでしまい，意思対立が潜在化されてしまった緊張関係を言う。例えば家事を夫にもっと分担してもらいたいと思う共働きの妻が，交渉の繰り返しに疲れ，要望を出すより自分でやってしまった方が早いと考えて交渉をしない場合，「潜在的権力」が作動していると考えられる。

「不可視的権力」とは，要望自体が自覚されず，自発的に社会秩序に従う場合を言う。例えば家事は妻がするものと思いこんでいて，分担をめぐる交渉すら思い及ばないというような状況が挙げられる。社会構造や文化の中に，そのような抑圧のメカニズムがあると考えられる。

江原の権力概念は，この「潜在的権力」や「不可視的権力」を含んでいる。そこで江原のジェンダー秩序論とコムターの権力論を，本書の問い，すなわち対等であろうと望む男女が育児を通して不平等な関係に陥る社会的からくりの解明という文脈に応用することができる。

例えば子どもは3歳までは母親の手で育てるべきであるという「3歳児神話」は，現代日本社会の「ジェンダー知」のひとつである。それは「子どものために」多くの女性を進んで家庭に引きこもらせ，孤立した困難な育児状況に追い込み，その男性パートナーを稼ぎ手に特化させ，育児から遠ざける「母性愛神話の罠」であった（大日向 2000）。妻の育児退職は，夫と妻の間に何の対立も起こすことなく，自発的に「社会に流布する言説」に沿って下された善意の戦略的共同決定であったかもしれない。しかしやがて専業主婦の「名前のない問題」（Friedan 1963＝1965）と呼ばれる鬱状態や，「母性愛という制度」（田間2001）による母親の子どもへのパターナリズムの問題に直面することになり，ずっと後になって社会的権力の作動を発見するのである。かつて私は，それを「母性イデオロギー」と呼んだ（舩橋 1992）。

女性だけではない。男性もまた「不可視的権力」のメカニズムに苦しむことがある。

春日キスヨは父子家庭を生きる男性の声を通して，現代社会の権力性を逆照射した（春日 1989）。幼い子どもを抱えて妻と離死別した男性は，仕事と育児との両立に悩み，会社の男性集団からはじき出され，地域や親戚の女性集団にも溶け込めない。母子家庭の場合は，地域や親族の女性ネットワークに連なる

ことができるのだが，(特に離婚した場合の)父子のペアは不審の目で見られてしまう。まさに男性中心社会の「周縁」に生きることを余儀なくされた男性たちである。春日のインタビューからは，子どもに不憫な思いをさせまいと孤軍奮闘する男性たちの思いが伝わってくる。父子家庭における「父親の育児」は，両親揃った家庭の「父親の育児」とは意味が違う。母親の手伝いの域をはるかにこえて育児の責任主体であるのだが，「男性」カテゴリーと「愛情」や「子どものケア」が結びつかない社会のまなざしによって，不当にも射すくめられるのである。

双子の育児に専念するために新聞記者の職を辞した吉田義仁も，その育児体験記(吉田 1992)の中で，1年間の主夫生活で何度も社会への違和感にとらわれたと述べている。自己紹介するのに名刺がないという初めての経験と戸惑い。世間からは男に育児をやらせて仕事を続けているという，妻への誤解。母性礼賛だらけの童謡。夫婦で子どもの健診に行けば，育児担当者である父親を無視して専ら母親に話しかける小児科医。男性の育児参加は奨励されても，主夫の育児には同情したり蔑んだりする社会のまなざし。男性ケアラーの存在は，育児と女性カテゴリーの強い結びつきをあぶり出してくれる。

春日や吉田の描いた時代は，はたして過去のものとなったであろうか。近年ますます父親の育児が推奨されるようになったが，まだ男性の育児についてのジェンダー秩序が解消されたわけではない。私は男女ともに，こうした「不可視的権力」のメカニズムに晒されていることに注目したい。

ジェンダー秩序とは，このように女性というカテゴリーを不断に「他者のケア」へと差し向け，男性というカテゴリーを「活動の主体」へと差し向ける社会秩序である。産業(資本主義)社会では，男性＝生産労働，女性＝再生産労働という「性役割分業」の形を取り，「近代家族」が形成されたが，やがて産業化以後の(成熟資本主義とも言われる)消費社会になっていくと，少子高齢化・サービス化・情報化・グローバル化とともに単純な性役割分業は変容を迫られ，「女性労働力の活用」や「家族の多様化」が現出する。だがそれにもかかわらずジェンダー秩序は姿を変えながら存在し続けているのではないだろうか。ラディカル・フェミニズムの視点は，現代社会の根底にあるジェンダー秩序を照らし出す光源を提供しているように思われる。本書ではそれを〈ジェン

ダー秩序のベクトル〉と呼び，重要な分析の視点にしていく。

だが江原やコムターの視点は，マクロな社会構造の問題を視野に入れながらも，やはりミクロな相互行為のレベルにおけるジェンダー・ポリティクスの分析を焦点化している。そこで次に，マクロな社会政策に関わるジェンダー・ポリティクスを論ずるための理論を検討しなければならない。

3 福祉レジーム論におけるジェンダーの視点の導入

ここでは社会政策レベルでジェンダー・ポリティクスを問うために，福祉レジーム論におけるジェンダー視点の導入について検討する。

◇Ｅ．アンデルセン『福祉資本主義の3つの世界』

現代の社会政策を論ずる際の有力な足場として，Ｇ．Ｅ．アンデルセンの『福祉資本主義の3つの世界』(1990＝2001) がある。アンデルセンは現代の産業化と人口構造高齢化の過程で，資本主義が絶えず労働力を商品化しつつも，労働者という人間に対して社会権を認めざるを得ず，年金を支出する社会へと変容していくことに注目する。その変容のプロセスにおける政治経済学的階層化の仕方に3つのプロト・タイプがあり，それを膨大なデータの計量分析という方法を駆使して抽出した。具体的には，高齢による退職，病気による欠勤，失職という3つのリスクに注目し，それに対応する老齢年金，疾病給付，失業保険を中心に，脱商品化スコア（労働者がみずからの労働力商品化に依存せず市民権に基づいて生活保障を得られる程度）をもとめ，その値の高い順に社会民主主義，保守主義，自由主義という三つの基本的福祉レジームを抽出した。私は，彼の理論が人口構造高齢化に関係して作られたことに注目したい。

「自由主義」レジームとは，自由な市場の競争のために労働者の社会的リスクにはミニマムな保障しかせず，階層を二重構造化していく社会であり，アメリカやオーストラリア，ニュージーランドなどがその典型例とされる。

「保守主義」レジームとは，既存の職業団体が伝統的に築いてきた労働者世帯の保護を基軸に社会保険を制度化していく社会であり，ドイツやフランスが典型例とされた。コーポラティズム的性格と家族主義的性格を備え，いろいろ

なバリエーションがある。

「社会民主主義」レジームとは、労働者の利害を労働組合の組織化を通じて国家が総動員し、普遍主義的に社会権を設定する社会であり、スウェーデン、ノルウェー、デンマークなどのスカンジナビア諸国がその典型例である。

日本は自由主義的であると同時に保守主義的であると位置づけられた。それは日本の諸制度が明治期以降に保守主義的大陸ヨーロッパ諸国の影響を受けたことと、第二次大戦後に自由主義的アメリカの影響を受けたことを考えれば、頷けるものがある。また日本の高齢化が遅発で急激であることを考えれば、自由主義的・保守主義的福祉制度でスタートして行き詰まっているというのも、頷けるところがあるだろう。

アンデルセンはもともとリスクへの対応を「市場」と「家族」と「国家」がどうシェアするかによって、福祉レジームを捉えようとした。しかし実際には、1990年の本では、家族についてはあまり語らず、主に労働市場の階層化分析を行った。その労働者モデルも、暗黙のうちに妻子を養う男性世帯主の労働者を想定していた。つまり福祉資本主義の基礎に横たわる家事・育児・介護といったアンペイド・ワークを女性が担っていることに、充分に分析の光を当てていなかったのである。

◆脱家族化論

この福祉レジーム論に対して、たちまち二種類の批判が寄せられた。ひとつはタイポロジーの包括性に関わる批判（Castles and Mitchell 1992など）であり、もうひとつはフェミニズムからの批判（O'connor 1993, Orloff 1993, Lewis 1993, Sainsbury 1994など）であった。アンデルセンはこれらの批判を真剣に受けとめ、かつ脱工業化時代のリスク構造の変化にも焦点を当てて、新たな視界を開くものとして『ポスト工業経済の社会的基礎』（1999＝2000）を発表した。

アンデルセンは今日、福祉レジームを支えている労働市場と家族という二つのシステムが、ともに「機能不全」に陥っている（Andersen 1999＝2000：24）と言う。1960～70年代における各福祉レジーム成熟の背景には、無償の家事・育児・介護を担う女性と有償の職業労働に勤しむ男性との性別役割分業家族があり、また労働市場は経済成長を通じて男性稼得者に家族賃金を出すことがで

きた。しかし今や雇用は流動化し，家族も不安定化している。だがそれは本来あるべき姿から外れてきたのではない。むしろ「稼得者1人に主婦1人という家族は，制度化されたものというよりも，むしろ20世紀半ばの束の間の幕間に登場した歴史的例外であった」(ibid. 2000：89) と位置づけている。このような時代の変化をふまえれば，もはや福祉ニーズを家族に依存することは構造的に不可能で，また稼ぎ手ひとりでは家族の生活保障は難しい。

　ここではじめて，彼はケアとジェンダーの問題に取り組んだ。まず女性を家族への依存から解き放って経済的に自立させ，女性が行ってきた無償のケア労働を社会化する必要があると捉える。それを彼は「脱家族化」と呼んだ。そして脱家族化の仕方に，三つの福祉レジームが影響するという。例えば社会民主主義レジームのスウェーデンでは，育児や介護を福祉国家が社会サービスとして提供し，女性の就労が進められる。自由主義レジームのアメリカでは，基本的には市場任せで，上級階層はケア・サービスを市場から購入するが，貧困層は公的サポートに頼るほかない。保守主義レジームのドイツでは，相変わらず家族に頼る結果，低出生率均衡が生じる。

　またどこでも階層格差を利用して家事使用人を置くことがあるが，家事使用人の労働力人口割合は戦後急速に減少している。他方男性の家事遂行は，なかなか増えない。男女の家事時間格差の縮小は，女性の就労に伴って女性が家事時間を短縮した結果であるという (ibid. 2000：91-97)。

　女性も男性並みに脱家族化（＝労働力商品化）した後に，男女の労働者が脱商品化の度合いを高めるという道筋で，彼は最初の福祉レジーム論を補強した。女性の経済的自立は，たしかに重要であり，男は仕事／女は家庭という基本的な性別役割分業を解消していく。また現代の雇用流動化と家族不安定化の中で，共働き家族という戦略は有望である (ibid. 2000：227)。共働きは家計の安定性を高め，社会サービスのニーズを産み出し，そうしたサービス領域の雇用（その多くが女性の雇用）を増加させ，福祉インフラを強化するための税収も増加させるという，まさに一石三鳥の解である。そして彼は，このように家族や女性を分析に取り込むことによって，福祉レジーム論の有効性があらためて確かめられたと言う。

　たしかにアンデルセンの分析は，現実をクリアに切ってみせる。当初，人口

19

構造の高齢化に注目して年金制度を見ていたところから，少子化や家族多様化，保育や育児休業の課題，雇用流動化といった「まだその輪郭が見えていない社会秩序——ポスト工業社会と呼ぼう」(ibid. 2000：27) の諸問題まで視野におさめ，その未知の隘路まで論じている。例えば脱家族化と脱商品化が最も進みやすい社会民主主義レジームでは，社会権を強く保障するため，労働力の雇用が高くつき，クリーニングのようなサービス業が発展しにくいなど。

しかし女性が経済的に自立し，無償のケア労働を一定程度まで有償の市場労働に置き換え，その上で男女の労働者の生活を市民権に基づいて保障していくというやり方は，じつは「家族」と「市場」の間での労働編成の変革であって，必ずしも「男女」間の労働編成を根本的に変えることにはならない。見方によっては，女性が従来家庭内で個別に無償で行っていたケア労働を，単に家庭外で低い労賃で一般向けに提供するようになっただけかもしれない。もちろん女性の就労には意味があるし，ケアの社会化は，商品化であれ，公的サービスの供給であれ，地域ネットワークによる共有化であれ，抜き差しならない関係での孤立したケアよりも風通しがよいだろう。しかしアンデルセンの脱家族化概念は，ジェンダー秩序の問題には充分に食い込んでおらず，素通りしている[1]。

◇**福祉レジーム論とジェンダー論の接合の試み**

福祉レジーム研究者の中に，ジェンダー秩序の問題を理論化しようとする試みが現れた。

武川正吾は，福祉国家を資本制と家父長制という二つの基盤から分析し，「脱商品化」と「脱家父長制化」を区別すべきだと主張する（武川1999：148-160）。武川によれば，家父長制とは賃労働と家事労働との関係を規制するメカニズムであり，①家事労働に対する賃労働の優位と，②この二つの労働への性別に基づく固定的な配分をもたらすものである。また脱商品化が商品化を一掃しえないように，脱家父長制化も家父長制を一掃するものではなく，脱却の程度の問題であると言う。脱家父長制化傾向を示す指標は広範囲に及ぶ。例えば同一価値労働同一賃金の推進，育児休業，個人単位の税制や社会保険料徴収，稼ぎ手（breadwinner）特権の解消，公教育のカリキュラムにおけるジェンダー・バイアスの是正など。つまり脱家父長制化とは，ジェンダー秩序を支えて

いる複雑な制度連関のつなぎ目で，ジェンダー秩序を揺るがせる対抗的な動きであると言うことができよう。

そして武川は，脱商品化と脱家父長制化を，二つの異なる次元として交差させ，以下の4象限を作って，複数の変革ルート（③→②→①のルートと③→④のルート）がありうることを示した。

図1-1　資本制と家父長制から見た福祉国家の類型（武川）

①脱商品化＋脱家父長制化　スウェーデンなど
②脱商品化＋家父長制化　ドイツなど
③商品化＋家父長制化　日本，アイルランドなど
④商品化＋脱家父長制化　アメリカなど　　　　　　（武川1999：156）

アンデルセンの福祉レジーム論を批判したフェミニストたちも，様々な福祉社会類型論のオールタナティブを試みている（Sainsbury, 1994）。それらの中から，労働市場における女性の地位の改善度（＝ジェンダー平等化の程度）と家族福祉政策の充実度に注目したA.シアロフの4類型論を見てみよう（Siaroff, 1994）。

シアロフは女性の雇用率，男女賃金格差，女性の管理職登用率，女性高等教育率をベースに，女性の就労選好度（female work desirability）という軸を構成し，女性の就労選好度の高い社会として北欧とアングロサクソンを挙げ，低い社会として日本や中欧・南欧を挙げている。さらに社会保障支出，家族政策支出，公的保育の供給，育児休業保障をベースに，家族福祉政策充実度という軸を構成し，家族福祉政策充実度の高い社会としてスウェーデン，フランス，フィンランドを挙げ，低い社会として日本，アメリカ，オーストラリアを挙げている。この二つの軸を交差させると，以下の4象限ができる。

①女性就労選好度が高く家族福祉政策も充実している　北欧諸国
②家族福祉政策は充実しているが女性就労選好度が低い　フランス，ベルギー
③女性就労選好度が低く家族福祉政策も不十分　日本，スイス

④女性就労選好度は高いが家族福祉政策が不十分　アメリカ，イギリス，カナダ

　武川の4象限とシアロフの4象限は，使用している概念や指標が異なり，簡単に一括りにするのは危険ではあるが，結果として出てくる社会類型には基本的な共通点がある。そこで，それぞれの二つの軸は，統合が可能であると考えられる。

　一つの共通軸は，脱商品化（アンデルセン，武川）と家族福祉政策の充実（シアロフ）である。アンデルセンの脱家族化は脱商品化の前提条件と考えられ，この軸の上にとどまっている。またシアロフの家族福祉政策の充実は，脱商品化のための重要な要件と考えられる。家族のケア，とりわけ育児の問題を考えてみよう。家族福祉政策の充実は女性の脱家族化＝労働力商品化を促し，さらに年金や雇用保障の充実が男女労働者の脱商品化を促す。そうした一連の方向を示す軸として，家族福祉政策の充実，脱家族化，脱商品化を，ひとまとまりの軸と考える。本書では育児領域に適用する際に，育児を家庭内に囲い込まずに社会的に保障していく方向を示す軸として「育児の社会化」の軸と呼ぼう。

　もう一つの共通軸は，脱家父長制化（武川）と女性就労選好度（シアロフ）である。私はこれをジェンダー秩序の流動化に関する軸として統合する。既に紹介した武川による家父長制の定義から言えば，①家事労働と賃労働が同じ重要性を認められ，②男性も女性と同等に家事労働を担うという社会状況に近づくことが脱家父長制化である。そのためには，シアロフの挙げているような女性就労選好度が高まることが必要であり，男性の家事・育児遂行が増えることも必要である。その他にも様々な変革が複合して，ジェンダー秩序は流動化すると考えられる。本書で育児の領域に適用する際には，これを（女性のエンパワーメントを含む）「男性ケアラー化」の軸と呼びたい。

◇**ケア社会論へ**

　ここで，福祉レジーム論がもともと「就労」に基づく生活保障を問題にしていたことを想起しよう。アンデルセンは1999年段階では，フェミニストの批判に応えて，女性も男性と同様に就労して年金などの生活保障を個人として獲得し，家族にも労働市場にも全面依存しないで生きられる社会を，ポスト工業時

代に適合的な社会像として描いた。この方向を推し進めていくと，すべての人間＝労働者という世界に行き着くことになる。

　しかしこの方向には限界があることを，アンデルセン自身が指摘している（Andersen 2002：95）。仕事と家庭との「優先度」に注目すると，少なからぬ女性が仕事よりも家庭を優先したがっており，家族形成への強い望みを持っている。また男性の中にも，次第に家庭優先の傾向が高まり始めている。仕事を人生の中心に置く男性並み平等のイメージは，このような家庭志向の男女には受け入れられない。女性のライフコースがある程度「男性化」したあとに，今度は男性のライフコースの「女性化」が要請されているのではないかと言う。そして21世紀を担う次世代の希望は，デンマークの子どもの意識調査（Christoffersen 1997）の結果によれば「父親も母親もパートタイムで働いて，交代で家にいる」家族への支持が高かったことを紹介している。アンデルセンの認識は，第三のステップに飛翔しようとしているように見える。

　このようなポスト工業社会におけるケアと労働とのバランス関係について，ナンシー・フレイザーは，興味深い議論をしている（Frazer 1997＝2003）。フレイザーは今後の福祉国家が取るべきモデルを「総稼ぎ手モデル」（universal breadwinner model）と「ケア提供者対等モデル」（caregiver parity model）に分けて，それぞれの意義と限界を七つの規範的原理（反貧困，反搾取，平等な収入，平等な余暇，尊重の平等，反周縁化，反男性中心主義）に照らして検討した。

　「総稼ぎ手モデル」とは，すべての健康な成人が就労を通じて個人としての生活保障を得るモデルだが，実際には周辺的な不安定雇用や非雇用状況がある以上，非現実的である。仮に実現されたとしても，男性の家事遂行が増加するかどうかわからないため，女性の過重負担を招く恐れがあり，平等な余暇は得られず，男性中心主義が強まる点で問題があると言う。先にアンデルセンが自覚した限界と同じ認識が示されている。

　「ケア提供者対等モデル」とは，ケアを担うことを選んだ者が犠牲を払わないで済むように，様々な社会制度を整えることである。ケア提供者への充分な手当の支給，収入補塡のある育児休業，フレックスタイムやパートタイムなどの雇用保障された多様な働き方などが用意されねばならないが，実現は容易ではない。仮に実現したとしても，収入の平等は得られず，女性の周縁化を助長

第1章　育児とジェンダーをめぐる理論的課題

してしまう恐れがある。

　フレイザーはいずれのモデルも女性の貧困と搾取を防ぐには有効だが，尊重の平等は不十分で，それぞれに上に挙げたような問題点があるとして退け，第三のオールタナティヴ・モデルとして「総ケア提供者モデル」(universal caregiver model) を提唱する。それは男性に対して，多くの女性の今のあり方により近づくように，つまり就労を続けながらも主体的にケアをする人になるよう，働きかけることである。そのためには両立の困難と過労を取り除くように，制度の内容を改めなければならない。そしてこの第三のモデルを推進していく過程で，必ず「ジェンダーの脱構築」が必要になると言う。つまり性別役割だけでなく，その文化的コードも解体しなければならない。フレイザーは「総ケア提供者」モデルのビジョンをよく表したものとして，スウェーデン労働省の言葉を紹介している。「男女がともに，親であることと有給の雇用を兼ねられるようにするために，男性役割の新たな展望と労働生活の組織化における根本的な変化が求められている」(ibid.2003：94)。

◇「新しいジェンダー契約」と男性変革

　福祉国家とジェンダー秩序との関係を表す言葉として，近年「ジェンダー契約」(Gender Contract) という表現がしばしば用いられる。久場嬉子の紹介によれば，歴史学者ヒルドマンがジェンダーの視点からスウェーデン福祉国家の展開を整理して提示した歴史的な枠組を示す概念のようである（久場 1994）。

　第一期（1930～50年代）は，「主婦契約」の時代であり，福祉国家の支援する対象は性別分業家族という単位であった。その後半には育児期を終えて働く女性が増え始め，「二重役割」問題が登場したが，家事・育児は女性の役割という枠組は強固であった。

　第二期（1960～70年代半ば）は，「平等契約」の時代であり，家庭外で働く個人としての女性を男性と平等に扱うことが社民党政権の課題となった。1970年代の夫婦別税制，保育所の整備，男女がともに取れる育児休業と親保険の創設といった女性の基幹労働者化を支える諸政策が打ち出された。

　第三期（1970年代半ば～1990年代）は，「平等地位契約」という新しい時代になる。女性の就労が進む中で，女性が不利な立場（周辺的ケア労働，パートタ

イム労働，不安定雇用，福祉制度への依存，労使交渉などの政治的意思決定の場に代表を持たない等）に追いやられていることが問題になり，実質的な男女平等政策が強く求められるようになった。

アンデルセンはこの第二期のような「平等契約」を「衡平（equity）の問題」と言い，第三期の「平等地位契約」を「新しいジェンダー契約」と呼び，平等主義的挑戦（egalitarian challenge）であると言って区別した。そして今や男性の生き方を変えなければ，平等は達成されないだろうと述べている（Andersen 2002：70）。

以上，『福祉資本主義の3つの世界』に対するフェミニストからの批判を受け，アンデルセン自身が二段階の理論的飛躍を行ったことを見てきた。第一段階では，女性と家族を分析することにより，「脱家族化」概念を提示した。第二段階では，「新しいジェンダー契約」の概念を示しつつ，男性の変化にも言及するようになった。この段階に至ってようやく彼はジェンダー秩序の問題に理論的に関わるようになってきたと言えよう。

しかし，「新しいジェンダー契約」を推進する福祉レジームについては，まだ明確な理論化がなされていない。おそらく市民権を基礎とし，男性変革運動と政策論的に結合しつつある北欧の社会民主主義レジームに，期待が寄せられていることは確かであるが，今後の大きな理論的課題である。本書では，先にまとめた「育児の社会化」の軸と「男性ケアラー化」の軸に注目して，育児政策を検討していくことにする。

4　家事・育児分担に関する実証的研究

次に家事・育児分担に関わる家族社会学的実証研究の成果を確認しよう。先行研究によって何がどこまで明らかになっているのか。

◇家事・育児という領域の再発見と調査研究

生活と次世代育成に不可欠な家事・育児の存在を，社会学的実証研究の重要な対象としてパイオニア的に取り上げたのは，A.オークレイの『家事の社会学』（Oakley 1974＝1980）であった。オークレイはそれまでの社会学が，「家事

労働」を取るに足らない女の役割として無視し、労働として正面から取り上げてこなかったことに異議を申し立て、幼い子どもを持つ40人の主婦たちにみずからインタビューを行い、そのデータに基づいて多角的に家事と主婦の社会的性格を論じた。

オークレイのデータは今日の計量分析に使用されているような大量サンプルではないが、階級や夫婦の就労状況に注目しつつ周到に準備され、深いところまで聞き取る丁寧な調査になっている。オークレイは家事の際限なさ、低い評価、孤独な労働といった特徴を抽出し、社会階級によって家事労働の受けとめ方はあまり変わらないが、主婦という立場への自己評価は、階級によって違うことを指摘した。中流階級は概して脱主婦を願っていたのに対して、労働者階級は主婦志向的であった。また夫婦関係が分離的であるよりも共同的であるほど、夫の家事育児参加が行われやすいこと、夫は概して家事よりも育児に参加しやすいことも指摘している。

さらに当時のイギリスの主婦たちは、女性解放運動に冷淡であり、家族の中の平等を追求するよりも、どんなに家事にうんざりしても夫にやらせようとせず、夫を立てて女性の特権を享受しようとする傾向もみられたという。家事や育児を女の疎外や抑圧の一言で片づけてしまうのでは、当事者の共感は得られないし、したがって変革への展望も描けないという指摘は鋭い。しかしなぜ主婦たちが家事を夫と分かち合わずに囲い込む結果になるのかについて、より深い分析はなされていない。

その点を追求したのが、A.ホックシールドの『セカンド・シフト』である（Hochschild 1989＝1990）。ホックシールドは50組の夫婦にインテンシヴなインタビューを行い、12世帯の家庭を詳細に訪問観察して、夫婦の家事・育児分担に関する事例研究を行った。そこからわかったことは、アメリカでは共働き革命が進行しているにもかかわらず、夫婦の家事・育児分担の平等化が遅れていて、多くの妻は1年に1ヵ月分の「超過勤務」に苦しんでいることであった。当然夫婦の家事・育児分担をめぐって葛藤が生じるはずであるが、妻の家事合理化戦略、家族の神話、夫のシンボリックな家事参加、夫の妻に対する情緒的サポート、離婚を避けたい心理などにより葛藤の一部は潜在化していた。

これらの認識は、今日も通用する新鮮さを持っている。またインタビューを

通じて当事者のリアリティーに迫ろうとする点で大変優れており，本書のインタビュー調査のアイディアのもとになった。

　日本でも家事・育児分担に関わる様々な分析枠組が検討され，実証的研究が進められてきた。直井道子らは「家事という仕事」を「職業」労働との対比を念頭に置きながら丹念に分析した（直井編 1989）。

　岡村清子は日本においても増加しつつある既婚女性の就労が，いかなる家族変動をもたらすかを包括的に検討し，平等な共業型社会の未来を展望しつつ，夫の家事遂行の促進要因を既存の統計データから探った（岡村 1996）。岡村は性別役割分業廃絶の条件として，①雇用平等の促進，②女性の継続雇用の保障，③家族単位から個人単位の社会政策への段階的移行，④個人生活や家庭生活の重視，⑤企業中心社会から個人中心社会へ，の5つを挙げている。

　松田智子も日本社会における歴史的な性別役割分業の成立と問題点をまとめ，家庭内の性別役割分業の現状を詳しく分析した（松田 2000）。そして男性の家事・育児遂行が進まない要因として，①家事・育児が「愛情」と結びつけられ女性役割として社会化されていること，②労働市場における男女の賃金格差から女性が無償の家事・育児を担う「家族戦略」が生まれること，③夫に家事・育児をするよう交渉するのが大変なため女性がやってしまう結果になること，を挙げている。さらに家庭内性別分業は，男性の長時間労働や夫婦間コミュニケーション不全の問題を起こしがちであることを，調査資料に基づいて指摘している。

　これらの認識は，我々にとって共通の出発点である。

◆計量分析による夫婦間の家事・育児分担の研究

　一方，日本社会学会の「社会階層と社会移動調査」（SSM）や，日本家族社会学会の「全国家族調査」（NFRJ）といった，継続的で信頼性の高いマス調査のデータが整備されるのにともなって，最近では計量分析による家事・育児分担の研究が盛んに行われるようになってきた。「全国家庭動向調査」など政府の研究機関が実施したマス調査の個票データを使った二次分析も行われており，その他にも様々な質問紙調査が実施されている。

　これらの精密な計量分析から見えてきたことは何だろうか。

第1章 育児とジェンダーをめぐる理論的課題

　稲葉昭英は父親の家事・育児遂行に関する従来の仮説を総括し，相対的資源説，時間制約説，性別役割イデオロギー説，ニーズ説，代替資源説，情緒関係説の六つに整理したうえで，SSM95のデータを用いて分析し，家事遂行と育児遂行には異なる要因が作用していることを見いだした（稲葉 1998）。以後，育児と家事を別々に分析する研究が多くなる。

　西岡八郎は夫の家事・育児遂行を規定しうる要因を，相対的資源分布（夫婦間の勢力），環境制約（社会的制約＝時間制約，親子の居住規則），サポート資源活用，イデオロギー（性別役割分業観），家族構造の5つにまとめて整理し，「全国家庭動向調査」（1993）の二次分析によってそれらの要因を総合的に検討した。その結果，以下の諸点が明らかになった。

①夫の家事・育児遂行の頻度は極めて低いが，相対的に家事より育児への参加度が高い。

②夫の家事・育児に共通の促進要因は，末子年齢の低さ，妻の就業，および夫の帰宅時間の早さである。これらは，米国の調査結果（石井とコルトレイン 1992）とも符合する。

③夫の家事遂行に固有の阻害要因は，居住地域，夫婦間収入格差，親との同居，妻の性別役割分業観である。

④夫の育児遂行に固有の促進要因は，妻の従業上の地位である。ところが，③に出てきた諸要因は，育児には影響してこない。

　西岡はこれらの結果から，日本の男性の家事・育児遂行の促進には，男性個人の要因よりも環境要因の方が重要であり，特に父親の帰宅時間を早める政策が必要であると述べている（西岡 2004）。

　次にNFRJ98の計量分析の成果を永井，松田，石井の論文から見てみよう。
　永井暁子は夫の育児促進要因として，①末子年齢が低く，②妻35歳以下，③妻が常勤，④妻と一緒に買い物に行く男性を取り出した。この結果から時間制約説，ニーズ説，情緒関係説が支持されたと述べている。そして日本の父親の育児参加は，母親と交代してなされているというよりも，「共同行動」として「手伝い」程度，あるいは「育児のいいとこどり」にすぎないのではないかと言う（永井 2004）。

　松田茂樹は夫の家事遂行の規定要因をライフステージごとに分析し，育児期

の夫婦と非育児期の夫婦では大きな違いがあることを見いだした。非育児期では夫の家事時間が増し（つまりU字型を描き），相対的資源と性別分業観がその規定要因になっているのに対して，育児期では子どもの成長と共に夫の家事時間は減少していくが，性別役割分業観によっては規定されていない。この育児期の現象を，松田は女性のM字型就労で説明している。つまり日本では多くの妻が育児期に労働市場から退出して家事・育児に専念し，夫は職場の要請を受けて仕事役割を強めていくため，特に強い性別役割分業観を持たない夫婦でも，結果として家事は妻任せになってしまうのではないかと。松田も西岡と同様に日本の職場要因の重さに注目している（松田 2004）。

　石井クンツ昌子は分析対象を共働き家庭のみに絞り，家事分担を規定する要因について，相対的資源，時間的余裕，性別役割分業観の他に，職場環境と家族の援助ネットワークを加えて検討した。その結果夫が公務員，親の援助がえられない，夫婦の収入格差が小さい，夫が性別役割分業観を持たないといった状況の下では，夫の家事参加が高いことが示された（石井 2004）。

　以上，家事・育児分担をめぐる最近の日本の計量分析を取り上げたが，どの研究にも共通の結論があるとともに，データの取り方や質問項目，ワーディングなどが違うと微妙に違う結果も出ている。これまで計量分析の最大公約数的結論を以下にまとめよう。

①一般に日本の男性の家事・育児参加は少ない。
②どちらかと言えば家事参加よりも育児参加の方が多いが，それも限られた手伝い程度である。
③家事参加には，夫婦の資源格差や性別分業観が作用しているが，育児参加は，あまりジェンダー観に関連していない。
④子どもが小さくて手がかかり，妻もフルに働いており，親族の援助を得られず，夫の職場条件が定時帰宅を可能にしていて，夫婦が性別役割分業観を持たないと，家事・育児がよくシェアされる傾向がある。

◇**性別役割分業はなぜ根強いのか**

　もう一歩立ち入って，なぜ平等な家事・育児分担が難しいのかについても研究され始めている。日本の妻たちは夫の家事・育児遂行を本当に要望しているのだろうか。やはり計量分析の方法を用いて，「夫婦関係満足度」との関係か

ら夫の家事・育児遂行の問題を捉えた研究を見てみよう。

末盛慶は夫の妻に対する情緒的サポートに注目し，夫の家事遂行と情緒的サポートと夫婦関係満足度との関係を，NFRJの予備調査データを使用して分析した。その結果，夫の家事遂行より情緒的サポートの方が，妻の夫婦関係満足度と関連し，とりわけ伝統的性別役割分業観を持つ妻において，その結びつきが強いことがわかった。つまりみずから専業主婦を選んでいる女性にとっては，夫に家事をやってもらうよりも，主婦の仕事をねぎらってもらうことを求めているというわけである（末盛 1999）。

大和礼子はNFRJ98のデータを使用して，サンプルを育児期／非育児期，妻の収入の家計貢献度（0％，30％未満，30％以上）で分けながら，夫の妻に対する情緒的サポートと夫の家事・育児遂行が結婚満足度にどれだけ影響するかを，さらに深く分析した。その結果は以下のようにまとめられている（大和 2001）。

①夫の情緒的サポートは，育児期，非育児期を通じて，どの夫婦にも一貫して，妻の結婚満足度を高める効果がある。

②夫の家事・育児遂行は，育児期では，どの夫婦にも一貫して，妻の結婚満足度を高めるが，非育児期では，妻の収入の家計貢献度が高い夫婦においてのみ，妻の結婚満足度を高める。つまり，育児期は大変なので，夫の家事・育児参加が求められるが，非育児期では家事量も減るので，夫の稼ぎと妻の家事労働は，衡平すると受けとめられている。

③総じて妻の結婚満足度に対する効果は，夫の家事・育児遂行よりも情緒的サポートの方が大きい。

これらの分析は，家庭内の性別役割分業を解消していく上での隘路を示している。まず女性の労働市場での地位が上がらなければ，家庭内で家事・育児をシェアすることへの要望が強まらない。次に家事・育児のシェアよりも，夫の妻に対する情緒的サポートの方が，妻の結婚満足度を高めるので，夫への家事・育児シェア要求は，関係をリスクに陥れてまで強くは主張されない。同様の現象が，日本だけでなく男性の家事・育児遂行の相対的に進んでいる米国などでも見られることは，先のホックシールドの事例研究からも明らかだった。性別役割分業は複雑な構造を持っているのである。

そこで，性別役割分業意識の多次元性に注目する研究を見てみよう。

大和礼子は性別役割分業意識に関する様々な調査研究を総括して，性別役割分業意識には「性による役割振り分け」と「(女性の) 愛による再生産役割」という二つの次元があることを示し，実際に意識調査データの因子分析によって，それぞれの次元の特徴を明らかにした。大和によれば「性による役割振り分け」意識は，男は仕事／女は家庭という公私の分業や男女の職業機会の不平等などに関する意識で，学歴が高いほど否定する傾向がある。また「(女性の) 愛による再生産役割」意識は，母性愛や家族のケアに関する意識で学歴とは相関しない。妻の職業労働における地位が安定しており，世帯収入への貢献度 (女性の経済的自立度) が高い場合には相対化されるが，多くの女性によって肯定されている。このように根強い「(女性の) 愛による再生産役割」意識が流動化しない限り，共働きなのに家事・育児の中心は女性といった「セカンドシフト」的状況 (新・性別役割分業) や，職業世界の「競争の論理」を嫌悪して「家庭の愛」をボランティア活動に広げていこうとする「主婦の社会活動」的限界を越えていくことはできない (大和 1995)。

西村純子も因子分析により，「狭義の性別分業意識」と「愛情規範」の他に「よい子育て意識」という次元を析出した。西村によれば「よい子育て意識」は，女性の学歴や就労状況に関わりがなく，むしろ高学歴の妻ほどその社会的地位にふさわしい「よい子育て」に駆り立てられて，家事・育児の主体となっていく。そして女性が労働市場へ参入し経済力を持ってもなお，家事や子育ての主たる担当者であり続けるのは，女性が経済力をつけることによっては流動化されえない子育てへの規範的圧力が働いているからであり，性別分業の変わりにくさはそこにあると言う (西村 2001)。

これらの「愛情」と「よい育児」という規範の支配は，まさに近代家族に潜む「不可視的権力」のメカニズムである。「愛情」と「よい育児」は，誰にとっても否定しがたい価値であり，そうした規範が一方的に女性カテゴリーのみと結びついているところに，見えにくい権力性がある。

以上，家事・育児分担に関わる既存の実証研究の成果をふまえると，今後の研究課題として以下の3点が見えてくる。

①少数の先進事例の研究

大多数の男性が家事・育児をあまりしていない状況で，日本の大量データを

計量分析している限り，その分析から具体的な変革の道を示唆するヒントは得られにくい構造がある。むしろ，少数の先進事例をジェンダー秩序の視点から深く分析し解釈するなかで，新しい概念や仮説を豊富に発見し，それを再び大量調査の変数にのせていく工夫が必要である。

②変化の過程の研究

家事・育児を分かち合うようになる〈変化の過程〉をダイナミックに捉えていく必要がある。女性の変化もさることながら，特に男性の変化に注目すべきであろう。先行研究が示しているのは，男性はまず育児に参加するということである。そうであれば，父親の育児参加から家事・育児の平等なシェアに至るプロセスに注目したい。

③社会政策との関係の研究

ミクロな家庭内の家事・育児分担のあり方とマクロな育児政策との関連について，研究すべきである。どのような社会政策セットが平等な育児（equal parenthood）を促進するのか，政策体系の異なる社会の国際比較研究が望まれる。

5　本書の課題

本章では，家族と労働市場とジェンダーの基本的関係，ジェンダー秩序の理論，福祉レジーム論におけるジェンダーの視点の導入，家事・育児分担をめぐる実証的な研究について検討してきた。その結果，マクロの制度レベルにおける変革の基本的方向性としては，「育児の社会化」と（女性のエンパワーメントをともなう）「男性ケアラー化」という二つの軸が確認され，ミクロの社会的行為レベルにおいては，ジェンダーの脱構築をともなう男女の生き方の変容過程を明らかにするという研究課題が導かれた。

育児をめぐるジェンダー関係は，ミクロな家族生活の場でもマクロな社会政策の場でも一貫して見いだされるが，それを流動化させていくためには，ミクロ・マクロ両方の場における「新しいジェンダー契約」の具体的かつ理論的な姿を探求していかねばならない。またジェンダー秩序は，表層から深層まで重層的に様々なレベルから成り立っている。主婦の就労化は表層における変化で

あるが，男性のケアラー化は深層の変化である。そしてジェンダー秩序に関わる文化的コードが変容することは最深層の変化であろう。

　本書では育児をめぐるジェンダー秩序の変容可能性を，マクロ・ミクロを繋ぎ，表層から深層まで多角的に分析していきたい。

注
1) 居神浩も「アンデルセンは脱家族化の進展がいかにジェンダー間の不平等を解消しうるかについては，ほとんど論じていない」と指摘している（居神 2003：58）。

第 2 章

比較社会学の視点と方法

　前章で，男女の生き方の変化の過程とともにどのような社会政策のセットが平等な育児を促進するのか，政策体系の異なる社会の国際比較研究が望まれると述べた。それを受けて，本章では，育児を取り巻く社会の枠組について検討する。第 1 節では，比較社会学の目的と方法について述べ，育児の社会的枠組を比較検討するための分析軸を示す。第 2 節では，日本・フランス・スウェーデンの 3 ヵ国を選んだ理由を述べる。第 3 節から 5 節までは，3 ヵ国の育児環境の概略を簡潔にまとめておきたい。

1　比較社会学という方法

　見田宗介によれば，比較社会学とは「われわれ自身の生きる世界の自明性を解体し，相対化し，距離化し，その特質を客観的に確定する」（見田 1988：734）方法である。ある社会の住人にとって自明なことが，異邦人には驚きであったりする。その驚きを梃子に，しなやかな感性と想像力を持って，みずからの自明性を解体し，相対化し，距離化し，より普遍的な視座を獲得して，その視座からみずからの特質を客観的に確定するのである。瀬地山角も「比較社会学のおもしろさというのは，われわれが当然だと思っていることが，実は他の時代や他の社会では，決して当然ではなかったり，われわれがとんでもないと考えていることを，他の社会では平気で行ったりしていたりすることを，発見できる点にある。そしてそうした発見を通じて，私たちは私たちの社会が当然と考えている制約から，少しだけ自由になれる」（瀬地山 1996：i）と述べている。
　社会が異なれば，育児のあり方も育児政策も違ってくる。異なる社会の状況

を比較するということは，私たちの固定観念を解きほぐし，より自由な視点から社会政策を構想していく柔軟性を与えるだろう。だがそれは意外に難しい課題である。単に文化の違いを知るにとどまったり，他国の政策を学び模倣しようとしても難しかったりする。

◆比較社会学的変動論

　私は1986年に，日仏女性資料センター母子関係研究会の一員として，日仏子育て比較アンケート調査を行った。その結果[1]で驚いたのは，フランスの母親の多数が「育児は楽しい」と答え，日本の母親の多数が「時々いらいらする」と答えたことであった。その背景に，フランスでは乳児期から子どもを別室就寝させ，母乳にこだわらず，紙オムツや離乳食の瓶詰めを利用し，子どもを他人に預けることを躊躇しないという，日本では当時あまり見られなかった行動様式があることが，アンケートの結果からわかった。さらにフランスの家族政策を調べてみると，第4節で述べるように豊富な家族手当と多様な保育・教育制度があり，家族の育児コストを軽減していることが見えてきた。この「違い」をどのように理解し，どのように日本社会の文脈に生かすかということは，私にとって長年の懸案であった（舩橋 1991）。

　初めは文化や制度が違っても，優れた部分は取り入れていけばよいと考え，フランスの「楽しい育児」の背景にある優れた諸制度について，機会あるたびにポジティヴに紹介した。しかしフランスの家族政策を日本に直輸入することは不可能である。またフランスの育児文化は日本には馴染みにくく，皆が母子密着している日本社会の中で適切な母子の距離を説いても，なかなか正しく理解されない。こうした限界は他の育児環境先進国について調べて紹介している研究者も，一様に感じていることではないだろうか。

　その後，日本社会でも育児支援が主題化され，保育の拡充が進められるようになり，紙オムツや離乳食の瓶詰めは，あっという間に流布するようになった。このように「変化」に注目すると，問題が立体的に理解されるようになる。すなわちある時点で観察された育児制度や育児行動パターンは，それまでに時間をかけて歴史的につくられてきたものであり，その後も変化していくものである。ただ，変わりやすい表層部分と，なかなか変わりにくい深層部分があると

考えられる。その変わりにくい部分に一貫して作動しているパターンを，文化と呼んでもよいだろう。

　このように「変化」の流れのなかに「違い」を置いて比較することは，新しい認識枠組をもたらす。異なる社会の状況を，固定的な文化差に還元することなく，可変的・流動的なものと捉え，それを普遍的で比較可能な「共通の指標」で捉えていくことができる。つまり，可変性の前提としての普遍的枠組を見いだして，可能な限り「文化差」の問題から「歴史的状況差」の問題へと「違い」を捉え直していくのである。文化の違いを否定するのではないが，文化の違いに囚われない認識が必要である。このようにしてはじめて，有意味な比較ができる。そのような方法を私は「比較社会学的変動論」と呼びたい。

　比較社会学的変動論をジェンダー領域で展開した先例として，瀬地山角『ジェンダーの比較社会学――東アジアの家父長制』(1996)を挙げることができる。瀬地山は，女子労働力率の変化を手がかりに，「近代主婦」の歴史的登場と変容を分析した。英・米・北欧および社会主義国における近代家族と主婦の誕生の様々な形を概観し，さらに日本の近代主婦の歴史的変容を，アジア圏の中で，韓国，台湾，中国，北朝鮮の四ヵ国との比較において検討している。特に，労働力再生産費用の負担パターンを，個別の核家族，親族ネットワーク，家事使用人や自由市場，福祉国家，社会主義国家などに類型化しているところは示唆深い。だが女子労働力率だけでは変化を捉える指標として物足りない。

　では本書では，どのような比較社会学的変動論を構想していくのか。すでに前章で検討してきたように，E．アンデルセンの福祉レジーム論もその批判者たちのオールタナティヴな福祉社会類型論も，優れた比較社会学的研究である。まず，E．アンデルセンの「脱家族化」と「脱商品化」の軸を育児領域に適用して，「育児の社会化」という軸を立てよう。次に育児に関わるジェンダーを問う「ジェンダー秩序の流動化」の軸を育児領域に適用して，「男性ケアラー化」の軸を立てよう。

　「育児の社会化」とは，「育児労働」の社会化と「育児費用」の社会的再配分によって複合的に測られる。「育児労働」の社会化は，親だけが育てるのではなく，市場の保育(教育)サービスの利用，国家・自治体が供給する保育(教育)サービス，近隣や地域の(有償・無償)ボランティア・ネットワークの相

互扶助などが広がることを指す。「育児費用」の社会的再配分とは，児童手当，保育（教育）サービス供給への補助金，育児休業への給付金，住宅手当や税控除，企業の福利厚生の一環としての家族手当や諸サービスの供給などにより，子育て世帯の育児費用負担が社会的に軽減されることを指す。それゆえ「育児の社会化」とは，単に親以外の他人に子どもを預けること一般を指すわけではない。例えばベビーシッターを私的に雇うことは，「育児労働」の社会化（商品化）ではあるが，その費用に対して補助金が支給されない限り「育児費用」の社会的再配分ではない[2]。逆に，育児休業を取得して親が育児をすることは，「育児労働」の社会化ではないが，育児休業給付金の支給額が充分に高ければ「育児費用」の社会的再配分が行われていると考えられる。

「男性ケアラー化」とは，「育児労働」の担い手が女性だけでなく男性にも広がることを言う。現代の母親は就労の有無にかかわらず育児を行っており，保育（幼児教育）分野で働いているのも，圧倒的に女性である。そこでジェンダー秩序の流動化，とりわけジェンダーの文化的コードを脱構築し，「新しいジェンダー契約」に向かっていくためには，女性の経済的エンパワーメントと同時に，男性が父親として，また保育に関わる労働者として，育児の遂行主体になることが必要である。「男性ケアラー化」は，父親の家事・育児時間の増加，男性の育児休業取得，男性保育者の増加などによって，測ることができる。

◇**国際比較の試み**

試しに，実際にデータを使って比較社会学的な国際比較をしてみよう。ここでは，アンデルセンの福祉レジーム論によってタイプの違いがある程度明確になっている4ヵ国——アメリカ，日本，フランス，スウェーデン——を，較べてみることにする。

「育児の社会化」の指標としては，①公的保育，②児童手当，③育児休業への給付，の3項目を取り上げる。井口泰と西村智によれば，①0～6歳児に対する「公的支援を受けた保育サービスがサービス全体に占める割合」は，アメリカ0％，日本41.5％（97年），フランス61％（93年），スウェーデン52.5％（94年）である（井口・西村 2002：147）。また，都村敦子によれば，②子どもが2人いる平均的片働き世帯に対する「児童扶養に対する給付」（児童手当，税金

控除，扶養控除を加算したもの）が世帯所得に占める割合の推計は，アメリカ3.4％，日本2.0％，フランス7.2％，スウェーデン10.1％（すべて97年）である（都村 2002：29）。さらに，③出産休暇・育児休暇給付の対GDP比は，アメリカ0％，日本0.012％（98年育休のみ），フランス0.35％（95年），スウェーデン0.90％（95年）である（都村 2002：41）。

これらのデータを総合して，各国の相対的位置を表すために，そのままの数値では操作できないため，各変数の最高値に100のポイントを与え，ゼロと最高値との間で相対的位置を表現するようにする。各国の育児社会化ポイントは，以下のようにまとめられる。

表2-1 育児の社会化ポイント

育児の社会化指標	アメリカ	日本	フランス	スウェーデン
①公的保育	0	68	100	86
②児童手当	34	20	71	100
③育児休業への給付	0	1	39	100
①+②+③	34	89	210	286

この結果から，4ヵ国の中で育児の社会化がもっとも進んでいるのはスウェーデンで，フランス，日本，アメリカの順であることがわかる。

「男性ケアラー化」の指標は，なかなかよいデータが得られず，充分に多角的な評価をすることは難しいが，まず比較的細かい統計が整っている生活時間調査データを使用し，①成人男性の1日平均の家事（調理，洗濯，清掃）時間と育児時間を足した数値（分）を見ると，アメリカ69（85年），日本7（91年），フランス58（86年），スウェーデン68（91年）である（米・日・仏については経済企画庁1997：57，スウェーデンについてはSCB 1995：32）。次に，②父親の育児休業取得率を見ると，日本0.8％（95年），フランス1～1.5％（92年），スウェーデン28.5％（95年）であった（舩橋 1998：160）。アメリカについてはデータが見つからないが，日本とフランスの中間くらいではないかと予想される。先のポイント化と同様に，最高値に100ポイントを与えた結果は，以下のようである。

1 比較社会学という方法

表2-2 男性ケアラー化ポイント

家庭における男性ケアラー化	アメリカ	日本	フランス	スウェーデン
①家事・育児時間	100	10	84	99
②父親の育児休業	4	3	5	100
①+②	104	13	89	199

この結果から，家庭における男性ケアラー化が，4ヵ国の中で相対的に最も進んでいるのはスウェーデンで，アメリカ，フランス，日本の順であることがわかる。

以上の分析結果を，「育児の社会化」軸と「男性ケアラー化」軸を交差させた座標に位置づけてみると，以下のようになる。

図2-1 育児の社会的枠組の相対的位置

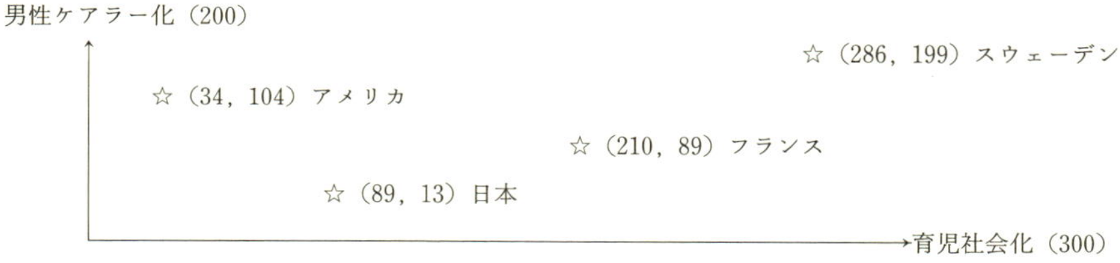

男性ケアラー化（200）

☆（286, 199）スウェーデン

☆（34, 104）アメリカ

☆（210, 89）フランス

☆（89, 13）日本

育児社会化（300）

相対的に，スウェーデンは育児の社会化と男性ケアラー化が最も進んでいる社会，フランスは育児の社会化は一定程度進んだが男性ケアラー化が遅れている社会，アメリカは育児の社会化は最も遅れているが男性ケアラー化が一定程度進んだ社会，日本はいずれも遅れている社会と位置づけられる。この配置結果は，既存の福祉社会レジーム類型論（Siaroff 1994，武川 1999）および私が以前に3ヵ国について詳細に行った比較（舩橋 1998）と合致する[3]。

しかしこの配置は決して固定的ではなく，可変的・流動的である。長期的な変動を見れば，相互の配置関係は変わりうる。このようにして各国の「違い」を固定的な「文化差」の問題に還元してしまうのではなく，「歴史的状況差」の問題として捉えなおし，いかなる制度や意識がこうした「歴史的状況差」を生み出すのか，何を変革していくべきであるのか，共通の土俵に立って考察する基盤が得られる。このような認識のしかたを，私は比較社会学的変動論と呼んでいる。

第2章　比較社会学の視点と方法

2　日本・フランス・スウェーデンを選んだ理由

　本書の研究対象には，日本・フランス・スウェーデンの3ヵ国を選び，1999年にフィールドワークを行った。アメリカを含む4ヵ国ではなく3ヵ国にした理由は，ただ個人研究者の及ぶ力の限界によっている。とりあえず3ヵ国比較をした後で，他の研究者とアメリカとの比較について議論することもできるだろう。また日本以外にフランスとスウェーデンを選んだ理由は，以下の3つである。

◇人口構造の変化のパターン
　この3ヵ国は戦後の人口構造の変化の仕方が大きく違う。
　まず出生率を見ると，フランスとスウェーデンは日本より出生率低下の開始が早く，既に1950年代に合計特殊出生率2.5程度であったところから，いくつか波を経ながら全体として緩やかに下降してきた。日本は，1950年代にほぼ4以上だった出生率が2へと急激に半減し，しばらく二子規範が続いた後，1975年ぐらいから緩やかに低下を続けている。今日，フランスやスウェーデンの出生率の方が日本のそれよりも高い。
　また高齢化について見ると，日本では65歳以上人口の割合が7％（1970）から14％（1994）に倍化するのに24年しかかかっていない上，いま最も高齢者比率の高い社会である。つまり，遅れてやってきた急激な高齢化によって特徴づけられる。スウェーデンは日本より高齢化先進国で，1960年代から80年代にかけて65歳以上人口割合が世界で最も高くなったが，倍化には85年（1887→1972）もかかっており，その後は緩やかな高齢化に落ち着いている。フランスはスウェーデンよりもさらに高齢化先進国で，1950年代に世界の高齢者比率ナンバーワンになり，倍化には115年（1864→1979）もかかったが，一貫したスピードで高齢化を経験している。
　これらのことから，日本と較べるとフランスとスウェーデンは，人口構造の変化への政策的対応に時間的ゆとりがあったと言える。

図2-2　3ヵ国における男女の年齢別労働力率

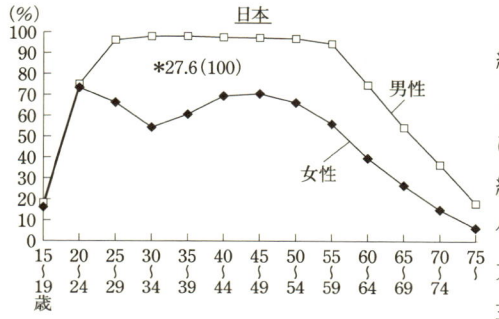

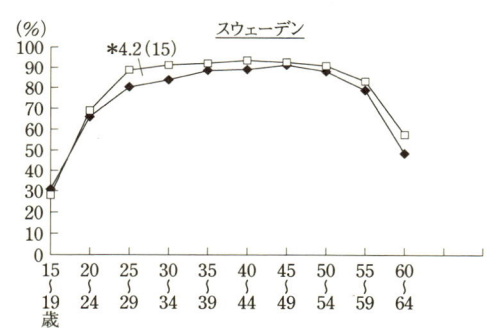

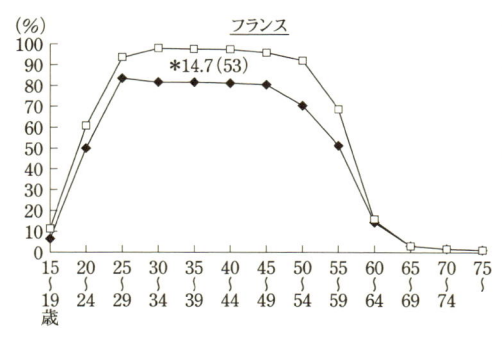

日本
*27.6(100)
男性
女性

スウェーデン
*4.2(15)

フランス
*14.7(53)

＊数字は男女の労働力率の差，（　）内は日本を100とした差の程度を示す。
出典：総理府『男女共同参画の現状と施策』1997年23頁

◇労働力編成のあり方

　このような人口構造の変化は，経済成長のタイミングや時の政局と相俟って，労働力編成のあり方に影響する。スウェーデンは高度経済成長と人口構造の急激な高齢化が同時に進行し，不足する労働力を女性にもとめ，長期の社会民主主義政権のもとで，共働き家族をモデルとした家族福祉政策を充実させてきた。フランスは世界的に早くから少子化と高齢化が緩やかに進行するなかで，移民労働力を導入し，基本的に既婚女性の就労を個人の「選択の自由」（Hantrais 1993）に任せる形で家族福祉政策を充実させてきた。日本は，長期の自由主義政権のもとで，高度経済成長期には「人口ボーナス」[4)]を基盤に性別役割分業家族を一般化し，成長後に急激な人口構造の高齢化を経験しつつある。女性活用の構造的条件は急速に整ってきたが，女性を家族ケアに結びつける強固な規範が残っており，男性の働き方にもゆとりがないため，育児の社会化も男性ケアラー化も進みにくい。

　1990年代の3ヵ国における男女の就労パターンには，個性が見ら

れる。日本は，男女の就労パターンに大きな差があり，女性は子育て期の育児コストを背負い込むM字型をとどめている。スウェーデンもフランスも台形型であるが，スウェーデンの方がフランスより男女の就労率の差が小さく，しかも男性の就労率がフランスや日本の男性よりも低く，言わば女性並みになっている。このような男女の就労状況は，それぞれの社会における育児のあり方を規定している。

◇**家族文化**

3ヵ国では家族文化の違いが対照的である。乳幼児を持つ家族の就寝様態（sleeping arrangement）や授乳の習慣を調べてみると，親子と夫婦という二つの関係軸の強弱が見える。

前述の「日仏子育てアンケート調査」の結果によれば，フランスでは生まれた直後から子どもを親と別室で就寝させることが原則で，どんなに狭い都市のアパートでもたとえ夫婦のベッドを居間に置いてでも，子どもには独立の寝室を与えるのが一般的である。カップルの性的関係が重視され，親子の間には「距離」が保たれている。もちろん子どもに冷たいのではなく，就寝前にお話しを聞かせたり，本を読んでやったり，抱きしめたりといった親行動は日本より熱心に行われる。ただ子どもの空間と親の空間とを区別しているのである（舩橋 1990：3-38）。それに対して日本では，特に母子関係が重視され，カップル関係は親役割関係の中に解消される傾向がある。夫が妻を呼ぶのに「お母さん」と言うなど，その象徴的な例である。授乳についても，フランスではあまり母乳にこだわらない。育児の専門家も，それぞれの事情——母乳が出る女性と出ない女性があり，仕事との関係もあり，さらに母乳をやりたい女性もいれば，授乳を何か動物的で嫌だと感じる女性もある——を尊重して，各自が選択すべきことと指導している（Pernoud 1986：127-130）。子どもを他人に預けることへの抵抗感も，フランスでは歴史的に低いのに対して日本ではとても高い。このような家族文化は変わりにくく，1999年に私がインタビュー調査のためにフランスの家庭を訪問したときも，子どもに話しの邪魔をされることはなかった。

スウェーデンの家族文化はちょうどフランスと日本の中間に位置しており，

カップル関係も親子関係も同じくらい重視されている。子どもに添い寝をすることもあり得るし、母乳育児は日本以上に盛んで授乳期間も一般に長い。父親に対しても養育責任や育児休業取得が制度的に推奨されている。ただし1歳未満の乳児は他人に預けるべきではないと考えられ、乳児保育は制度化されていない。

親子関係の強弱は、老親と育児中の若い親との関係にも反映されている。いずれの国でも老親が若夫婦に何らかの育児援助をしているけれども、その強さは日本、スウェーデン、フランスの順であろうと予想される。このような直系家族規範[5]を念頭におくと、日本にとってスウェーデンの育児制度は案外近いものがあるのかもしれない。

以上の視点から、日本、フランス、スウェーデンを比較することは、実り多いと思われた。「育児の社会化」と「男性ケアラー化」という二つの軸で捉えた「育児の社会的枠組」の三つのタイプを生み出した背景として、少子・高齢化と労働力編成の歴史的違いや、家族文化の違いに留意しながら、より深く分析し、理解することができないだろうか。

最後に異なる社会を比較するとき、理解の深さをもたらすものとして、現地生活経験がある。ちょうど文化人類学者が現地に長期滞在して参与観察をするように、私はフランスに2年間(1986-88)、スウェーデンに6ヵ月間(1999)暮らした。フランス滞在は本書への萌芽的アイディアを与えてくれたが、スウェーデン滞在は本書を執筆するために計画したものである。滞在経験から得られた知見を生かしながら、各国の育児の社会的枠組の背景を簡潔に説明していくことにしよう。

3　スウェーデンの育児環境

◇社会生活の特徴

スウェーデンは、44万9964平方キロメートル（日本の約1.2倍）の国土に、901万人（2005年）の人口が住む、人口密度の低い国である。広大な森と無数の湖があり、そのあい間に人々の暮らす家や集合住宅が点在している。緯度が高いため夏の日照時間は長く、夏至のストックホルムでは19時間もあり、夜10

時過ぎにようやく日が落ち、朝3時には朝日が昇りはじめる。逆に冬は日照が短く6時間足らずなので、朝9時ごろようやく明るくなったかと思うと午後3時にはもう暗くなってしまう。このような北欧の自然の豊かさと厳しさは、スウェーデンの生活文化に独特の個性を刻んでいる。例えば自然はすべての人のものであり、誰もが自由に享受できるという考え方から、「万人自然享受権」（Allemansrätten）があり、人々は私有地であっても、柵がなく住人の迷惑にならない限り、森や島や湖畔に自由に立ち入って草の実をつんだり水遊びしたりして、豊かな自然を楽しむことができる。また厳しい冬の寒さをやり過ごすためには、高水準の住環境が必要であり、集合住宅には集会室、プレイルーム、共同洗濯室（ランドリー）などが整備され、互いにルールを守ってよく運営されている。こうした自然風土との関係からも、スウェーデンの「公共性」意識は発達したと考えられる。北欧インテリアの簡素な美しさは、比較的乏しい食事内容と対照的である。

　スウェーデンは1930年ごろまでは貧しさゆえに人口が流出したが、1976-1981の5年間と1991-1994の3年間を除く長期の社会民主主義政権と平和外交を背景に、貧しい農業国から豊かな資源と技術力を持つ先進工業福祉国家へと飛躍的に経済発展してきた。比較的早く人口構造の高齢化が進み、高度経済成長期に女性労働力を活用しつつ、育児休業や保育など、仕事と家庭の両立制度を整えてきた。さらに「障がいは社会関係」という認識に立ち、バリア・フリーも進められた。子どもへの配慮に富み、ベビーカーに子どもを乗せてバスに乗ると、その子どもと大人一人分が無料になる。またベビーカーや車イスが乗り降りしやすいようにバスの中央部分が広く開閉し、ステップは低くなっている。「労働者の権利」が重視され、徹底した男女平等政策、関係諸団体の意見を聴取する「レミス制度」など、スウェーデンの政策には学ぶべき点が多い。

　これらの背景には、人口規模の小さな国家であることや人々の遵法精神が挙げられる。高い税金を払っても教育や医療は無料であり、システムへの信頼感がある。そのせいかペットボトルのデポジット制がうまくいっている。駐車違反や信号無視も少なく、車の走行ルールを左側から右側に転換しえた歴史を持つ。お酒の専売制度は健在で、行列して順番を待ったうえで、身分証明書を提示して購入する。休日に酒類は買えないが、誰も不満を言わない。このような

「スウェーデン人の遵法精神」について，私が滞在中の住まいについて世話になったある教授は「もしも政府が明日から国民は左ポケットにバナナを一本入れて歩けというルールを作ったら，みんな従うだろう」と言って笑った。それは冗談であるが，この国の特徴をよく表している。

さらにスウェーデンはDo it yourself.の社会である。郵便荷物は郵便局止めで，高い配達料を払うか，自分で局まで受け取りに行かねばならない。レストランも高級なところでなければ，学生食堂のようなセルフサービス形式が普通である。家政婦やベビーシッターは，雇用にかかる社会保険料や税金が高いため人件費が3倍にもなり，心理的な抵抗感も強いので広がらない。一般に誰かに下働きをさせることを好まないのである。秘書という仕事も自律性を持っており，ボスの下働きではない。彼らは階級的関係を嫌い，平等主義を善とする。

◆家族生活と職業生活

スウェーデンの家族においては，乳児期の親子関係が重視されている。まず母乳を与える期間が長い。少なくとも数ヵ月は母乳で育て，離乳食が始まった後も，生後1年くらいまで母乳を与えるケースが少なくない。また生物学的な父子関係を重視し，父親の養育責任を追求する社会的な仕組みがある。子どもが1歳になるまでは家庭で親が育てるべきだという考え方が支配的で，そのために育児休業が保障されている。この「1歳児神話」は政府から国民まで浸透しており，ゼロ歳児保育の受け皿はない[6]。基本的に親子は別室就寝であるが，子どもの気持ちの安定のために親が添い寝をすることもある[7]。育児は頭ごなしに規律を押しつけるのではなく，子どもの自立性・自発性を尊重して，子ども同士で規範を形成していくよう促している。また叱るよりも，長所を見つけて褒めて伸ばすことが推奨されている[8]。

カップル関係は柔軟かつ流動的で，サムボ（SAMBO＝共同生活）と呼ばれる事実婚が法律婚とほぼ同率である。多くの若者は18歳になると生家を出て一人で生活するが，まず互いに好きになった相手と共同生活をする。共同生活を続けるか，解消するか，あるいは新しい相手と共同生活を組み直すかは，自由である。そのうちに，子どもの誕生やパスポート取得などの機会に，婚姻届を出して法律婚になる場合と生涯事実婚でいく場合がある。教会婚は生涯のパー

トナーシップを神に誓うもので，明確に信仰に基づいている。市民婚は自治体に届け出て親族や友人を招いて披露するもので，子育てが一段落して経済的にも余裕ができてからすることがある。サムボより法律婚の方が，遺産相続において残されたパートナーにやや高い保障を与える。なお同性間のパートナーシップも，1994年パートナーシップ法により，合法化されている。

　離婚は人口千人当たりの離婚件数を示す「普通離婚率」で見ると，1970年代後半以降ずっと横ばいで，2.1～2.5の間である。離婚後に他の相手とパートナーシップを組むこともしばしば行われ，前婚の子どもを連れた「再構成家族」も少なくない。その場合子どもにとって親とはあくまで産みの親を指し，同居している親の新しいパートナーは，自分の親ではなく，親戚（叔父さんか叔母さん）のようなものだと言う[9]。別れた両親は共同親権を行使し，子どもの成長に責任を持ち続ける。週日は母親のもとで暮らし，週末に父親と過ごす子どもも少なくない。そうした現象を「日曜日のパパ」と呼んでいる。

　女性は収入補塡のある育児休業制度のお陰で，生涯を通じて就労を継続できるが，育児期は労働時間を短くすることが多い。ただし日本のパートタイムとは異なり，「短時間正社員」と呼ぶべき性格の雇用である。背景には，子どもが8歳になるまで保障されている労働時間短縮権がある。このように出産・育児と職業継続は両立可能だが，多くの女性が女性職（主としてケアに関わる公的セクター）に集中，民間大企業の管理職にはあまり進出していない。女性の管理職割合は，公的セクターで56％，私的セクターで19％である（SCB 2004）。労働組合組織においても，意思決定機構の上層になかなか女性が入ることができなかったが，近年改善の努力がなされている。

　最後に，労働時間について述べておきたい。まず個人の生活が大切にされており，欠勤に比較的寛容である。労働力の現状を見ると，欠勤者は女性で16％，男性で11％あり，その理由も病気，休暇，育児，その他と多様である（SCB 2004：43）。たしかに用があって職場に電話しても「〇〇さんは今日は午後から休みを取っているので，後日また連絡して下さい」などと言われることが結構多かったように思う。それで仕事が回っているのだから人員配置にゆとりがあるとも言えるが，短時間に集中して仕事をこなしていると言うこともできる。また短時間労働を選択する人が多いため，ラッシュアワーの時間が早い。スト

ックホルムでは午後3時から6時までの間がラッシュアワーでバスの本数も多いが，その後は人通りも少なくなる。男女とも帰宅時間は早い。インタビューの際に，午後7時といった時間指定を受けることが多かったが，行くとすでに夕食は終わっていて，子どもは居間でテレビを見ており，ご夫妻とお茶を飲みながらゆっくり話をすることができた。このような時間的ゆとりは，スウェーデン社会の魅力ではないだろうか。

◇育児政策の概略

社会省（Ministry of Health and Social Affairs 1999）によれば，スウェーデンの育児・家族政策は以下の三つを基本目的としている。
1 子どものいる世帯といない世帯との生活条件を平等にする。
2 両親が共に職業と家族的責任とを両立できる機会を与える。
3 （ひとり親，子どもの障がいなど）弱点のある家族に特別な支援をする。

そして普遍性の原則と個人の権利に基づいて，①児童・家族給付，②保育，③両親保険を制度化している。その他にも福祉政策により，妊娠・出産・育児に関わる医療や公教育システムは無料である。

①児童・家族給付には，以下の3つがある（2001年の金額）。

a）児童手当：16歳未満のすべての子どもに一人月額約1.3万円を支給。資産調査なしの普遍主義的給付。延長・多子加算・学生補助金あり。

b）住宅手当：資産調査あり。住宅コストと子ども数に応じて支給。30％の家族が受給。

c）養育費援助：子どもを養育するひとり親に1子月額約1.5万円支給（収入に無関係）。
別居の扶養責任を有する親は，子ども数と自らの収入に応じて払い戻す。
父親が不明確な時は，DNA鑑定により生物学的父親を確定する。

その他，両親の一方が亡くなった場合には遺児年金が，子どもに障がいがある時は障がい児ケア給付がある。

②保育は，今すべての子どもに対する「就学前教育システム」へと転換しつつある。公的保育の目的は，親が職業（学業）と家庭とを両立できるようにすること，および子どもの成長を促すことの二つと規定されている。その背景には，男女平等政策の進展と保育所育ちの子どもが社会性の発達に優れているという発見がある。

表2-3　スウェーデンにおける保育の主要5形態（数値は1998年の実績）

名　称	対象年齢	利用児童数	利用時間	カリキュラム	年間コスト	スタッフ
就学前学校 förskola (daghem)	1～5歳	338,000人 同齢の61%	全日	有	1人当たり 74,300SEK（有料）	就学前教育教師 保育者
就学前クラス förskoleklass	6歳	6歳の91% 小学校に あと7%)	半日 （最低1年 525時間）	有	26,600SEK （無料）	就学前教育教師 保育者
家庭的保育 familjedaghem	1～12歳	82,000人 1～5歳 12% 6歳　6%	全日 （柔軟に）	無	57,600SEK （有料）	家庭保育者
学童保育 fritidshem	6～12歳	300,000人 6～9歳 56% 10～12歳 7%	始業前 放課後 休日	有	27,800SEK （有料）	学童保育指導員 保育者
公開児童センター öppen -förskola	1～5歳	1000カ所	2～3時間	無	全体で 328,173SEK （無料）	教師 保育者 ソーシャルワーカー

OECD Country Note: Early Childhood Education and Care Policy in Sweden, 1999 December

　表2-3はOECDが1999年に行ったスウェーデンの幼児保育・教育レビューの結果報告書から，保育・教育システムの概略をまとめたものである。

　スウェーデンの保育所は「昼間の家」（daghem）と呼ばれ，小規模で家庭的雰囲気がある。大教室ではなく普通の家のように部屋がいくつもあり，異年齢グループ（縦割り）保育なので，きょうだいが一緒にいられる。時に親の参加も求められ，保育所と家庭との連携は密である。子どもの自発性と自立性を尊重し，自己表現力と人間関係調整能力を養成することを重視している。また移民の子どもたちへの配慮として，母国語教育とスウェーデン語教育が行われるべきことになっている。保育士は女性が多いが，男性保育士の必要性も認識されており，イエテボリ市には保育士を男女半数ずつにした「平等保育園」が設置されている[10]。

3 スウェーデンの育児環境

図2-3 スウェーデンの育児休業制度

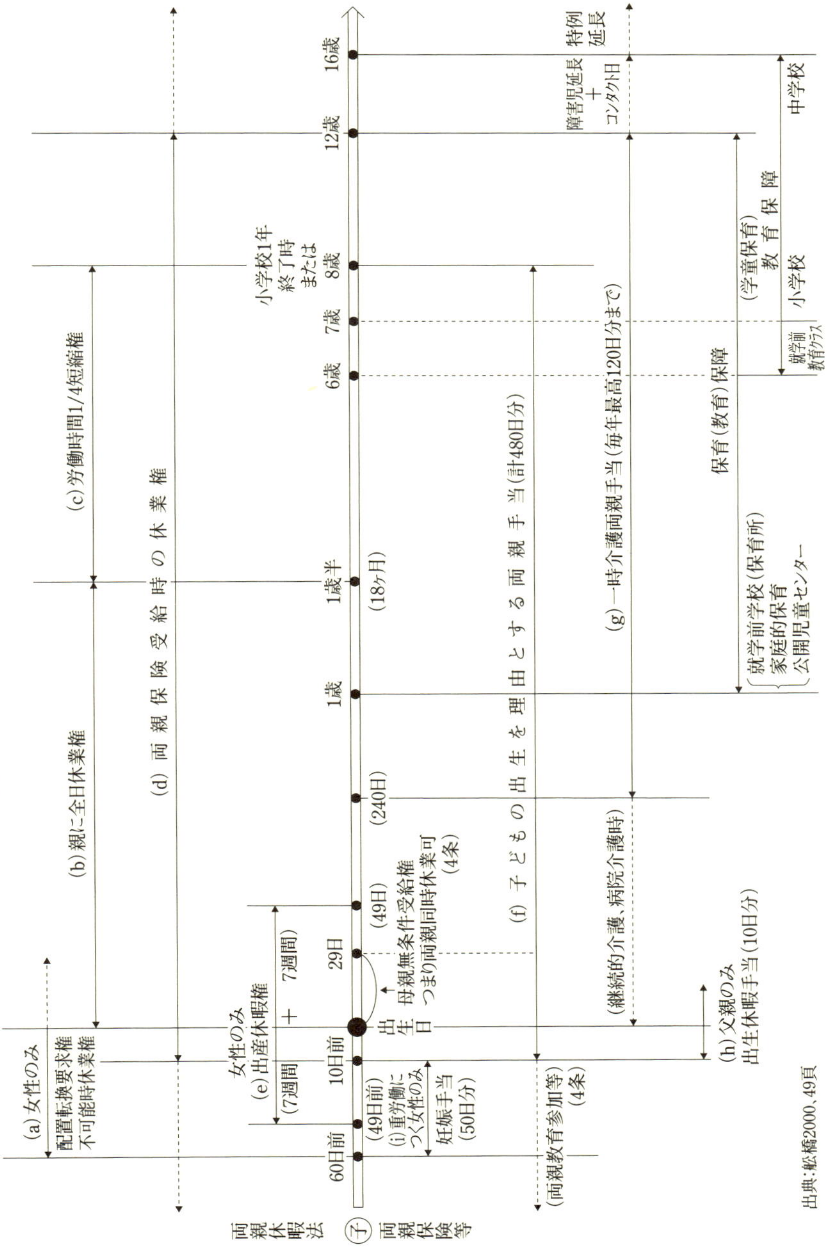

(a) 女性のみ　配置転換要求権・不可能時休業権

(b) 親に全日休業権

(c) 労働時間1/4短縮権

(d) 両親保険受給時の休業権

(e) 出産休暇権　女性のみ　7週間 + 7週間

(i) 重労働につく女性のみ　妊娠手当（50日分）

(f) 子どもの出生を理由とする両親手当（計480日分）
母親無条件受給権つまり両親同時休業可（4条）

(g) 一時介護両親手当（毎年最高120日分まで）
（継続的介護、病院介護時）

(h) 父親のみ　出生休暇手当（10日分）

（両親教育参加等）（4条）

60日前　（49日前）　10日前　出生日　29日　（49日）　240日　1歳　1歳半（18ヶ月）　6歳　7歳　8歳　小学校1年終了時または　12歳　16歳

就学前学校（保育所）
家庭的保育
公開児童センター

就学前教育クラス

小学校（学童保育）

中学校

障害児延長 + コンタクト日　特例延長

保育（教育）保障

教育保障

両親休暇法
両親保険等

出典：舩橋2000, 49頁

公開児童センターは子どもを預かる場所ではなく，親が子を連れて集う，育児支援センターである。あらゆるライフステージの家族を支援する「家族センター」として統合される動きもある。

③両親保険は，1974年に世界初の両性が取得できる育児休業の収入補填制度として導入された。スウェーデンの育児休業制度は，もっぱら「休暇権」を規定する「両親休暇法」と，「両親保険受給権」を規定する「国民保険法4章両親手当」という二つの法によって，二重の規定構造になっていることが重要である[11]。

「両親休暇法」は両親保険の受給とは別に，単に一定の「期間」で休暇権を定めており，以下の5つの休暇権がある（図2-3の上部）。

(a)妊娠した女性の危険有害業務からの配置転換要求権，不可能時の休暇権
(b)子どもが1歳半になるまで，親が全日休暇をとる権利
(c)子どもが8歳または小学校1年終了まで，親が労働時間を1/4短縮する権利
(d)親保険を受給している時間や日数の欠勤＝休暇権
(e)女性のみの出産休暇権（産前産後7週間ずつ），および授乳時間の権利

「国民保険法」は以下の3つの両親保険受給権を定めている（図2-3の下部）。

(f)子どもの出生を理由とする両親手当，いわゆる「育児休業」給付（480日分）
(g)一時介護両親手当，いわゆる「病児休暇」給付（子ども1人に年に120日まで。うち60日までは医師の証明が不要）
(h)父親だけの出生休暇手当（10日分）

さらに(i)母親だけの妊娠手当，いわゆる「出産休暇」給付（50日分）が同法3章にある。

これらは上述(d)により，両親保険を受給している「時間」や「日」に応じた休暇権に繋がっているので，両親保険を部分受給すれば長期間受けられ，間をおいたり組み合わせを考えて多様な休暇の取り方が可能になる。

両親保険の給付額は，1998年以降，給与の80％（上限あり）である。ただし(f)子どもの出生を理由とする両親手当（2002年より480日）のうち，90日分は最低額（1日60クローナ，2006年より増額予定）である。原則として父親と母親に

半分（240日）ずつ与えられるが，各自60日（2002年～）ずつを残して，あとは互いに自由にパートナーに譲ることができる。これがいわゆる「パパ月」の仕組みである。母親は割り当てられなくても育児休業を取得するので，この割り当ては父親の育児休業取得を促進する効果がある。

以上，スウェーデン育児休業制度の特徴をまとめると，法律によって休業権が強く保障され，両親保険による高額な経済補償があり，相対的に休みやすい職場慣行のため，よく利用されている。取得方法も柔軟で多様な利用を許し，子どもの病気や障がいに対する一時介護休暇の規定もきめ細かい。また0歳は家庭育児，1歳から公的保育という考え方が社会的コンセンサスを得ている。

その他にスウェーデンの育児政策でユニークなのは，男性が育児に関わる権利の保障であろう。男女平等問題を担当する省内には，「男性と平等」担当者が置かれている。1995年以降，スウェーデン全国4地域で補助金を受けて，出産前後の両親教育プログラムの中に男だけの場を作り「父親教育」が試みられている。また，育児休業中の男性が孤立しないように父親のネットワークづくりを支援している（Carlsen, 1998）。男性の保育者は5％程度おり，学童保育では2割近くいるが，さらに男性保育者を増やすことや，男性保育者のネットワーク支援を行っている。

4　フランスの育児環境

◇**社会生活の特徴**

フランスは，スウェーデンより25％ほど広い約55万平方キロメートルの肥沃な国土に，スウェーデンの7倍の人口，6,168万人（2004年）が住む，豊かな農業国である。首都パリは特殊な国際文化都市であるが，フランス社会の基本には，ラテン文化と豊かな農業社会がある。例えば，ワインを飲みながらゆっくり食事を楽しむ習慣があり，学校でも会社でも昼休みは2時間あるのが普通である。土曜の社交的な夕食会では8時半ごろから始まって，夜中まで数時間かけてゆっくり飲み食い語り合う。

年に5週間の有給休暇があり，いかにお金をかけないで「豊かな時間」を過ごすか，それぞれに工夫を凝らしている。古い農家を買い取ってコツコツと改

修して別荘にする人も多い。100年ほど前に33年もかけて石ころで夢の宮殿を建てた一介の郵便配達夫シュヴァルの話（岡谷 2003）は，とてもフランス的である。そういえば『〈子供〉の誕生』を著した Ph. アリエスも日曜歴史家であった。このように職業生活と家庭生活の外に，大なり小なりの自分自身の夢や趣味の世界を持ち，休暇を利用して長年コツコツと進めている人は多い。子どもたちの学校も毎週水曜日は休みのうえ，9月の新学期から6月の学年末までのあいだに，11月の万聖節，12月のクリスマス，2月の冬休み，4月の復活祭と，2週間程度のバカンスが4回もある。このように「自分の時間」が持てる人生の感覚は，フランスに特徴的である。

またフランスは移民が多く，階層社会である。ヨーロッパ大陸の中での人の移動や植民地時代の名残りもあり，異文化のるつぼと言えよう。移民の多くが警備員や掃除婦などの下働きの仕事に就いている。教育システムは階層を再生産しており，下層の若者は早くに競争から外れて多様な職業資格を取り労働市場に出るが，中産階級以上の若者は受験勉強をして競争に勝ち抜き，グランゼコールを卒業すると若くしていきなり行政や企業の幹部となり，あるいは大学教授職を得る。知識人層と肉体労働者層の間には歴然とした格差があり，家事・育児使用人が豊富に存在する。

さらにフランス人はスウェーデンと対照的に，遵法精神に欠けるきらいがある。飲酒運転や駐車違反は日常化し，赤信号を無視して道を横断する人々に驚かされる。まるでルールは破られるためにあるかのようである。しかし，その背後には，個人の自由と自己責任意識がある。ルールに頼らず，自己責任で自分の身の安全を守ればよいと考えているのである。何事にも個人の主体性が要求される社会であるとも言える。例えば，社会保障による医療費の差額を受け取る手続きは，日本では医療機関が行うが，フランスでは被保険者個人が書類を整えて面倒な払い戻し手続をしなければならない。

◇**家族生活と職業生活**

フランスの家族文化においては，第2節で述べたように親子の適切な距離があり，親が子どもに振り回されない。その一方でカップル関係は重視され，カップル単位の社交のネットワークは仕事の上でも大きな役割を果たす。

カップル関係は今日，スウェーデンとほとんど変わらず，法律婚と自由婚（union libre）が半々であり，PACS（市民連帯契約）により同性カップルにも諸権利が与えられている。離婚率も同程度で，再構成家族も珍しくない。しかし6歳以下の子どもに限って見れば，9割が自分の両親と暮らしている（OECD 2003）。離婚した場合は，子どもに共同親権が行使される。もともと親族ネットワークが盛んで，バカンスに子どもが田舎の祖父母の家に泊まりがけで行く習慣があるので，カップル関係が流動化しても子どもが別れた親の所にバカンス期間に泊まりに行くのは，親族のような関係として自然に受け入れられている。

　性と生殖に関する社会規範も個性的である。女性が性的に魅力的（séduisante）であり続けることは大切とされ，出産のあとラインを取り戻すために美容体操が医者から「処方」されたり，授乳によってバストが垂れることを恐れて，母乳をやらずにミルクを選ぶ女性もいる。歴史的にカトリック教会が支配的であったため，中絶が合法化されたのは1975年と遅く，しかも妊娠10週目までと厳しい制限が敷かれている。その代わりに養子は盛んで，肌色の違う子どもを喜んで引き取る養親が多い。望まない妊娠をした女性は匿名で出産し，直後に子どもを養子に出すことができ，「マダムX出産」と呼ばれている。近年は子どもが自らの出自を知る権利との関係で問題になっている（林2003：128-130）。しかしフランスで生まれた子どもは，「属地主義」の原則によってフランス社会の子どもとして手厚く保護が与えられる。

　フランスの女性は基本的に働いて経済的に自立するのが当然と考え，女性労働者の約7割（2003）がパートタイムでなくフルタイムで働いている。すでに1970〜80年代にM字型就労パターンは解消しており，その背景には「ル・トラバイエ」などの再就職支援プログラムの実施（寺田 1987），多様な保育の拡大，移民の家政婦の存在などがあった。だが女性の社会進出もガラスの天井にぶつかっており，トップマネジメントには女性は7％しかいない。育児期の両立戦略は多様である。政策の基調は「選択の自由」（Hantrais）であり，専業母親を選んでも就労継続を選んでも，同等に保障（後述）を与えている。その結果，高学歴で良い仕事に就いている女性は就労継続し，低賃金のハードな仕事に就いている女性は，経済的に成り行けば家庭に入ろうとする傾向がある。

フランスの労働時間は，全体に短く抑えられている。年間平均労働時間は約1400時間（2003）で，私生活保護的な職場習慣があるため残業が少なく，帰宅時間は早い。内閣府のパリ調査（2005）でも午後7時頃までに帰宅する男性が過半数にのぼり，8時以降が27％，不定が20％程度である。女性では，7時頃までに7割以上が帰宅，8時過ぎは10％，不定が15％程度である。2000年の全国家族手当公庫（CNAF）の調査によると，週35時間制を導入したAubry法（1998）の効果で，6歳以下の子どもを持つ60％の親が子どもとより多くの時間を過ごせるようになったと言う（DARES 2003 No.01.2）。

このように勤労が自己目的的に美化されることなく，納期にせかされて無理をしない社会は，消費者としては不便な面も多々あるが，生活者としては仕事の時間，家族の時間，カップルの時間，個人の時間がバランスよく確保され，生活を豊かなものにしていると考えられる。

◇育児政策の概略

フランスの育児政策は，家族的負担（chargé familiale）は集合的責任（responsabilité collective）において遂行されるべきだという考え方に則っている。「子どもは社会の財産」と捉え，育児コストを社会的に再配分する。出産医療費が100％払い戻されるほか，①児童・家族給付，②育児休業，③保育・教育制度がある。

①児童・家族給付には，大きく以下の5種類がある。
　a 家族手当：20歳未満の子に対して所得制限無しで毎月支給。ただし第2子から。
　　　子ども2人　　112.59ユーロ　（約15,000円）
　　　　　　3人　　256.83ユーロ　（約35,000円）
　　　　　　4人　　401.08ユーロ　（約54,000円）
　　　以降1人　　144.25ユーロ　（約19,000円）加算
　　　11〜16歳　　 31.67ユーロ　（約 4,300円）加算
　　　16〜19歳　　 56.29ユーロ　（約 7,600円）加算

（内閣府2004年調査，2005：4〜6）

b 基礎手当：誕生時一時金と3歳までの手当　所得制限有り
　　c 仕事と家庭の両立に関する手当：所得制限無し
　　　就業自由選択補足手当：第1子6ヵ月分，第2子以降末子が3歳まで。育児休業給付
　　　保育方法自由選択補助手当：6歳まで。保育アシスタント等の雇用費一部援助。
　　d 低所得者向け各種手当：第3子からの家族補足手当，新学期手当
　　e 特別な状況への手当：ひとり親手当，特別養育手当（障がい児），病児つきそい手当
　いずれも家族手当金庫（CNAF）を通じて給付され，雇用企業主の拠出がある。また全体に多子優遇で，出生促進的性格を持っている。しかし出産・育児から派生する経済的負担については，充分にカバーされていると言える。
②育児休業制度は労働法典で規定されている。1977年法の初規定では，母親に優先権を与えていたが，1984年法で初めて父母に同等の権利を開いた。
　　a 出産休暇：産前8週＋産後10週（第1～2子），16週（第3子以降）給与100％保障
　　b 父親休暇：11日（2002年より，以前は3日）取得率40％（2003年）給与80％保障
　　c 育児休業：3年　女性の取得率30％，男性の取得率1～2％（2004年）家族手当から給付
　　d 病児つきそい休暇：4～12ヵ月　家族手当から給付
　いずれも1994年以降，少しずつ範囲を拡大してきた。週16時間以上のパートタイムにも適用される。
③保育・教育制度は，多彩に発達している。J.ファニャーニはドイツの低出生率に対してフランスの出生率が低下しないでいるのは，保育の違いであると言う（Fagnani 1998）。以下に主要な保育・教育制度を挙げよう（OECD 2003）。
(a)保育学校（école maternelle)[12]
　　2歳からすべての子どもに開かれている公教育で，幼児の発達を促し小学校教育への準備をする。基本的に同年齢クラス編成をしている。財源は国家と自治体によって賄われ，無料。義務教育ではないが公教育であり，3歳以上

になると総ての子どもに入学の権利がある。時間は，午前8：30-12：00，午後14：00-16：30で，週26時間の教育を行う（水曜日は休み）。親の送迎が必要で，昼食を自宅で食べさせると4往復は大変だが，給食（canteen）を選択すると日本の公立保育所並みの預り時間になる。

(b)保育アシスタント（assistantes maternelles）および家庭保育園（crèche familiale）

生後2～3ヵ月から保育者の自宅で3人までの子どもを預かる制度で，乳母（nourrice）の歴史に根ざしている。1980年代に自治体が養成に力を入れ，フランスの保育の重要な担い手となった。1日10時間で最低賃金（SMIC）の2.25倍程度の料金である。家族手当の保育アシスタント雇用補助があるため，年休（有給）や社会保険が整備され，労働条件は改善された。90％の保育アシスタントは独立営業であるが，家族手当金庫（CNAF）がネットワーク作りを進めており，10％は保育園に登録して組織化され，「家庭保育園」（crèche familiale）と呼ばれている。保育アシスタントによる家庭的保育の柔軟性と保育園の安定性を兼ね備え，親に人気がある。

(c)保育所（crèche）

生後2～3ヵ月から3歳までの子どもを保育する公立保育施設。質は高いが席が少なく，10％程度しかカバーしていない。妊娠したらすぐ申し込まないとなかなか入れないと言われている。補うためにミニ保育所，企業保育所，親の共同保育所などがある。

(d)託児所（halte-garderie），余暇センター（centre de loisir），学童保育（études）

Halte-garderieは学齢前の子どもを世話する施設で，公立が半分，NPOは4割。2001年に法で安全性や教育性を強化した。料金は子ども1人1日23ユーロ程度。Centre de loisirは，水曜日や祝日，バカンスなどに3歳以上の子どもを預かる自治体の施設。放課後に対しては，小学校にétudesが，保育学校にgarderieが併設されている。

その他にベビー・シッター（garde à domicile）も盛んで，雇用補助手当が利用できる。また，1980年代から「子育て支援センター」（maisons ouvertes）が発展し，補助金を受けて，各地で親子の集いや相談，虐待防止などを行ってい

る。地方で最近発達しているのは，いろいろなケアを統合したセンター（multi-accueil）である。おもちゃライブラリ（Ludothèques）もある（1000ヵ所）。今後，地域を舞台にケアと教育の統合がより進められていくだろう。

5　日本の育児環境

◇育児政策の概略

　日本の育児支援政策は1990年の1.57ショック以来，1994年エンゼルプラン策定，1999年新エンゼルプラン策定，2002年少子化対策プラスワン，2003年少子化社会対策基本法成立という経緯からわかるように，もっぱら「少子化対策」の枠内で行われてきた。その意味で状況依存的であり，日本の育児政策に何か一貫した方向性を持つ「理念」を見いだすことは難しい。

　少子化社会対策基本法（2003）第2条では，その基本理念を「家庭や子育てに夢を持ち，かつ，次代の社会を担う子どもを安心して生み，育てることができる環境を整備すること。社会，経済，教育，文化その他あらゆる分野における施策は，少子化の状況に配慮して講ずべきこと」と述べ，雇用環境の整備（10条），保育サービス等の充実（11条），地域社会における子育て支援体制の整備（12条），母子保健医療体制の充実等（13条），ゆとりのある教育の推進等（14条），生活環境の整備（15条），経済的負担の軽減（16条），教育及び啓発（17条）を推進するとしている。

　次世代育成支援対策推進法（2003）第3条でも，基本理念については「次世代育成支援対策は，父母その他の保護者が子育てについての第一義的責任を有するという基本的認識の下に，家庭その他の場において，子育ての意義についての理解が深められ，かつ子育てに伴う喜びが実感されるように配慮して行われなければならない」と書いている。

　これらの文章から見えるのは，第1に既存の社会システムを揺るがす「少子化」が問題であること，かといって産めよ増やせよとは言えないので，産みたい人が安心して産み育てられる社会環境を作るということである。第2に育児は家族が行うべきであるという自明の前提がある。しかし現代の構造的な育児困難の問題や，育児に関わる男女の平等の視点は見えない。つまりやはり女性

が産育の主体であり，家族がその主要な場であり続けながら，出生率の低下が止まるように様々な支援策を行う姿勢にとどまっている。

たしかに具体的に出てきた「男性を含めた働き方の見直し」や「地域の育児支援」は大切であり，地方自治体や企業が次々と「行動計画」を立てることは望ましい。が，理念の核心が不明確なのである。フランスでは子どもは社会の財産であり，育児のコストは社会的に再配分すると明確にうたっていた。スウェーデンではさらに男女の親に職業と家族的責任とを両立する機会を与えると述べていた。しかし日本では，暗黙のうちに女性と家族に軸足を置いたままである。そのため前田正子が指摘するように，専業主婦優遇策と就労支援が並列された「政策焦点矛盾型」（前田 2004：37）の政策となっている。

このような明確な理念の欠如は，個別の育児・家族政策水準の相対的低さを帰結している。以下，①児童手当，②育児休業，③保育・教育制度について簡単に見ておこう。

①児童手当は所得制限があるが，第1子と第2子に月5千円，第3子以降は月1万円が，9歳に達した学年末（さらに2006年から12歳に引き上げられる）まで給付される。その他，世帯主がその勤務先企業から扶養手当を受けている。ひとり親への支援としては，父子世帯にはなく母子世帯のみに児童扶養手当がある。いずれも申請しなければ給付されない。

②育児休業は1992年に初めて男女に開かれたが，その後少しずつ拡大されてきた。

 (a)女性のみの出産休暇は，労働基準法により産前6週間，産後8週間，合計14週間。

 (b)父親に対する出産時の休暇は法規定がないが，実際には年次有給休暇や企業によって独自に設定されている配偶者出産休暇などを取る父親が増え始めている。

 (c)育児休業は基本は1年までであるが，1年半まで拡大可能（2004年から）期間雇用者にも適用（2005年から），雇用保険から40％の収入補填がある。社会保険料も免除。

 (d)病児看護休暇は子が学齢に至るまで1年に5日まで取得できる（2005年から義務化）。

③保育・教育制度は日本では厚生労働省所管の保育所と文部科学省所管の幼稚園の二本立てになっており，スウェーデンのように，ケアと教育が統合されていない。前田によれば認可保育所に入所している子どもは，2002年で約188万人おり，就学前児童全体の26.5%を占めている。しかし3歳以下の入所率が低く，ゼロ歳で6％，1歳で18%，2歳で24.9%，3歳以上で36.4%となっている。女性の就労継続が少しずつ増え，保育ニーズが増加するのにともない，待機児が増えている（前田 2004：47）。

　以上日本の育児支援政策は，「少子化」に押されて少しずつレベルアップしてきてはいるものの，まだ全体に水準が低く，女性の不本意な出産育児退職を押しとどめることができていない。育児休業と保育との接合も，必ずしもうまくいってはいない。出産後もフルタイムで就労を継続しえている女性労働者の背後には，親世代との同居や近居による親族援助がある（仙田2002：71）。日本はまだ専業主婦と親族の援助を前提としたシステムである。しかし，いつまでこのような家族頼みで持ちこたえられるだろうか。

◇新しい意識と根強い3歳児神話

　豊富な商品やサービス，IT技術などを見れば，日本は大変進んだ豊かな消費社会である。すべての面において欧米が優れ，日本は遅れているわけでは決してない。しかし育児の社会化と男女共担に関しては，第2節でも数値化したようにとても遅れている。何がその背景にあるのだろうか。

　異邦人の目で現代日本社会の子育ての様子を観察すれば，至る所に母子のユニットが溢れ，父の帰宅時間が遅いのに驚くだろう。1994年に日本女子社会教育会が実施した6ヵ国（米，英，瑞，タイ，韓，日）の家庭教育比較調査の結果でも，日本の父親が子どもと共に過ごす時間の少なさが浮かび上がった（日本女子社会教育会 1995）。孤立した育児は，母親の状況を辛いものにすることは，すでに多く語られてきている（橘 1992，牧野 1996，大日向 1999）。

　母子健康手帳副読本の内容の変遷を分析した品田知美によると，日本では1980年代中頃から子ども中心主義の育児法が広がったと言う（品田 2004）。例えば，泣く赤ん坊を宥めようとずっと抱き続けるなど，子どもの際限のない要求に親が無限に応えようとすれば親は疲れ果ててしまい，子どもも「自分中心

の世界」から「対話によって他者と折り合いをつける世界」へと成長することができない。品田は親が子どもに主導権を譲り渡してしまった子育て技法を「超日本式育児」と呼び，注意を促している。これは女性の生活世界の中で際限なくケア役割が肥大化して，自分(の時間)が失われる危険性と言える。

このように装い新たな母子の密着と父の仕事人間化が，深いところで日本社会の変化を妨げているのではないだろうか。

では，社会が変動する中で男女の子育て意識はどのように変容しているのだろうか。1995年に実施した都市女性の意識調査（科研費プロジェクト）の結果からは，根強い3歳児神話がうかがえる。今や「女性は子どもを産んで初めて一人前だ」というようなあからさまな母性イデオロギーはほとんど支持されず，「母の手作り」幻想も揺らいでいる。しかし「母親の仕事のために3歳以下の子どもを保育園に入れるのはかわいそうだ」という意識や「子どもの成績の善し悪しは母親の責任である」という意識は，約3分の2の女性が保持している。さらに，職業と育児の優先度の好ましさを性別に分けて聞いてみたところ，両親ともに職業と育児を両立するのがよいとする「両性平等」志向が4割，父親には職業と育児を両立してほしいが母親は育児優先がよいとする「幸福な家庭」志向が3割，父親は職業優先で母親は育児優先が良いとする「性別分業」志向は1割しかいなかった（舩橋 2000）。たしかに古い母性イデオロギーは消滅しつつあるが，代わりに自ら好んで子育てに嵌っていく，新しい3歳児神話が生きている。

男性は仕事人間から変わっていくだろうか。男性のケア意識に関するデータを見ると，育児に対する男性の関心は，想像以上に高い。総理府「男女共同参画社会に関する世論調査—男性のライフスタイルを中心に」（2000年）によれば，男性が育児休業を取ることについての一般論的意見としては，男女とも7割近くがおおむね賛成している。また子ども未来財団の「子育てに関する意識調査」（2001年）によれば，子育て期にある男性の約半数が育児休業を取得したいと希望しており，1割程度は是非取得したいと願っている。比較的若い都市男性を対象とする意識調査（2004年に実施した科研費プロジェクト）の結果を見ても，6割が自分は出産に立ち会うタイプ，8割が乳幼児の身の回りの世話をするタイプ，9割以上が子どものしつけに責任を持ち，子どもと遊んだり

勉強やスポーツを教えるタイプであると答えている（舩橋 2005）。いずれも意識調査であり，即実行に繋がるわけではないが，育児に対する男性の関心の高さは充分に読み取れるであろう。

以上本章では，3ヵ国の育児環境の特徴を紹介しつつ，「育児の社会化」と「男性ケアラー化」という2つの共通軸において，比較社会学的変動論を試みていくための基礎作業を行った。

注
1) この調査は，日仏女性資料センターの日本メンバーとフランス支部メンバーの協力のもとに実施された。日本の母親430，フランスの母親338の回答を分析し，フランスにおける報告書（Centre franco-japonais de documentation sur les femme, Enquête sur l'éducation des enfants en France et au Japon : premier rapport 1987 Paris）および日本における報告書（日仏女性資料センター『日本の子育て・世界の子育て』1990 東京）を刊行した。メンバーは，田中喜美子，中嶋公子，菅原恵美子，寺田恕子，谷清子，マースヒロコ，三好信子，藤井由実，梶本玲子，竹内旬子の各氏と私であった。
2) アメリカでは，公的保育は乏しいが，市場の保育が豊富で，その利用に対して税金控除がある。
3) 男女共同参画会議・少子化と男女共同参画に関する専門調査会「少子化と男女共同参画に関する社会環境の国際比較調査報告書」（2005）によれば，OECD加盟24ヵ国のうち，アメリカ・オランダと北欧には共通性があることが指摘されている。
4) 人口ボーナスは，一般に多産多死型から少産少死型へと人口構造が転換していく途上で，多産少死の世代が登場することにより，生産年齢人口が従属人口（子どもと高齢者）より多くなる時期が生じることを言うが，日本では，高度経済成長とその後の25年に重なり，また少子化と高齢化が急激であったことから，人口ボーナスの効果が大きく現れたと考えられる。この現象を社会学的分析に導入したのは，伊藤達也（1994）と落合恵美子（1994, 1997, 2004）である。
5) E.トッドは，北スウェーデンを，ヨーロッパの歴史に根ざした四つの主要な家族制度（共同体家族，直系家族，平等主義核家族，絶対核家族）のうち，直系家族が支配的地域であると分析している。トッドは，直系家族を，同居規則，世代間の相互依存関係が子の成年後も継続すること，およびきょうだい間不均等相続によって特徴づけている（Todd, 1990＝1992）。このような知見からも，スウェーデンと日本は，ともに「直系家族」規範が強いのではないかという認識は補強される。
6) 1999年12月にスウェーデン教育省の保育・教育制度担当官 Barbara Martin

Korpi から聞いた話では，1997年のゼロ児歳保育はスウェーデン全体で200人であったと言う。教育省では，ゼロ歳児保育はゼロにしたいとのことであった。
7) 1999年9月の家族インタビューで，看護師から確認した。
8) スウェーデン生活が長く，教育問題を研究している三瓶恵子の指摘（三瓶 1993：75）。私も，子どもを通わせた小学校の教師たちの振る舞いに同様の特徴を見いだした。
9) 1999年10月に，再構成家族のインタビューで夫婦から確認した。
10) スウェーデンの保育園は，一般に日本と較べると小規模で，1997年に，この平等保育園を訪ねたとき，保育士は男女半々と言っても，男性3人女性3人の計6人であった。
11) スウェーデンの育児休業制度が，この二重構造のために，じつに多様で柔軟な活用を可能にしているということは，実際の取得例をインタビュー調査してみてはじめてわかった。そのうえで，この図の表現が正しいかどうか，社会省の担当官 Catharina Bäck に確認した。この調査の成果の詳細は，日本労働研究機構資料シリーズ No. 105 にまとめたので参照されたい（舩橋 2000）。
12) 幼稚園と訳されることもあるが，日本の幼稚園との違いを強調するために，保育学校という訳語の方を選んだ。

第 3 章

フィールドワークからの発見

　本章では，3ヵ国におけるフィールドワークの目的・方法・概略とデータ分析の方法，そして分析から見えてきた通文化的な「夫婦で育児」の4類型について述べる。

1　調査のデザイン

　3ヵ国のそれぞれに異なる育児政策の下で，子育て中の親はどんな生活を営んでいるのだろうか。家事・育児を，カップル間でどのように分担しているのか。仕事と家庭との折り合いをどうやってつけているのか。どんなときに育児の喜びを感じ，どんなときに困難と感じるのか。現代社会における育児の困難さは，各国の政策によってどれだけ緩和されているだろうか。文化や政策が違っても，共通な問題もあるのではないだろうか。また育児中のカップルは，ジェンダー秩序をどのように経験しているのだろうか。特に対等でありたいと願う男女は，育児生活のなかでジェンダー秩序に巻き込まれていくことに対して，どのようにして抗しているのだろうか。父親の家事・育児遂行の実態はどんなものか。それを当事者はどのように受けとめ，納得しているのだろうか。

　このようなことをトータルな像として知るためには，一般に，統計的マス調査よりも質的な事例調査が適するように思われた。統計的調査では当事者の複雑なリアリティに迫ることが難しく，意味付与の深い部分まで見ることができない。その点で，第1章で取り上げたオークレイやホックシールドの事例調査は，参考になる。

　そこで私は，3ヵ国でみずからフィールドワークを行い，質的データを集めることにした。ひとつひとつ自分の目で見，自分の耳で聞いて，五感をフルに

動員して対象者の生活のトータルなイメージを得たいと思った。どんなに大変でも直接に自分が相手と会って対話をすることが大切だと考えた。もしかすると、そういうやり方ではなく各対象国の研究者と共同研究を組織して、それぞれ自国の事例調査を分担した上で互いにデータを持ち寄って比較検討するという方法もあるのかもしれないが、人にやってもらったインタビューはテープ起こしの結果をもらっても意外に使えないものである。なぜならインタビューとは、聞く側と語る側が出会い、共鳴し、あるいは違和感から発見を得ながらともに作り上げるものだからである。実際に言葉の壁を越えて深く心に残る面接もあり、言葉の壁はないのに互いの理解が深まらなかった面接もあった。

　3ヵ国での事例調査を実施するに当たり、以下の点を配慮して研究戦略をつめていった。

◇先進的事例の収集

　今日、男性のケア意識は高まっており、一般論としては「男は仕事／女は家庭」という性別分業を否定して、「男性も家事・育児に参加すべき」と考える人は増えている。しかし男性の家事・育児実行率は、たとえば生活時間調査ひとつ見てもとても低い。ランダム・サンプリングによる統計的マス調査では、平等なパートナーシップを実践しているサンプルの割合が小さすぎて、分析しにくくなってしまうという問題もある。そこで質的調査の対象を、先進例に絞ることにした。

　具体的には、「10歳以下の子どもを持ち、育児に積極的に関わっていると自認している父親とそのパートナー」へのインタビュー調査を行うことにした。先進例に絞ることで、「新しい父親」とそのパートナーの実像を明らかにすることをめざした。

◇カップル同時インタビュー（原則として家庭訪問）

　夫と妻をそれぞれ別にインタビューすることも検討したが、結局、二人同席でインタビューをすることにした。その理由は、①別々だと警戒される恐れがあり、同席の方が受け入れられやすいだろうと判断したこと、②もしも別々にインタビューして違う事実を語られるとややこしいことになるだろうから、同

席で堂々と違うリアリティを出してもらって，その場で議論したもらった方がよいと考えたこと（中には私の目の前で口論するカップルもあった），③二人に同時に会うために，原則として家庭を訪問し，子どもも含めて家庭の環境や雰囲気を知るというメリットがあると考えたことである。

しかしカップル同時インタビューにすることで，おのずと本研究の射程の限界が生じた。まずひとり親は対象から外すことになった。離婚した親も外された。次にインタビューを受諾してくれる時点で，家庭生活が比較的うまくいっているカップルに限られた。不仲であればこうした二人一緒のインタビューは拒否されたであろう。さらに双方の同席により，お互いに聞かれては困るようなことは言わないことになる。長期にわたる参与観察や，夫婦別々にじっくり話を聞くような調査であったら可能であったような「深み」は断念した。

したがってこの調査から得られた語りは，比較的きれいなものであり，どろどろした部分は捨象されている。それでも統計的調査よりは深く，個々の生活や人生の一面を語ってもらうことができたのではないかと思う。

◆ **半構造化面接の内容**

インタビューはあらかじめ調査趣意状を送り，調査の目的や方法，録音などの了解を得た上で，2時間程度の半構造化面接を行った。

主な質問項目は，①家事・育児の分担，②家族観，③父親と母親の役割についての意見，④職業生活と家庭生活との両立戦略，⑤自国の育児支援政策についての意見であったが，ケースによって，自由に話題が広がっていった。その他に，カップルの社会的基本属性を知るために，次の項目を含むフェイスシートを併用した。

- 本人の氏名，年齢，連絡先，職業，雇用形態，就労時間（通勤時間），収入（段階選択肢），学歴（段階選択肢）
- 子どもの名前，年齢，性別，学年，保育先
- 二人の同棲・結婚年数
- それぞれの父親と母親の住んでいる所と職業
- 夫婦のそれぞれの家事時間，家事の外注の有無，育児援助者の有無

録音テープは後で起こし，フェイスシートのまとめとともに，ケースごとの

第3章　フィールドワークからの発見

データ・ファイルを作成した。

2　3ヵ国におけるインタビュー調査

　1999年に1年がかりで，私は日本・フランス・スウェーデンの3ヵ国において，インタビュー調査を行った。

　まず3月にフランスで2週間のフィールドワークを行った。フランスの2人の社会学者の援助により，「10歳以下の子どもを少なくとも1人持ち，育児をよくシェアしているカップル」という基本条件で，調査協力者を探してもらった。できるだけ多様な事例が必要なので，都市だけでなく農村地域にも出かけ，高学歴の高所得者層に偏らないように，労働者，農民，失業者などの調査協力者も求めた。農業国フランスで，パリは非常に特殊な地域であることに配慮した。結果として15組のカップルに面接することができたが，地域分布はパリ9件，郊外1件，ブルゴーニュ5件であった。学歴分布は少なくともどちらかが大卒以上が10組，ともに高卒以下が5組であった。収入のレベルも高層，中層，下層に分散していた。やりとりの言葉は，依頼状，フェイスシート，インタビューのすべてにおいてフランス語を使用した。なおブルゴーニュで対象外ではあるが，調査協力者の親夫婦にも1件インタビューをした。

　次に5～6月に日本のフィールドワークを東京と神奈川で行った。まず地域のネットワーク・リーダーや保育所園長などに紹介を依頼したほか，講演先で呼びかけたり，「男も女も育児時間を！連絡会」のメーリング・リストで呼びかけたりしてひとつひとつ求めていった。はじめは上記の基本条件以外は無条件にカップルを選んだが，しだいにインタビューを重ねていくにつれて，職業や学歴，階層，居住地域などの社会的諸条件がサンプル全体として多様性を持つように配慮しながら協力者を選んでいき，17組で終了した。内訳は東京8組，神奈川9組，少なくともどちらかが大卒以上が14組，ともに短大か高卒以下が3組であった。日本の事例は都市の高学歴層に偏っている。

　最後に7～12月の6ヵ月間，ストックホルム大学・女性学研究所の客員研究員としてスウェーデンに滞在し，フィールドワークを行った。同研究所の研究者や公務員労働組合の幹部の援助を得て調査協力者を探した。やはり地方にも

出かけ、多様な事例を求めた。面接できた15組のうち、ストックホルムとその近郊は11組、地方の村は4組である。学歴分布は少なくともどちらかが大卒以上が8組、ともに高卒以下が7組である。やりとりの言葉は相手が英語で全く構わないと言った場合は英語で行ったが、依頼状とフェイスシートはスウェーデン語で用意し、またスウェーデン語を望んだ5組には通訳を依頼した。この通訳者からも調査協力者を紹介してもらった。

このようにしてひとつひとつ候補者を探しては依頼し、アポイントを取り、訪問して面接し、礼状を書き、合計47（＋1）組のインタビュー・データが得られた。データ（フェイスシートと録音内容）は、日本語、フランス語、英語、スウェーデン語から成るが、データ整理は日本語に訳しつつ行った。特に、47（＋1）件のヒアリング・テープ起こしはすべて自分で行い、膨大な時間がかかった。47事例の簡潔な一覧を示しておく。

表3-1　事例一覧

No.	面接日	地域	妻職業(年齢)	夫職業(年齢)	子の年齢(0)は妊娠中その他
F01	3/3	Luisetaine	中学校教員(34)	失業・アルバイト(35)	2　　　　　夫イラン人
F02	3/3	Paris	大学院生(26)	企業管理職(28)	6
F03	3/4	Paris	弁護士(31)	企業管理職(36)	6, 3, 1
F04	3/5	Bourgogne	公務員(35)	彫刻家(36)	10, 8, 4
F05	3/6	Bourgogne	公務員(36)	農業自営(38)	9, 6
F06	3/6	Bourgogne	准看護師(31)	塗装職人(36)	14,10,9ヵ月　イタリア系
F07	3/7	Bourgogne	ソーシャルワーカー(39)	国鉄管理職(43)	11, 8
F08	3/7	Bourgogne	花屋の店員(27)	企業技術職員(32)	2, (0)
F09	3/10	Paris	中学校教員(32)	中学校教員(31)	1
F10	3/10	Paris	政府専門職(29)	美術ギャラリー経営(31)	再構成家族　夫側6, (0)
F11	3/13	Paris	高等予備校教員(36)	企業技術者(42)	8, 7, 2, 1
F12	3/14	Paris	企業管理職(35)	企業管理職(37)	再構成家族　妻7,共3,(0)
F13	3/15	Paris	企業技術者(32)	大学講師(30)	4
F14	3/15	Paris	美容師(42)	食堂サービス係(41)	1　　　　　夫スペイン人
F15	3/16	Paris	TVプロデューサー(39)	TVディレクター(39)	14, 7
J01	5/2	神奈川	洋裁アルバイト(44)	地方公務員(45)	10, 7
J02	5/9	神奈川	専業主婦(43)	自営設計士・出向中(47)	10, 8, 5
J03	5/10	東京	助産師(30)	無職・アルバイト(31)	11ヵ月
J04	5/17	神奈川	中学校教員(40)	中学校教員(43)	9, 6
J05	5/23	東京	システムエンジニア(37)	非常勤カウンセラー(37)	5
J06	5/24	東京	企業技術者(32)	企業技術者(32)	5, 2
J07	5/25	神奈川	専業主婦(34)	小企業職員(34)	11, 7, (0)

ID	日付	地域	妻職業	夫職業	子ども・備考
J08	5/30	神奈川	公務員ヘルパー(32)	企業職員(32)	2
J09	6/1	神奈川	薬剤師(35)	企業研究者(36)	4，1
J10	6/5	神奈川	アートディレクター(35)	フリーカメラマン(45)	3，10ヵ月
J11	6/6	東京	パート・ヘルパー(41)	地方公務員(42)	8，3(里子)
J12	6/6	東京	高校教員(29)	企業職員(30)	2
J13	6/9	東京	出版社編集者(31)	無職・アルバイト(35)	8ヵ月
J14	6/10	神奈川	印章業事務(37)	印章業自営(37)	11，1
J15	6/12	東京	専業主婦(30)	消防士(36)	3
J16	6/14	神奈川	高校教員(35)	高校教員(35)	4，8ヵ月　妻育休中
J17	6/16	東京	牧師夫人(30)	牧師(31)	1
S01	9/12	Stockholm	看護師(40)	企業管理職(35)	9，1　妻育休中
S02	9/22	Stockholm	学生(31)	企業管理職(33)	4，2，(0)
S03	9/30	Stockholm	組合誌編集者(？)	日刊紙記者(44)	3，1
S04	10/4	Stockholm	組合秘書(41)	警察官(54)	再構成家族　妻17,14,共5,5
S05	10/6	Stockholm	学生・バイト(37)	出版社編集者(39)	再構成家族　妻12,夫10,共3
S06	10/12	Stockholm	組合秘書(36)	保険会社職員(31)	再構成家族　妻12,9,6,共(0)
S07	10/14	Stockholm	団体研究職(37)	企業管理職(38)	9，5
S08	10/18	Stigtomta	准看護師(30)	溶接工(30)	6，3
S09	10/19	Stockholm	団体管理職(34)	政府専門職(32)	3，2
S10	10/27	Stockholm	国家公務員(37)	国家公務員(34)	7，4，1　夫育休中
S11	10/31	Stockholm	学生(33)	大学教員(？)	5
S12	11/3	Stockholm	公務員(43)	システムエンジニア(36)	6，4　夫マリ人
S13	11/6	Östersund	小学校調理員(37)	牧畜自営(36)	再構成家族　妻17,15,共14,11,2
S14	11/6	Östersund	准看護師(31)	電気店自営(31)	6
S15	11/9	Munsö	郵便局員(29)	郵便局員(36)	5，3　馬を飼っている

［番外 3/5 Bourgogne 退職農民(66) 退職農民(65) 息子38］

3　分析方法

　これらの47ケースを分析するにあたって参考にしたのは，木下康仁の提唱する「修正版グラウンデッド・セオリー・アプローチ」＝M-GTA（Modified Grounded Theory Approach）と「KJ法」（川喜田 1967）である。

　木下はグラウンデッド・セオリー・アプローチとKJ法の類似性に注目し，「データに密着しつつ丁寧に解釈を積み上げて理論の形にまとめていく研究のあり方」（木下 2003：9）を確立するために，グレーザーとストラウスの『データ対話型理論の発見』（Glaser & Strauss 1967＝1996）の初志を汲み取り，具体的な方法について後に展開された様々な論争を整理した（木下 1999）うえで，指導経験に基づいて実際に使いやすいように修正し，スーパーバイザーなしで

もできるようにマニュアル化した。大事な点は「コーディングと解釈との同時進行」(木下 2003：98) であり，「データとその解釈から生成した概念とを［研究する人間］をはさんで非連続化，分離する」(同150-151) ということである。

　M-GTA は「人間の行動，とりわけ他者との相互作用の変化を説明できる，言わば動態的説明理論」(同28) をめざすものであり，「実践的活用を明確に意図した研究方法」(同29) であることから，木下はヒューマン・サービス分野において特に有効であると言う。本書のテーマはヒューマン・サービス分野ではないが，家庭内のジェンダー秩序を変えていくカップルの相互作用を見ようとしているので，応用可能と考えられた。実際私は，はじめはコービンとストラウスによる最初のマニュアル本である『質的研究の基礎』(Corbin & Strauss, 1990＝1999) にしたがって分析しようとして，壁にぶつかっていたのであるが，後に木下の M-GTA に出会って，分析を進めることができるようになった。

　とは言え，一般にグラウンデッド・セオリー法の掲げるテーマは，限定的で小さなものが多い。またサンプル数も「だいたいの目処としては10例から20例位」(木下 2003：125) と示唆されているように，データの全容がほぼ研究者の記憶容量に入りきる程度の分量である。私のケースデータは47組と非常に多く，関心もマクロとミクロのジェンダー・ポリティクスの3ヵ国比較というように広い。そのためすべてを木下のマニュアル通りに逐一進めるというわけにもいかなかった。それゆえ M-GTA にしたがって分析したと言うよりも参考にしたと言うにとどまる。

　具体的には，47組のインタビュー・データを二段階に分けてまとめていった。

　まずすべての事例について，フェイスシート項目と聞き取り内容のテープ起こしデータから，家族の特徴とインタビュー結果が一覧できる A4 サイズの要約カードを作成した。そして生活諸課題をどのようにシェアしているかに注目して，事例のタイプ分けを試みた。カップル間シェアのタイプというアイディアは，調査を進めていく途上で生まれたものである。インタビューを重ねていくうちに，しばしば既視感 (déjà vu) にとらわれ，国が違っても類似の状況が多々あること，同じ国の中にも実に多様な状況があることが見えてきた。そこで通文化的な類型を抽出することができれば，比較社会学にとって有益であ

ると考えたのである。試行錯誤の結果，最終的に4つのタイプに落ち着いた。

その後で，それぞれのタイプを特徴づける要素を，グループ毎に何度も個別の語りを読みながらM-GTAのやり方を参考に詳しく分析していった。

4 4つの通文化的類型の析出

調査協力者は夫婦で共に育児に取り組んでいると自称し，あるいは他薦されたカップルであったから，当然どのケースも父親の育児参加度は高かったが，次々と話を聞かせていただくうちに，私は次第に「夫婦で育児」というリアリティの全体像が，じつはいくつかのジェンダー・タイプに収斂していくことに気づいた。専業主婦のいる家庭と共働きの家庭とではリアリティがかなり違っている。逆に父親が家にいて母親が主な稼ぎ手である家庭も，全く違うリアリティだった。さらに共働き家庭のうち，妻の負担が重いグループと，そうでない平等なグループがある。このようにして，直観的に似た印象を与える事例要約カードを近寄せていくと，四つのグループができた。

どうやらそのような違いを規定している最も基本的な変数は，カップルの就労状況，家計貢献率，家事貢献率のようである。そこで三具淳子の提唱する「妻の夫への経済的依存度」（三具 2002）という概念を採用し，それを表すE.D.（Economic Dependency）＝（夫の年収－妻の年収）÷（世帯年収）を，すべてのケースについて計算してみた。そして，そのアナロジーで，今度は「夫の妻への家事依存度」というオリジナルな概念を思いつき，それを表す H. D.（House-work Dependency）＝（妻の家事時間－夫の家事時間）÷（総家事時間）という変数を作って，全ケースについて計算してみた。

しかしそのような数字だけに頼って，タイプ分けをすっきりと割り切ることはできなかった。かなり整理されるものの，なかにはどちらのタイプに属するのか判断に迷うようなマージナルなケースがあった。

たとえば面接時は妻が育児休業中なので家事を沢山担っていたが，職場復帰したらもっと平等な分担になるだろうと思われるケースがある。育児休業中は一応働いているものとして扱ったが，現実には家にいるので主婦・主夫のようになる。

4　4つの通文化的類型の析出

　またフェイスシートにはカップルの家事時間は同じに書かれていても，実際の細かい語りを見ていくと，明らかに一方に偏っているケースもある。あるいは平等な家事時間だけれども，家政婦を雇っているためにそもそも夫婦の家事の総量が非常に少ないケースもあった。

　就労状況の判定も難しい。失業した夫がかなりのアルバイトをしていたり，専業主婦のような妻が少し働いていたりする。学生であって働いているケースや，パートの仕事を二つ掛け持ちしているケース等々。一応E.D.＝1の場合でも，フルタイムの学生については，学業に従事しているものとして共働きに準じて扱った。

　そこで気づいたことは，四つのタイプは「理念型」であり，現実のカップルは，二つのタイプの中間に位置していたり，あるいは状況次第で一つのタイプから別のタイプへと移動するのではないかということである。したがって，個々のケースの4タイプへの分類は，不変のものではなく，インタビュー時の特徴から見た一時的なものである。

　次の表3－2では，47ケースのうち，妻が就労（または就学）していないか，あるいは極めて短時間の就労（または就学）をしているケース（妻の夫への経済的依存率が高いもの）を選び，Aタイプとした。次に就労（または就学）に関するカップルの役割関係がAタイプの逆であるケースを選び，Dタイプとした。Dタイプは，妻が主な稼ぎ手であり，夫が家事育児の相当部分を担っている。残りのケースはすべて共働き夫婦であるが，この調査の前提から，育児はある程度共有されているので，特に家事に注目して，「平等な家事分担」をしているケースをCタイプ，「不平等な分担」になっているケースをBタイプとした。ここで「平等な家事分担」とは，①家事時間がカップル間で等しいことに加えて，②アーネG.とロマーンC.の定義による4つの家事分担型[1]のうち「平等型」と「準平等型」であることとした（Ahrne & Roman 1997＝2001：45）。

表3－2　「夫婦で育児」の4類型による分類

No.	類型	E.D.	H.D.	地域	妻職業（年齢）	夫職業（年齢）	子の年齢	その他
F08	A	0.38	0.60	Bourgogne	花屋の店員(27)	企業技術職員(32)	2,(0)	
J01	A	0.88	0.60	神奈川	洋裁アルバイト(44)	地方公務員(45)	10,7	
J02	A	1.00	1.00	神奈川	専業主婦(43)	自営設計士(47)	10,8,5	

第3章 フィールドワークからの発見

ID							
J07	A	1.00 1.00	神奈川	専業主婦(34)	小企業職員(34)	11,7,(0)	
J11	A	0.66 0.60	東京	パート・ヘルパー(41)	地方公務員(42)	8,3(里子)	
J15	A	1.00 0.64	東京	専業主婦(30)	消防士(36)	3	
J17	A	1.00 0.78	東京	牧師夫人(30)	牧師(31)	1	
S02	A	1.00 0.00	Stockholm	パート学生(31)	企業管理職(33)	4,2,(0)	
F01	B	-0.20 0.33	Luisetaine	中学校教員(34)	失業・アルバイト(35)	2	夫イラン人
F02	B	0.42 0.33	Paris	大学院生(26)	企業管理職(28)	6	
F03	B	? 0.25	Paris	弁護士(31)	企業管理職(36)	6,3,1	
F05	B	0.04 0.50	Bourgogne	公務員(36)	農業自営(38)	9,6	
F11	B	0.32 0.33	Paris	高等予備校教員(36)	企業技術者(42)	8,7,2,1	
F14	B	-0.40 0.74	Paris	美容師(42)	食堂サービス係(41)	1	夫スペイン人
F15	B	0.22 0.60	Paris	TVプロデューサー(39)	TVディレクター(39)	14, 7	
J04	B	0.00 0.71	神奈川	中学校教員(40)	中学校教員(43)	9,6	
J09	B	0.31 0.50	神奈川	薬剤師(35)	企業研究者(36)	4,1	
J14	B	0.28 0.71	神奈川	印章業事務(37)	印章業自営(37)	11,1	
J16	B	0.00 0.43	神奈川	高校教員(35)	高校教員(35)	4,8ヵ月	妻育休中
S01	B	0.44 0.20	Stockholm	看護師(40)	企業管理職(35)	9,1	妻育休中
S04	B	0.10 0.14	Stockholm	組合秘書(41)	警察官(54)	再構成家族 妻17,14,共5,5	
S06	B	0.00 0.14	Stockholm	組合秘書(36)	保険会社職員(31)	構成家族 妻12,9,6,共(0)	
S07	B	0.25 0.40	Stockholm	団体研究職(37)	企業管理職(38)	9,5	
S08	B	0.00 0.00	Stigtomta	准看護師(30)	溶接工(30)	6,3	
S11	B	1.00 0.33	Stockholm	学生(33)	大学教員(?)	5	
S12	B	0.10 0.60	Stockholm	公務員(43)	システムエンジニア(36)	6,4	夫マリ人
F06	C	-0.10 0.00	Bourgogne	准看護師(31)	塗装職人(36)	14,10,9ヵ月	イタリア系
F07	C	0.17 0.00	Bourgogne	ソーシャルワーカー(39)	国鉄管理職(43)	11,8	
F09	C	-0.30 0.20	Paris	中学校教員(32)	中学校教員(31)	1	
F10	C	-0.20 0.20	Paris	政府専門職(29)	美術ギャラリー経営(31)	再構成家族 夫側6,(0)	
F12	C	0.07 0.00	Paris	企業管理職(35)	企業管理職(37)	再構成家族 妻7,共3,(0)	
F13	C	-0.30 0.00	Paris	企業技術者(32)	大学講師(30)	4	
J06	C	0.08 0.00	東京	企業技術者(32)	企業技術者(32)	5,2	
J08	C	-0.10 0.14	神奈川	公務員ヘルパー(32)	企業職員(32)	2	
J10	C	0.08 0.00	神奈川	アートディレクター(35)	フリーカメラマン(45)	3,10ヵ月	
J12	C	0.10 0.20	東京	高校教員(29)	企業職員(30)	2	
S03	C	0.00 0.00	Stockholm	組合誌編集者(?)	日刊紙記者(44)	3,1	
S05	C	0.74 0.11	Stockholm	学生・バイト(37)	出版社編集者(39)	再構成家族 妻12,夫10,共3	
S09	C	0.25 0.00	Stockholm	団体管理職(34)	政府専門職(32)	3, 2	
S10	C	0.00 -0.50	Stockholm	国家公務員(37)	国家公務員(34)	7,4,1	夫育休中
S13	C	0.40 0.00	Ostersund	小学校調理員(37)	牧畜業(36)	再構成家族 妻17,15,共14,11,2	
S14	C	0.00 0.00	Ostersund	准看護師(31)	電気店自営(31)	6	
S15	C	0.00 0.20	Munso	郵便局員(29)	郵便局員(36)	5,3	馬を飼っている
F04	D	-0.40 -0.50	Bourgogne	公務員(35)	彫刻家(36)	10,8,4	
J03	D	-0.80 -1.00	東京	助産師(30)	無職・アルバイト(31)	11ヵ月	
J05	D	-0.70 -0.10	東京	システムエンジニア(37)	非常勤カウンセラー(37)	5	
J13	D	-0.80 -0.10	東京	出版社編集者(31)	無職・アルバイト(35)	8ヵ月	

4　4つの通文化的類型の析出

　このように全事例をひとまず4類型として整理してみると,「夫婦で育児」というリアリティの基本的な枠組が浮かび上がってくる。そこで4類型の基本特性について述べよう。

　Aタイプにおいては, 母親が家事・育児の主力を担っており, 父親はそれを時々手助けしている。母親は専業主婦であるか, 仕事や学業を持っていても短時間であり, 職業へのアイデンティティは弱い。育児が最優先され, 子どもが小さいうちはフルタイムの仕事はできるだけ避けて家にとどまることを選んでいる。妻の夫に対する「経済的依存度」は高く, 夫の妻に対する「家事依存度」も高い。育児は比較的よく共有されているが, 家事分担の内容は限られている。このタイプは比較的日本に多かったが, フランスにもスウェーデンにも見いだすことができる[2]。

　Bタイプは, 夫婦ともに職業を持ち, 家事・育児も分担しあっているが, 母親の負担が父親よりも重い, あるいは分担内容が伝統的な性別分担に偏っている。このタイプの母親は生涯継続する職業を持ってはいるが, しばしば家族のニーズに合わせて自分の仕事を調整している。例えば仕事時間を短縮したり, キャリアをあきらめたり, 自分自身の興味関心を後回しにする。父親の方は非常時には家庭責任を果たすが, ふだんはどちらかと言えば仕事を優先しており, 長時間労働で家庭に不在のことが多く, 家事・育児の中心部分を妻に依存している。家事・育児分担の内容も限られている。

　Cタイプは, 夫婦ともに職業を持ち, 家事・育児もほとんど平等に分担している。互いの経済的依存度も家事依存度も低い。必ずしも高学歴層とは限らず, 労働者層の中にも見いだすことができる。このタイプの父親は, 妻の職業活動に一目置いており, 仕事と家庭との綱渡りを妻だけに被せることなく, 自分も必要な調整を行おうとしている。

　Dタイプにおいては, 性役割が逆転している。父親は何らかの事情で職業から降り, 家族の扶養を妻に頼る代わりに, 主体的に家事・育児を担当している。このタイプの妻はほとんどが高学歴の専門職で, みずからの職業に強いアイデンティティを持っているため夫の申し出を受け入れて, 家事・育児を彼に任せる選択をした。しかしながらDタイプの父親は, 必ずしもずっと専業主夫でいるつもりではなく, アルバイトや勉強, ライフワーク, 職探しをしていた。と

は言えジェンダー・ステレオタイプから相当に自由であった。

5 性役割配分の視点から見た4類型

ここでA〜Dの4類型を性役割配分の視点から理論的に再検討しておこう。論理的には，父親も母親も，稼ぎ手役割への特化，ケア役割への特化，そして二つの役割の両立という，三つの立場を取りうる。したがって図3-1に示すように，論理的には9通りの組み合わせができるが，両親ともに稼ぎ手役割に専念すれば育児ができないし，2人ともケア役割に専念すれば収入がなくなるので，その2つはあり得ないものとして排除される（×）。現実には，残る7通りの組み合わせ（本調査のタイプで言えばA, A', B, C, D, D', D"）がありうる。

図3-1 性役割配分の論理的枠組における4類型の位置

(↑→ジェンダー・ベクトル)		母親の役割		
		稼ぎ手	両立	ケア
父親の役割	稼ぎ手	×	B	A
	両立	(D')	C	(A')
	ケア	D	(D")	×

Aタイプは，基本的には父親が稼ぎ手役割で母親がケア役割であるという点で，伝統的な性役割を基盤にしており，その意味で新保守主義的家族と言うことができる。父親の家事・育児参加度が高まればA'に移動していくけれども，男性の負担が重くなりすぎるので，客観的状況としては常にAに戻る力が働いている。かつて私は統計的な女性の意識調査によってA'タイプへの志向を発見し，「幸福な家庭志向」と呼んだ（舩橋 2000）。矢澤澄子らはこの志向性について新たに調査を行い，A'タイプはなかなか実現しないため，このタイプの妻は最も不満が高く，このタイプの父親も育児関与への不足感を最も多く感じていると述べている（矢澤 2003：166-167）。そこで本書では，A'への志向性を内在化しているAタイプを，「男性の二重役割」タイプと名づける。

Bタイプは，育児期における母親の就労継続が増加していく時代の移行期において，両立を迫られる母親の重い負担にもかかわらず，まだ父親が基本的に

5 性役割配分の視点から見た4類型

は稼ぎ手役割にとどまっていてケア役割の取得が充分に進んでいないという状況を示している。いわゆる「新・性別分業」（樋口 1985：27）に近い。本書ではBタイプを「女性の二重役割」タイプと名づけよう。

Cタイプは，父親も母親も同等に両立を図るという意味で「平等主義」タイプと名づけられる。

Dタイプは，性役割の逆転した配分であるので，端的に「役割逆転」タイプと名づける。しかし前節で述べたように，常に男性には稼ぎ手役割へ，女性にはケア役割へ戻るように圧力がかかるので，非常に不安定である。男性が少し戻るとD'タイプへ，女性が少し戻るとD"へ，二人とも少し戻るとCタイプへと移行する。Dタイプとは，一種の理念型で，実際にはD'であったりD"であったりしているので，D'とD"も含めてDタイプと括っておく方がよいと思われる。

インタビュー調査の中で発見された基本4類型は，こうして性役割配分の論理的マトリックスの中に位置づけなおされ，網羅的なジェンダー・タイプとして再定義された。このことは以下の二つの意味で重要である。

第一に，本書で提示する4類型は，単なる机上の論理操作から生まれた類型論ではなく，フィールド・データに根ざした理論的類型である。もはや新しいカテゴリーを生み出さない包括的なレベルまで概念化が進むことを，グラウンデッド・セオリーでは「理論的飽和」（Strauss 1990＝1999：197）と呼ぶが，本調査のカップル間家事・育児シェア・タイプのサンプリングは，基本類型の抽出という目的に対しては「理論的飽和」に達したと言えよう。

第二に，性役割配分のマトリックスに置いてみると，4つのタイプは固定的なものではなく，常に揺れ動いており，流動的なものであることがわかる。つまりジェンダー秩序のベクトルと対抗ベクトルとでも呼ぶべき，拮抗しあう双方向への圧力が存在する。男性には稼ぎ手役割へのベクトルが，女性にはケア役割へのベクトルが，常に作用している。男／女あるいは父／母という性別カテゴリーを使用したとたんに，図3-1で言えば右上方向に向かってジェンダー・ベクトルが作動する。しかし，それとせめぎ合いながら対抗ベクトルも作動していて，まさにその均衡点で，4類型が現実に出現するのである。

最後に，本調査協力者はみなある程度「育児をシェアしている」先進的カッ

プルであったことに再度注意を促しておきたい。「夫婦で育児」をしているカップルの4類型であって，これらの外側に実際には広範な「育児すらシェアしていない」カップルもあるということを忘れないようにしたい。本書のねらいは育児のジェンダー・ポリティクスであり，育児をシェアするようになった後に，家事のシェアや育児内容，そのやり方におけるジェンダーという細目の変革を見ていくものである。

以上の準備的考察をふまえ，続く第II部の第4章から第7章まで，それぞれの類型におけるジェンダー秩序のベクトルと対抗ベクトルの作用する様相を，価値判断を交えずに冷静に分析していくことにしよう。

注
1) スウェーデンのカップル間の家事分担を調査研究したアーネとロマーンは，3つの主要家事（料理，掃除，洗濯）に注目して，家事分担類型を作った。「平等型」は，3つを平等に分担しているもの，「準平等型」は3つのうちの2つは平等に分担しているが一つは女性だけの家事が残るもの，「伝統型」は一つだけ平等に分担しているがほとんどの家事を女性がしているもの，「家父長型」は家事の一部に少しだけ男性が参加するに過ぎないものとしている。
2) スウェーデンとフランスにも，AタイプやDタイプはあるが，本調査データでは事例数が充分とは言えない。今後，機会があれば，追加的インタビューによって補強したい。

II
「夫婦で育児」の通文化的 4 類型

第4章

平等主義タイプ

　本章では，ともに職業を持ち，家事・育児もほぼ平等に分担しているカップルについて，その具体像を詳しく分析する。
　平等主義のカップルとはどんな人たちで，どんな生活をしているのだろうか。子育て中のカップルにとって，〈平等〉とは何なのだろうか。彼らはどのような意味づけで，職業労働と家事・育児を均等に担っているのだろうか。またその〈平等〉を成り立たせている機制や要因は何だろうか。さらに平等主義タイプは，本当にジェンダー秩序から自由なのだろうか。

1　典型的な「平等主義」タイプのプロフィール

　まず最も平等と考えられる事例を取り上げて，そのプロフィールを紹介しよう。どのカップルもそれぞれ個性的であり，典型的な「平等主義」カップルの代表事例を選ぶのは難しい。けれども，家事時間が同等で，分担している家事や育児の内容にもジェンダー・バイアスが少なく，何よりもカップル間の平等を追求しようとする意思を二人が強く共有していると思われる事例を，以下に7つとりあげる。

(J 6)

　ウグイスの鳴き声が聞こえる自然環境抜群の東京郊外にあるマンションを，指定された午後6時半に訪問しインタビューした。ドアを入った廊下の壁いっぱいに家族の写真が沢山飾られ，「家族しています」という暖かい雰囲気が漂っている。忙しい共働きの夕食時に訪問してよいのだろうかという戸惑いは杞憂だった。二人はてきぱきと雑事をこなしながら，交代でインタビューに答え

てくれ，ふだんの夕食を共にさせてもらった。

　Ｊ６夫妻はともに32歳，同じ理系大学院（修士）を卒業して，それぞれ一流企業のエンジニアとしてフルタイムで働いている。年収は二人あわせて千数百万になり，マンションのローンを返済している。学生結婚して10年，5歳と2歳半の子どもがおり，同じ保育園に通わせている。さらに3人目もほしいと思っている。第1子については妻のみが育児休業を取ったが，第2子には妻の産休明けから夫が育児休業を取った。いろいろな試行錯誤を経て，平等な家事育児分担に行き着いた。この試行錯誤のプロセスについては，第8章で詳しく取り上げる。双方の親には，いろいろないきさつから，あまり頼らないようにしている。基本的に二人で，子どもの送迎と病時の対応をしているが，近所の保育園仲間とも相互に協力しあっている。

　家事分担は明確である。週に1度，シルバー人材センターに掃除の人を派遣してもらっている。食料品の買い物は，週2回，生協の宅配で基本的に間に合わせる。後は交代で，子どもを保育園に迎える当番が，食事を作って食べさせ，洗濯やその他の雑用をして，1日2.8時間程度の家事をする。残業当番は，9時頃帰宅して残った家事を手伝い，1日1.2時間程度の家事をしている。子どもが寝た後，残業当番がお迎え当番の労をねぎらって，お茶を入れることになっている。インタビュー当日は，保育園の保護者面談のため二人とも早めに帰宅した稀な機会で，余裕のある日とのことだった。

　二人の仕事と家庭に対する姿勢は，夫の「聖域なしのライフ・デザイン」という言葉に集約されている。夫婦共働きでも，一般に夫の仕事は聖域とされ，妻の方がのっぴきならない重要な仕事とかけがえのない家族ケアとの間の矛盾を何とかやりくりして両立させていることが多い。例えば子どもの迎えのために残業できない妻は，「朝残業」（始発で早朝出勤して仕事量を消化）したり，実家の親に頼んで迎えてもらったりしている。しかし二人は，どちらの仕事も聖域と見ない。また子育ても神聖視しない。夫は「どこも折り合い」であり，「シビアに現実に組み込んでいくっていうのは当たり前」と言う。「最低線ていうのがあるし，つまり譲れないボーダーっていうのは，どの理由にもあるもの」だが，「そうは言ってもつけなければいけない折り合いっていうのも，どの理由にもある」。「その部分のよりシビアなぶつかり合い」の中で「開き直

り」が必要と言う。そこまで到達するには、妻の「自分の方が我慢するっていうのは天からないですからね」という言わば抑圧しない愛を求める姿勢によるところが大きいだろう。

F9

インタビューに訪ね当てた住まいは、パリ6区の古めかしいアパートで、フランス人にしては珍しく全く飾り立てていない実質本位の生活空間であった。書棚くらいしかない居間のスチームの上には子どもの肌着が干してあり、読みかけの本も散在していた。

妻（32歳）は中学校のフルタイム歴史教師で、最近歴史学の国家博士号を取得し、大学の教職ポストを探している。夫（31歳）もパートタイムで中学校の歴史地理の教師をしながら、博士論文執筆中である。月収は妻が夫の1.5倍で二人あわせて2万フランをゆうに超え（日本円で考えると約60万円程度）、充分に暮らせる。夫が仕事をパートタイムにしているのは、目下博士論文のための時間が必要だからで、子育てのためではない。互いに交代で博士論文執筆の時期を支えあい、ともに学問的キャリアの追求を優先させている。

二人は共同生活を始めて8年になり、1歳の娘がいる。今のところ婚姻届を出すつもりはない。夫婦別姓であるが、子どもには父親の姓を名乗らせている。理由は父親の姓が移民の歴史を持つ美しい名で、母親の姓は凡庸な名だから、との説明があった。子どもは近所の公立保育園に通わせており、朝の送りは夫が、夕方の迎えは妻がすることが多い。さらに二人とも都合がつかないときは、両方の親やきょうだいに送り迎えや世話を頼んでいる。3歳以降は保育学校に加えて保育ママ（保育アシスタント）にも頼む予定でいる。

家事については掃除は週に一回掃除婦に来てもらって、だいたい済んでいる。買い物は交代で、料理は「お腹がすいた方がやる」が、夫の方がお腹をすかせることが多いという。洗濯は、洗濯機に放り込むだけだが、夫には「その習慣がない」ので洗濯機のプログラムがわからず、妻は「好きな家事なので」喜んで全面的に引き受けている。その他車の管理は夫、子どもの薬やスケジュールの管理は妻だという。ただし妻が博論を書いている間は、彼女の時間を作るため彼が洗濯以外の家事をすべてこなした。今は彼の時間を作るため彼女がより

多くの家事をしており，1日平均，妻は1.5時間，夫は1時間という差がある。

二人の生い立ちは対照的である。妻は離婚したフェミニストの母を持ち，再構成家族の中で育った。そして男女平等の考えのもと，女の子だからと抑圧されることなく高い教育を受け，同期の男子学生に先んじて最高学位も取得した。夫は伝統的なカトリック家族の中で安定的に育った。彼の母は育児期に専業主婦になったが，少しずつ勉強して再就職し，父親の退職後は逆転してフルタイムで働いている。今，孫の子守や家事をしているのは彼の父親の方だという。

二人にとって大切なのは，二人とも同等に「おもしろい仕事」を持つということである。決して一方が他方の「犠牲にならない」ことを原則にしている。育児や家事の負担は，外部資源に任せられるだけ任せて，楽しんでやれる範囲を二人でバランスよく分担している。飾り立てない生活空間に象徴されるように，どちらかが犠牲になってまで，家事水準を上げようとはしないのである。育児も家族内に抱え込まない。保育園で良質な教育を受けられて，充分に遊んで疲れた子どもは夜ぐっすり寝てくれて手がかからないという。妻は，「論文は苦労が多かったが，この子は幸せを感じさせてくれた。とても快適だった。この子がいなかったら，論文もできなかったかもしれない。この子がいたお陰で，論文がよく書けたとも言える」と表現している。

F 13

F 9夫妻の友人で，やはり高学歴の共働きカップルである。住まいは比較的庶民的な地域であるパリ20区にある近代的なアパルトマンであった。

妻（32歳）は情報技術者で修士号と高等教育教授資格を持ち，企業の上級幹部としてパートタイム（火〜金）で働いている。夫（30歳）はフランス革命をテーマとする博士論文を執筆中の歴史研究者で，高等教育教授資格を持ち，メッツの大学の時間講師をしている。週に1回，往復6時間かけて通い，丸1日集中して教えている。将来は大学に教授ポストを求めている。彼女の方が収入が多く，二人あわせて月収2万フランをゆうに越える。

二人は共同生活を始めて5年，今のところ法律婚にする必要を感じていない。4歳の子どもがおり，保育学校に通わせている。放課後や水曜日，そして病気の時のために近所の保育ママさんに週2〜3回，夜8時まで保育を頼んでいる。

それから，託児所も週2回くらい利用している。

二人はとても違った家庭に育ったという。妻は伝統的なカトリックの大家族で母親は専業主婦，いつもみんな一緒にいた。夫は両親とも教師で忙しい生活だったが，育児の負担は母親だけが背負っていた。したがって二人の作る新しい家庭は，親世代にそのモデルを持たない。

家事については掃除婦を雇っているが，掃除の前の片付けや日常的な片付け・皿洗いなどは夫がしている。料理は半々。買い物と洗濯は妻である。アイロンかけなどはしないでクリーニングに出す。また車の運転とバカンスの計画等は彼女が，コンピュータのことなどは彼がリードする。子どもには同じくらい関わっているが，関わり方が違う。彼は子どもと一緒に遊ぶことが多いが，彼女は子どもと一緒に家事をしたりすることが多い。

このような違いはあるが「全体としてバランスが取れている」（妻）し，「誰も子どもの囚われ人になるべきではない」（夫）と思っている。「経済的平等，相互の自立，個人的自由」（夫）を平等の基礎と考えている。

S 3

ストックホルム市南島の閑静な住宅地に彼らの住むモダンなアパートはあった。比較的新しい建物で，室内は北欧インテリアがすっきりと美しい。大きなガラス窓越しに夕日に輝く海が広がって見え，生活の質を感じさせる。

妻（年齢不明）と夫（44歳）はともにパートタイムのジャーナリスト，大卒で年収も同じ程度，二人あわせて40〜50万クローナ（約600万円）くらいである。妻は労働組合機関誌の編集とレイアウトの仕事をしており，1日6時間労働にしている。夫は大手日刊紙の記者で，1日6時間半働いている。二人はサムボ（共同生活）2年の後，結婚して7年になり，3歳と1歳の子どもがいる。第1子の時は妻が9ヵ月育児休業を取ったあと続けて夫が8ヵ月育児休業し，1歳5ヵ月から子どもを保育園に7時間契約で入れている。第2子に対しては妻が10ヵ月，夫が7ヵ月育休を取った後，同様に保育園に入れている。9時から4時までの保育とし，二人でシフトスケジュールを組み，交代で送り迎えをしている。夕方早くに子どもを迎えて一緒に夕食をとり，家族団欒の時間を持つ。スウェーデンでは子どもを産んで育児休業を取得した後に短時間労働に復帰す

る女性は多いが，このカップルは二人とも短時間労働にしている。もっとも夫は子どもが生まれる前からパートタイムで仕事していた。それは彼の「ライフスタイル」で職業にすべてを注ぎ込むのではなく，友達と過ごしたり趣味を楽しむための「自由な時間がほしい」からだという。

家事・育児はすべて二人で分かち合う。家事は二人とも1日平均3時間くらいで「全く同じ量の家事をしている」という。ただ買い物に出かけたり，ランドリー室に洗濯に行くのはどちらかというと夫が多く，その間に子どもの世話をしているのは妻が多いという差はある。掃除のために人を雇うことは，不平等な階級関係を前提にしているような気がするので考えられない。いくら忙しくても自分のことは自分ですべきであると思っている。二人とも家事・育児のすべてができ，交代可能である。実際に，インタビューの途中でコーヒーをわかして入れてくれたのは彼であった。

S10

二人とも政府省庁に勤務している公務員で，ストックホルム市内の交通の便の良いマンションに住んでいる。仕事と育児との綱渡りには，子どもの保育所や学校が近くにあり，買い物の便がよく，職住接近による通勤時間の短縮が不可欠との考えからである。

妻（37歳）は大卒で産業省にフルタイム（8時間）勤務している。夫（34歳）はコンピュータ科学の修士号を持ち，転職の後フルタイム（9時間）で教育省の政策アドバイザーをつとめているが，インタビュー当時ちょうど育児休業中だった。二人は経済的に対等で，年収はあわせて50～60万クローナ（約800万円）くらいである。

二人は結婚制度を肯定的に捉えており，1年の婚約期と1年の共同生活を経て，教会で結婚式を挙げてから既に8年になる。「結婚は，互いに残りの人生をずっと共に歩むということを約束するもの」（夫）であり，サムボとは「コミットメントが違う」（妻）。このように伝統的な教会婚を選んだカップルであるが，家事・育児の分担はとても平等主義的である。3人の子どもに対して，育児休業は夫婦で折半して取得してきた。第1子（7歳，小学校と学童保育）の時は7.5ヵ月ずつ，第2子（4歳，保育園）の時も8ヵ月ずつ平等に取り，

1 典型的な「平等主義」タイプのプロフィール

　第3子（1歳）については，母親が母乳の関係で長めに10ヵ月取ったあと，父親が6ヵ月の予定で取得中。家事は洗濯が妻の担当である以外は，すべて平等にシェアしており，育児休業中の方がより多くの家事を担っている。だからインタビュー当時に育休中の夫が3時間，育休明けでフルタイム勤務に復帰した妻が1時間であった。

　二人は親としての役割を「交代」できることが大切だと考えている。子どもが病気の時の対応のためにも，夜の会合出席や海外出張などを責任を持ってこなすためにも，二人でシフト・スケジュールを組んでいる。

　ここまでの5例は，いずれも都市に暮らす高学歴で知的職業同士のカップルである。しかし，平等主義家族は農村にも労働者の中にもいる。

F 6

　フランスの豊かな農村ブルゴーニュの村に，労働者家族を訪ねた。大きくはないが，美しい家具調度品が印象的な，日本のモデルハウスのような家である。

　妻（31歳）は職業高校卒の准看護師，地域の公立病院で80％のパートタイムで週4日8時間ずつ働いている。夫（36歳）も職業高校卒，小さな塗装会社のペンキ塗り職人で，1日9時間フルタイムで働いている。月収は二人あわせて16000フラン（約35万円）程度である。妻の方が少し収入が多い。

　比較的若い頃に結婚して14年，子どもが3人いる。14歳の中学生，10歳の小学生，そして9ヵ月の子は保育ママさんに預けている。二人とも働かないと生活できないので，育児休業を取ることができない。非常に忙しい毎日で，とにかく家にいられる方が家事・育児をする。平均家事時間は共に2時間で掃除と料理はよくシェアしているが，洗濯とまとめ買いは妻の役割になっている。上の二人の子どももよく家の手伝いをしてくれる。

S 13

　中部スウェーデンの農村フォーケルの村に，農民家族を訪ねた。行けども行けども森と湖の広大な自然の中に，質素だが広々とした家があった。

　妻（37歳）は中卒後研修を受けて炊事婦の資格を取り，小学校と学童保育の

給食の調理助手をしている。1日8時間働いている。夫（36歳）は高校の森林機械学科を卒業して、自営農場で牧畜（主として肉牛飼育）をしている。早朝からスタートして1日10時間も働く。年収は二人あわせて30〜40万クローナ（約450万円）程度である。

妻は再婚夫は初婚で、1年のサムボの後、二人が結婚して14年になる。5人の子どもたちと一緒に暮らしているが、長女（17歳、高校生）と二女（15歳、中学生）は妻の前夫との間の子どもであり、その父親はすぐ近くに一人で住んでいて、二人は週末は父親のところで過ごす。長男（14歳、中学生）と二男（11歳、小学生）と三男（2歳、保育園）は、夫妻の子どもで、夫は出産時にそれぞれ10日の父親休暇を取得、妻は12ヵ月の育児休業を取った。

夫が自営で家にいることもあり、家事・育児を相当担っている。経済的には妻の収入は少なく夫に依存する割合が高いが、家事時間は平等で二人とも1日平均4時間である。洗濯は夫が得意でないので妻がしているが、掃除、料理、買い物などは子どもたちも含めて家族みんなが分かち合っているという。

典型的な1日の過ごし方は、夫が朝5時に起きて動物の世話をし、6時半に戻って子どもの世話や保育園の送りをして、8時頃から農作業にでる。昼には戻って自分で昼食を取り、また3時頃まで農作業をする。妻は朝6時に起きて朝食を作り、子どもの世話をして、8時頃仕事に出かける。子どもの送迎は交代でしている。午後1時半頃まで小学校のキッチンで仕事、その後、学童保育のキッチンで働いて午後5時に終わる。家に帰ってくるとすでに夫によって夕食の準備ができている。みんなで食事してシャワーを浴びて、また子どもたちをスポーツジムに送りに行く。ジムは遠いので、夫は子どもと一緒にスポーツジムで時を過ごして一緒に帰ってくる。妻は夜によく学校の会合に出る。子どもが5人いると会合が多い。特に末っ子の共同保育所は、親の参加が前提なので会合が多い。みんなが揃うと夜のお茶にして1日が終わる。

これらの事例では、二人が働くことなしに生活がなりたたず、日々の生活が緊密な協力を要請している。そのような生活の中で、〈平等〉が実現している。

以上の事例紹介から、平等主義家族には学歴および職業階層の比較的高い「二人キャリア」型とそうではない「二人労働者」型があると言うことができ

る。前者では〈平等〉理念が先行しているが，後者では厳しい生活が〈平等〉な協力を要請している。

2 〈平等〉はどのように捉えられているか

　平等主義のカップルは家族の中の〈平等〉をどう捉えているのだろうか。インタビューの中から〈平等〉についての語りを拾って整理してみると，次の6項目が抽出される。以下，語り手の表示は，J＝日本，F＝フランス，S＝スウェーデンである。

①半分ずつの分担
　職業・家事・育児のすべてを半分ずつ分担することを，〈平等〉と捉える語りがある。このような捉え方は，わかりやすい。

　▶家のローンを半分ずつ背負おうって決めて……子どもが生まれるっていう時，やっぱり，これは共育てで行こうと二人で決めた……じゃあ，やはり家事も半分にしなきゃ。　　　　　　　　　　　　　　（J6夫・企業技術者）
　▶二人の分担は50：50じゃないかしら。　　　　　　（S15妻・郵便局員）
　僕もそう思う。　　　　　　　　　　　　　　　　　（S15夫・郵便局員）
　▶二人とも平等にシェアすることを望んでいたということは明らかでした。育児休業期間は15～16ヵ月がいいだろうと考えて，それを二人でシェアすることにしました。　　　　　　　　　　　　　　　　（S10妻・国家公務員）

②一緒に分かち合うこと
　単に半分ずつ分担するのではなく，一緒におこなって苦楽を分かち合うことも，〈平等〉のイメージに含意されている。

　▶私たちは，すべてをシェアしています。……特に誰が何をやると決めていませんが，私たちは，同じ時間に働き，同じ時間に家庭にいるので，一方が座っていて他方が働いているというようなことはありません。全く同じ量の家事をしています。　　　　　　　　　　　　　　（S3妻・組合誌編集者）

第4章　平等主義タイプ

▶（二人とも馬が好きで，馬の世話を一緒にしているが，家事・育児も）ほとんどのことは，二人で……<u>一緒にやって</u>います。　　　　（S15夫・郵便局員）

③父親と母親の役割を固定化しないこと

　父親の役割と母親の役割について尋ねたところ，役割を性別で固定的に捉えないという考え方が多く提示された。

▶子どもの教育には二人で関わるべき……父親と母親の役割を<u>全然区別しない</u>。家にいる人がすべてをやる。　　　（F6夫・塗装職人，妻・准看護師）
▶もし，父親が母親と同じだけの時間を子どもと過ごし，母親と同じように世話したら，<u>役割や機能の違いはない</u>。もし，父親が夜遅く帰り，子どもと接する時間が短ければ，違った役割になるだろう。　（S3妻・組合誌編集者）
▶<u>父親・母親というより個性の違いだとおもう</u>。それぞれのやり方で，たとえば私の方が理屈っぽいとか，そういうのがある（笑）。だから同じ事を言うのに違う言い方をしていて，……それを人はもしかしたら父親的とか母親的と捉えるのかも知れない。我々からすればそれは単に個性の違いだな，それぐらいの話で，あえて父親はこう母親はこうという話はできない。

（J12夫・企業職員）

私もあまり父親とか母親とか捉えないですね。　　　（J12妻・高校教員）

④役割交代が可能であること

　父親の役割と母親の役割が固定的に捉えられていなければ，交代でいろいろなことをシェアすることができる。

▶（子どもが病気になれば）<u>交代で休む</u>。　　　　　　（F6妻・准看護師）
▶保育園の送り迎えは，<u>交代で</u>しています。　　　　（S3夫・日刊紙記者）
▶<u>子どもを保育園に迎えに行った方が，買い物をして夕食を作る</u>。

（S5夫・編集者）

私は週に3回，彼は2回，お迎え担当。週末はシェアしている。

（S5妻・学生）

▶育児休業も交代で取った。　　　　　　　　　（S9夫・政府専門職）

⑤〈平等〉は〈同じ〉であることではない

　しかしながら〈平等〉であることは，〈同じ〉であることを意味するのではなく，違いを認めることである。また個人の自由と相互の自立を尊重することでもある。

▶どのみち，私たちは同じではない。同じものを（子どもに）与えない。私と彼は二人とも子どもに優しくしたり厳しくしたりするが，どちらかがより権威的ということはない。単に権威のふるい方が違うのだと思う。
　　　　　　　　　　　　　　　　　　　　　（F9妻・中学校教員）
▶家事分担と子どもへの関わりは平等だと思う。でも，互いに違う文化を持っている。友達関係もそれぞれ違う。好みも違う。違いはある。
　　　　　　　　　　　　　　　　　　（F7妻・ソーシャルワーカー）
▶経済的平等，相互の自立，個人的自由。……特に子どもとの関係では大切。
　　　　　　　　　　　　　　　　　　　　　（F13夫・大学講師）

⑥共同決定

　大事な問題については，同等の発言権を持って共同決定することの大切さが語られた。

▶それぞれが発言し決定するという意味で平等。（私たちの所では）追随することがない，大きな意志決定において。……例えば，私が結婚前にしていた仕事を続けるかどうかを自問していたとき，この仕事は本当に時間をとるから，あなたの配偶者が果たしてそれを受け入れられるかどうかと（周囲の人に）言われた。私は彼に話したけれど，それは彼の許可を求めたのではありません。彼がそれを支えるのが辛いかどうか，私はいないことが多く，夜もしょっちゅう遅く帰る。こういう状況に適応して，いろいろなことを組織化していくことができるかどうか。それは，決して許可を求めるのでなく，一緒に選択をするということなのです。……私たちは互いに毎晩とても忙し

い。(仕事柄必要な)映画や演劇等々。私の方が彼より忙しいので,しばしば彼の方が私につきそうことになる。　　　　　　　(F10妻・政府専門職)

本当に,私たちは家族で夫婦だから,いろいろなことを<u>共に決めて</u>きた。互いにそれぞれの職業的キャリアは,家族としてどうありたいかということに帰属する。決定は,単独ではできない。互いの関係の中で決めなければ。一方が仕事を独自に決めれば,他方は従わなければならない。

(F10夫・美術ギャラリー経営)

このように,〈平等〉とは①課題の折半や②家事・育児の協働のみならず,③固定的性役割の否定や④役割交代可能性を含み,⑤個性や個人の自由,相互の自立を尊重しながら,⑥対等な共同決定を導くものと捉えられている。家事・育児の単なる「半分こ」に過ぎないのではなく,関係性の深いところからの共同性と個人の尊重を示唆しているのである。〈平等〉を定義するのに,夫婦の経済的依存度や家事依存度は確かにひとつの指標であるが,それだけでは充分に捉えきれない。このような当事者の語りを総合してはじめて,〈平等〉の深い内実が浮かび上がってくる。そしてこれこそが,インタビューをしていて直観的に感じられた平等主義カップルの魅力であった。

3 〈平等〉を促すもの

ジェンダー秩序は,男性カテゴリーに妻の内助を動員できる特権を付与している。職業上の成功のためには,黙っていても得られるこうした男性の特権を保持することは有利であり,特権を放棄して家事・育児に自分の時間を割く男性の数は少ない。

ではこのタイプの夫たちは,なぜ敢えて平等な分担を志向するのだろうか。インタビューの語りから,男性が〈平等〉に向かう理由を探ってみよう。

①平等規範

まず規範による自己規制が挙げられる。特権は正当性を持たないという認識がある。

▶（夫は）理屈が勝つ人なんです。平等だ，対等だということは，理屈から入っちゃう。だから，口が裂けても，お前は女なんだからこれをやるべきだと言えないの。絶対に言えないの。　　　　　　　（J6妻・企業技術者）
▶誰も子どもの囚われ人になるべきではない。　　（F13夫・大学講師）
▶男女平等は全く自然で当たり前のこと。　　　（F9妻・中学校教員）
どちらかが犠牲になってはならない。　　　　　（F9夫・中学校教員）

②妻の職業的能力への誇り
　次に職業を持って生き生きする妻を持ちたいという，より高度な願望もある。

▶非常に実務能力的に高いというか……僕のためにそういう部分をつぶす気は全然しなかった。……社会的にみても僕が人を一人浪費している気分にならなくて済むという，それがやっぱり後ろめたかったんですね，かなり。……で，まあ，それが後ろめたい事をしなくて済むっていうんで，まあ，かなりほっとしたような感じがありました。　　　（J6夫・企業技術者）
▶結婚する時点で，仕事している妻が，何というのかな，やっぱり一緒に家庭を持って，いろいろ仕事の話とかしながら，張り合いのある関係を続けていけたらって思って結婚したところがありますから，基本的には辞めてもらいたくない……いろいろ話をしてわかり合えるような形で刺激しあえればなっていうのが，すごく，そのパートナー像としてあったんですね，昔からね。……何か自分なりの考えを持って動いている女性の方が，女性としても魅力的ですね。　　　　　　　　　　　　　　　　（J8夫企業職員）
▶今日，君はキャリアとこの子（夫の連れ子）とを両立している。だから将来もきっと。　　　　　　　　　　　　　　　（F10夫・美術ギャラリー経営）

③妻の経済力の評価
　実利的な動機も欠かせない。従来，多くの統計データは妻の稼ぎが大きければ，夫の家事遂行が進むことを示していた。

▶僕はやっぱり大黒柱を一人で負っていくっていうスタイルになるよりは，あのー，二人でやっていた方が，自分たちも楽しいだろうし，……

(J6夫・企業技術者)

▶<u>経済的なことも</u>もちろん半分ぐらいあるんですけれど，……

(J8夫・企業職員)

④自分の親父を反面教師に

インタビューでは，自分自身の父親への反感や批判が意外に多く語られた。

▶自分の父親は，絵に描いたような，その戦前の家父長制のもとに生まれた子どもとして育てられた長男なんですよね。何か知んないですけど，男であるっていうだけで偉いとか，長男であるっていうだけでもっと偉いとか。それは許されないことですよね，今の世の中においてね。でも，子どもながらにそういうのずーっと見てきて，ま，親父は親父なりに外ですごく苦労してたのはわかるんですけど，外でどんなに苦労していても，家の中で，じゃ何でも許されるのかというと，それは違うんじゃないかなぁって，子ども心にずっと思っていたんですよ。……かといって，自分がじゃあ家ですごくそういうしつけを受けたかっていうと，結構親父と同じように何もしなくて良いように育てられてはいたんですけれども，ただその辺の自分の中での不満というのは，すごく持っていたんで，自分が結婚したときに，なかなかそうは体は動かないかも知れないけれども，そういうことができるようになりたいなあというか。まあ，ぶっちゃけた話，<u>親父みたいにはなりたくないなあ</u>という。

(J8夫・企業職員)

▶結局，親の世代では，育児による拘束を負担したのは私の母だった。私の子ども時代は，父親が関わってくれなかったことが不幸だった。そのことへの<u>反動</u>，自分の親への反発から，自分は父親として育児に関わっていると思う。たとえば，私は父親が自分を楽しく遊ばせてくれたという思い出がない。

(F13夫・大学講師)

⑤育児の大切さ

家事の大切さはあまり語られないが，育児の大切さはよく語られる。特にスウェーデンでは，父親が母親と同等に育児を担うことが社会的に有力な語りに

なっている。フランスや日本では，ここまで言い切る人は少ないだろう。

▶<u>子どものために早く帰れないなら，父親になるべきではないのではないか。</u>
（Ｓ９夫・政府専門職）
▶<u>もし子どもと本当に関係を結ぼうと思ったら，単独で子どもの世話をする必要がある。</u>　　　　　　　　　　　　　　　　　（Ｓ10夫・国家公務員）
<u>育児に関わらない男性は，彼ら自身を失っているのです。</u>
（Ｓ10妻・国家公務員）

⑥育児のおもしろさ
　育児は非常に奥深く，職業生活以上の豊かさをもたらしてくれるという語りがあった。

▶今は，ね，子どもを育てるっていうのも，結構<u>楽しい</u>から。だから，今はそういう状況なんで，そこはそこで一所懸命やろうかな。僕はその後また仕事の方にばーっと行くかも知れないですけれど，それはそういう今のタイミングなんですね。今までずーっと働いてきたからね，僕も割と遅くの子どもだから，それがあるかも知れませんね。<u>子どものインスピレーションというのはおもしろいですね。</u>絵なんか見ても……僕なんかが意識していないことを何かぽんと言うから。あ，そうだよなって。<u>子どものイマジネーションは，ものの見方を作っていきますね。</u>そういうのは<u>おもしろいなあ</u>と思ってね。それは何か違うものの作り方なんですね。　　　（Ｊ10夫・フリーカメラマン）

⑦妻の育児をサポートする必要
　妻に育児を任せきりにすると妻が大変すぎるので，夫のサポートが必要であるという認識も，広く共有されている。

▶子どもができて，（妻が）どうしてもそちらにつきっきりになって，こちらに家事が（回ってきた）。　　　　　　　　（Ｊ10夫・フリーカメラマン）
▶だいぶ気を遣ってくれて（子どもを）見ているからどっか行っておいでと

か。　　　　　　　　　　　　　　　　　　　　　　　（J12妻・高校教員）

⑧妻が家にいなければやらざるを得ない
　妻が仕事で家にいない，あるいは病気で家事育児ができないという状況こそが，男性の家事・育児実践を高めるという認識である。

　▶いると思えばあてにしちゃうからね。もう寝込んじゃうとか。
　　　　　　　　　　　　　　　　　　　　　　　　（J6妻・企業技術者）
　▶要するに勤務時間の問題で，僕がけっこう（料理を）作る。……（しかし）彼女がいるときは，僕は料理しない。……二人がいるときは，彼女が作ることの方が多い。　　　　　　　　　　　　　　（F6夫・塗装職人）
　▶勤務時間の関係で家にいる側がやるのよ。　（F7妻・ソーシャルワーカー）
　▶私はリューマチがあるので，それが痛くなると，……ほとんど夫がやることになる。　　　　　　　　　　　　　　　　　　　　（S14妻・准看護師）

⑨妻からの要請
　しかし特権を持つものは自らの特権には気づきにくい。パートナーから指摘され，要求されてはじめて，気づくことができる。

　▶（今の分担は）闘いの連続で（できてきた）。　（J8妻・公務員ヘルパー）
　▶自分だけが（仕事と子どもの綱渡りで苦労したり），自分が全部やるとか，そういうことはちょっと考えられなかったんで，で，すごく，いつも（夫に）ぶつけてきた。　　　　　　　　　　　　　　　（J6妻・企業技術者）

　以上のようにこのタイプの夫たちは，③経済的理由もさることながら，②妻の職業的能力を誇りに思い，①対等で豊かなパートナーシップを求めて，平等な分担を選んできた。そして，しばしば④親世代の性別分業への批判に裏付けられ，あるいは⑤⑥子どもと関わることのおもしろさや大切さに強く動機づけられている。その意味で新しい理念を持ち，理想を求める男性であるということができる。しかし現実には彼らも関係性の中で行動しているのであり，⑦妻の育児サポートの必要性，⑧妻の不在による分担の必然性，そして⑨妻からの

要請等に突き動かされて，実際の家事・育児に取り組んでいる。

4　平等主義カップルにおける微妙なジェンダー秩序

　実際の家事分担について，もう少し立ち入って詳細に見てみよう。このタイプは，相対的に平等な家事分担によって抽出されたのであるから，当然ながら夫の妻に対する「家事依存度」はきわめて低い。17ケースのうち本人が記入してくれた1日あたりの平均家事時間が夫婦で等しいものが10例，少し妻の側が多いものが6例であり，さらに育児休業中のS10の場合は，夫の側が圧倒的に多く家事を担っていた。またシェアされている家事の種類を問うアーネとロマーンの「家事分担タイプ」で言えば，「平等型」か「準平等型」であった。つまり基本的な性別役割分業は解消されている。

　それではカップルの家事時間が等しく，また三大家事（掃除，洗濯，炊事）のすべてをシェアしているカップルでは，何も問題はないのだろうか。最も平等に家事分担をしているカップルの語りを見てみよう。

▶平日は，もうこれ以上動かす余地がないので，まあ流れていくんですけど，休日の場合は……私は散らかり過ぎているのはちょっと嫌なんで，そうすると自分の方がやらなきゃいけなくなっちゃう……どうやっても均等にならない。あと非常に細かいこと，名前付けたりとか，そういう衣類の管理の方は私ですね。　　　　　　　　　　　　　　　　　　　　（J6妻・企業技術者）
休日の料理は，自然に1/3ぐらいやればいいやっていう感じになってしまう。（妻が育児休業で家にいた時）僕の方はとたんにたがが外れてもとの流れの方に戻れてしまう。やっぱり残業があるし……（と甘えてしまう）。
　　　　　　　　　　　　　　　　　　　　　　　　　（J6夫・企業技術者）
▶多少彼女の方が子どもと過ごす時間が私より多いと思う。彼女が子どもの側にいる間に，僕がランドリーに行ったり食べ物を買ってきたりすることが多い。我々は，すべてを分かち合っているけれど，彼女の方が子どもと過ごす時は，少し多い。　　　　　　　　　　　　　　　　（S3夫・日刊紙記者）

第4章　平等主義タイプ

このように徹底した平等主義のカップルにおいても，日々の生活には小さなジェンダー秩序の片鱗が見え隠れする。Ｊ６においては片付けや細かい雑事が妻の方に流れていく傾向があり，Ｓ３においては母親の方が子どものそばにいるような傾向がある。あたかも水が高いところから低いところに流れるかのように自然に，ジェンダー秩序は作動している。男性を活動の主体に，女性を他者の活動の支え手へと差し向けていくジェンダー秩序のベクトルは遍在するのである。平等主義のカップルは，家事・育児に閉じこめられずに職業生活の充実を求める女性と，仕事に終始せずに家庭責任を全うしようとする男性との，相互の小さな葛藤と妥協を含む関係性の多様な姿であると言うことができる。

では平等に向かうベクトルと不平等に流れるベクトルとが拮抗しあった均衡点において，何が問題になっているのだろうか。彼らの語りを，さらに見ていこう。

①家事に気づくこと

Ｓ９夫妻に家事分担について聞いたところ，次のような答えが返ってきた。

▶私は，いつも（家事を）スタートさせる人なの。あれをやらなきゃ，これをやらなきゃ，ってね。　　　　　　　　　　　　　（Ｓ９妻・団体管理職）
君が管理している（笑）。　　　　　　　　　　　　　　（Ｓ９夫・政府専門職）

またなぜ洗濯は妻がするのかと問われて，Ｓ10妻は次のように語る。

▶なぜだかわからない。洗濯が好きな訳じゃない。でも，着るものがなくなると洗わなきゃならない。たとえばピンクのシャツが汚れて洗いたいと思うのは私だから，私が洗うことになる。　　　　　　　　　　（Ｓ10妻・国家公務員）

このように女性の方がやらなければならない家事に気づくことが多いということは，よく指摘されている（Hochshild 1989＝1990）。女性は家事責任意識を持つために，早く気づく。その結果，妻が夫にもっと家事をやるように要求したり命じたり，あるいは「スタートさせる」というエネルギーの要ることをする羽目になる。それに疲れてしまえば，一人で背負い込むことになりがちであ

る。また要求され指示される側の男性は、妻に「管理」されているような気持ちになりがちである。

②家事技能

　もともと女性は生まれながらにして料理がうまいわけではない。だが平等に家事を分担しようと試行錯誤してきたカップルにおいても、技能の落差が生じてしまう。

▶技能はなかったですよ。私もなかったんですけど。二人ともなかったんですよ、実際には。なかったんだけど、私の方は自分の役割だと思ってしまっていたんで、少なくとも最初ね、ま、ちょっと、料理も自分で作ったりするから、うまくなる。こっちは全然うまくならなくて、<u>技能の面では非常に長くひきずりました</u>ね。　　　　　　　　　　　　　　　　（J6妻・企業技術者）

▶一人暮らしを経ずに結婚してすぐ妊娠したので、（最初のうちは）食事作りは慣れてなくて大変だった。　　　　　　　　　（J8妻・公務員ヘルパー）

食事に関しては大半が妻ですね。1週間分準備したり冷凍を作ったりとか、1日2日先作れるものは鍋の中に入れといたりとか、かなり負担かけちゃっているなっていうのあります。私がやるのは週に1度ぐらい。（妻が）夜勤の時は、3食私がつくります。……私が作っても、何か一言あったりとかして。　　　　　　　　　　　　　　　　　　　　　（J8夫・企業職員）

何かね、何となく美味しくない（笑）、作ってもらってもね。……最近は<u>向上したって言うか</u>、簡単なものでおいしく作ればいいんだっていう、それでおいしけりゃ、それで良いんだっていう話で、（夫の）レパートリーが広がっている（笑）。　　　　　　　　　　　　　（J8妻・公務員ヘルパー）

　もちろんなかには料理が得意な男性もいる。J10妻は、すかさずパートナーの技能を褒め上げて、平等な分担へと動員している。

▶得意なものをやることにしました。……彼は料理が非常にうまいんです。太刀打ちできない。彼の美味しいものを食べるのが、すっごく楽しみ。

（J10妻・アートディレクター）

第4章　平等主義タイプ

まあ好きなんですね，……それに，みんなが美味しいと言ってくれるから。懐石なんかも料亭で習おうというところまでいった。

(J10夫・フリーカメラマン)

料理だけではない。洗濯，掃除などにおいても，女性はしばしば自分の役割だと思ってしまうから努力して技能が身につく。

▶（洗濯ものの）畳み方は，よく怒られますね。だめだって。

(J8夫・企業職員)

▶洗濯は，僕はできない。僕がやるといろんな色を区別しないで一緒に洗っちゃったりするからね。色が付いちゃったり（笑）。　(S13夫・牧畜自営)

おそらく「だめ」「できない」という語りの背後に，家事雑事は適当にやればよいことで本気で学ぶに値しないという判断がある。

③**好きな家事と嫌いな家事**

カップルは，しばしば家事の好き嫌いについて語った。

▶洗濯は嫌いじゃない。私は好んでやっている。洗濯は好きな家事なの。……家を2日空けることがあると，……帰ってきたとき洗濯物がたまっている。でも，彼に洗濯しておいてほしいとは思わない。　(F9妻・中学校教員)

▶掃除は私の方が好きなんですよ。だから，私がやっていることの方が多いよね。

(J8妻・公務員ヘルパー)

▶一つ言えば，（夫は）掃除が嫌いなんですよ。で，片付けが非常に不得意なんですよ。それは私は不満がありますけれども。　(J12妻・高校教員)

当然，人間には好きなことと嫌いなことがある。しかし家事分担において，好きだからやる，嫌いだからやらないというロジックは，不平等を覆い隠す効果を持つことがある。「好きな家事と嫌いな家事」という語りは，そうしたポリティクスを内包している。

特にフランスでは，洗濯が好きだという語りをよく耳にした。女性と布を結びつける文化的装置があるように見受けられた。

▶布に関わること。母もそうしていた。　　　　　（F10妻・政府専門職）
日本では，女性と料理を結びつける文化的装置がありそうである。

▶妻に料理をされることについての幻想　　　　（J6夫・企業技術者）
理想の分担のデータをみると，食事だけはダントツに妻に期待している。
　　　　　　　　　　　　　　　　　　　　　　　（J6妻・企業技術者）

④中の家事と外の家事

　家事が機械化され屋外に移ると，男性が分担するようになる傾向がある。フランスでは女性に集中していた洗濯も，スウェーデンでは比較的よく男性に担われている。その背景にはスウェーデンの集合住宅に必ず付設されている立派な洗濯・乾燥マシンを備えた共同洗濯室「ランドリー」がある。

▶ランドリーはブッキングするから，一度僕がすると，次の予約も僕がする。そうすると，ランドリーの時間を知っているのは僕だから，また僕が行くことになる。　　　　　　　　　　　　　　　　（S5夫・出版社編集者）
子どもがちょろちょろする中では，ランドリーはやりにくいので，夜遅くに彼が行くの。そして洗い上がると，夜中に乾燥機にかけて一晩おく。翌朝，彼がとりにいく。（つまり，ランドリーは3回往復することになる）私は，夜真っ暗になってから外に出るのは怖いから。それが理由よ。（S5妻・学生）

　その他，買い物，クリーニング屋，子どもの送り迎えなど，特に車を使って出かけることは男性に比較的よく担われる。

▶ドライクリーニングは，彼が買い物ついでに出しに行ったりすることが多い。　　　　　　　　　　　　　　　　　　　　（S10妻・国家公務員）
▶買い物リストは，子どもも参加して，必要なものはメモしておいて，彼が町に出かけたときに買ってくる。　　　　　　（S13妻・小学校調理員）

⑤育児の抱え込みと個の時間の断念

　平等主義カップルでも，子どもを持ったとたんに女性が自分自身の時間を断念している様が語られる。母性の縛りは根深い。女性は仕事と家庭のバランスだけで手一杯だが，男性は仕事と家庭の他に自分の自由時間をはじめから断念してはいない。まず日本のカップルの語りから，その微妙な違いを見てみよう。

▶(赤ん坊の夜泣きで)眠ったんだか眠らなかったんだか，わからないような状態で職場へ通っていましたので，その時が一番つらかった。
（J12妻・高校教員）

自由時間が減ったことが私には大きいですね。やりたいことができないっていう。出歩いたり，本を読んだり，音楽や，そういう諸々のこと。
（J12夫・企業職員）

そうですね，私は子どもができた時点で，そういうことはもうあきらめてしまったところがありますね。自分のためにだけ使える時間は確実に減った……でも，全く何もしていないかといえば，そんなことはない。だいぶ気を遣ってくれて，見ているから行っておいでとか。　　（J12妻・高校教員）

この人，何もしないんですよ。もう，子ども子どもで……
（J12夫・企業職員）

フランスでも同様な違いは見られた。

▶家事や育児の分担は平等にやっている。そのために相当の時間を使っている。しかし，僕は（趣味で本格的に）絵を描くし，いろいろやりたいことがある。
（F7夫・国鉄管理職）

80％労働にしている。月火と働いて水曜日は休み，木金と働いて土日は休み。……家庭に閉じこめられないという点がいい。水曜日には子どもと一緒にいられるし。……私は仕事も家庭も両方を必要としている。
（F7妻・ソーシャルワーカー）

▶今，ある企業から仕事の誘いがあるの。私は今，フランス政府で働いているけれど，企業のためにも何かできると思うのよ。でも，子どもとの関係で

言えば，前向きになれない。私は，自分の職業的可能性に関して完全に開かれていない。子どものために少し禁じている。<u>男性と違って，女性は子どものために職業キャリアに邁進できないのだと言わざるを得ない</u>。

（F10妻・政府専門職）

以上，平等主義家族の語りの中から，二人が平等を志向するにもかかわらず，ジェンダー秩序に傾きそうになる微妙なポイントを見てきた。平等主義家族といえども，ジェンダー秩序に満ちた社会の中で全く自由ではありえず，絶えず男性は活動の主体であり，女性は人のケアをしたり生活環境を整えたりするものであるという性別分業への圧力に晒されている。だから自然に，女性は①家事に気付いてしまい，②家事技能が身に付く。男女で，③好きな家事と嫌いな家事が生じ，④中の家事と外の家事との分業もうまれる。男の家事には理由がつけられるが，女の家事の理由は語られないのである。そして多くの場合，女性は⑤個の時間を断念して育児を優先しがちである。

このように分析してくると，ジェンダー秩序のベクトルと対抗ベクトルがせめぎ合っていて，そのバランスの上にかろうじて〈平等〉が実現されていることがわかる。

ある日本の妻は語る。

▶私たち二人も，すごい体の中に染みついたものと頭で考えたものでは，もうこーんなにギャップがあって，夫だけは家事をしていて自分はごろごろしているっていうことは，逆はいくらでもあっても，その光景自体が耐えられなかった。

（J6妻・企業技術者）

またあるフランスの妻は，あなたは夫の家事分担に満足していますかと問われて，「ええ，フランスの平均的な男性よりずっとよくやっている」（F10妻・政府専門職）と答えた。それは平等主義カップルの妻の思いをよく代弁しているのではないだろうか。

ここまでの分析から明らかなように，〈平等〉な関係は，分かち合い，交替，共同決定などに見られるように，〈共同性〉によって成り立っている。しかし

第4章　平等主義タイプ

女性をケアの担い手に，男性を活動の主体に押し流そうとするジェンダー秩序のベクトルに絶えず晒されており，対抗ベクトルを打ち出すことなしに〈平等〉を維持することは難しい。

第5章

役割逆転タイプ

　本章では、女性が主な稼ぎ手であり、男性が家事・育児の主要部分を担っている、つまり性役割を逆転しているカップルについてより詳しく分析しよう。
　逆転シェア・タイプのカップルとはどんな人たちで、どんな生活をしているのだろうか。彼らはどのような意味づけで、稼ぎ手役割と家事・育児の分担を逆転させているのだろうか。またそのバランスを成り立たせている機制や要因は何だろうか。さらに逆転シェア・タイプのカップルは、本当にジェンダー秩序を越えているのだろうか。

1　典型的な「役割逆転」タイプのプロフィール

　このタイプはインタビュー事例の数は少なかったが、大変個性的な事例であった。たまたま日本の事例が他国よりも多いけれども、それは必ずしも統計的に3ヵ国の中で日本社会はこのタイプが他の2ヵ国より多いということを意味してはいない。
　以下、3つの事例を紹介しよう。これらの事例はいずれも妻が主な稼ぎ手であり、夫が家事の主要部分を担っている。客観的な数値でみても、E.D.（お金で見た妻の夫への経済的依存度）とH.D.（時間で見た夫の妻への家事依存度）が共に、はっきりしたマイナスを示している点で際だっている。

(J 3)
　東京近郊の住宅街を通り抜け、やや殺風景な地域になるところに、調査協力者のアパートを見つけた。第一印象は古い建物で狭く、子育てには大変かなと思われたが、彼の父親が亡くなって母親が一人になったため、2世帯住宅を建

第5章　役割逆転タイプ

てて隣居を計画中でまもなく引っ越す予定とのことであった。

妻（30歳）は助産師で，病院にフルタイムで勤務している。夫（31歳）は大学卒業後オモチャ会社に勤務していたが，仕事のあり方に問題を感じて辞め，不定期のアルバイト以外は家事・育児に専念している。夫は妻の扶養家族である。

非常に対等感のあるカップルである。たがいに「きみ」と呼び合う。長いつきあいのあと婚姻届を出さない共同生活を選んだ。二人とも「家」的なものが嫌いである。特に妻は助産師として，姓を変えたら職場で不都合が生じるからである。しかし住宅取得手続きの関係や子どもの姓の問題から，やむなく入籍したと言う。

初めから，子どもが生まれたら夫が家事・育児をやって，妻は仕事を続けることになっていたそうである。事情で夫が早く仕事を辞め，妻の職場の産休・育休を取れる態勢が整ったので出産した。妻は6ヵ月の育児休業のあと職場復帰し，夫が子ども（11ヵ月）の世話をしながら，掃除，洗濯，買い物，料理のすべて担当している。妻はフルタイムで働きながら，母乳と衣服の管理を担当している。家事時間は夫が1日5時間で，妻が10分。この態勢でもう一人産んで，ある程度子どもが自立したら保育園に入れて，夫も再就職しようと考えている。

夫婦ともに社会のあり方，家族のあり方について，非常に深く考えている。後述するように「世間」の孕む問題性を鋭く認識していて，世間の逆を行く様はさわやかである。表面の子育てでゴチャゴチャした生活の底に，上質の絆がきらりと光るカップルであった。

J 5

住まいは東京近郊の通勤にも買い物にも便利な住宅街で，広くはないがモダンで機能的なマンションであった。

妻（37歳）は，外資系コンピュータ会社のサービス部門でSEとして働き続けている。猛烈に忙しい職場だが，残業のない日を設けたり，休日出勤はしないようにしたりと，家庭とのバランスを取っている。夫（37歳）は，大卒後10年ほど大手新聞社で記者として働いていたが，デスクになる一歩手前で，これ

から果たしていくことになる管理職の仕事に違和感を覚え，また育児に好奇心もあって，思い切って退職した。いったん育児に専念しながら自分の道を探し，結局，大学院に進み，臨床心理学を学んで，現在は非常勤のカウンセラーをしている。夫はパートタイムのため，年収がよい妻に経済的に依存している。

子ども（5歳）は最初の1年は母親が育児休業を取得し，次の1年は父親が退職して，家庭で育てられ，2歳すぎてから保育園に通い始めた。実家は夫方が隣県，妻方が関西なので，特別な場合を除いて日常的な援助は受けられない。

家事にさく時間は，夫が5時間で妻が4時間と夫婦で大差ないが，買い物と料理は妻，掃除と食後の片付けは夫と分業している。洗濯は半分ずつ。保育園の送り迎えは基本的に夫の役割で，非常勤が朝早い時だけ送りを妻に頼むことがある。そうした予定調整のために「送り迎えの相談表」が壁に掛けてある。

夫婦ともに周りに流されないで，本当に自分らしい生き方を選んでいる。妻は周囲に男性以上に猛烈に働く女性を見ながら，そこまで仕事にのめり込まず，バランスを取りつつ着実な仕事を貫いている。夫は世間的な出世に惑わされずに，本当に自分のやりたい仕事を求めて，思い切った方向転換をなしとげた。互いに深い理解，尊敬，信頼がある。

F4

ブルゴーニュの村に，まだ無名の彫刻家の家族を訪ねた。家具調度の美しい住まいに隣接して，同じ敷地内に彼の仕事場がある。アトリエは，地下室と1・2階があり，本格的な道具を備えた石材の荒削り作業場，彫刻作業場，展示場から成っていた。

妻（35歳）はパリ生まれ，大卒で自治体の社会教育の仕事をしている公務員である。家庭生活とのバランスを取るために，1日7時間のパートタイムで働いている。基本的に彼女の収入で家族が生活でき，地方暮らしには充分である。夫（36歳）は職業高校卒の彫刻家で好きな芸術に専念し，地域の芸術家協会の活動をしたり，展覧会を開いたりしている。彼の展覧会には沢山の人が見に来るが，まだあまりお金にはならない。

子どもは3人いて，みな小さいときは保育ママにみてもらったが，今は一番上（10歳）と2番目（8歳）が小学校，3番目（4歳）が保育学校に通ってい

る。子どもたちは食事の配膳や片付け，靴洗い，掃除などの手伝いをする。子どもと散歩したりして遊んであげるのは母親が多く，子どもを病院に連れて行ったり，夜に子どもの世話をしたり，お話を読んであげるのは父親が多い。夫は1日外で働いて疲れて帰ってきた妻を労って，特に夜の家事を引き受けている。時間で見ると，夫の家事時間は1.5時間，妻は30分である。家事分担の内容は洗濯と買い物は80％妻で，20％夫。食事の支度は，逆に80％夫で，20％妻。掃除は半々とのこと。

Going my way という表現がこのカップルにはぴったりである。理想の家族など求めない。大人も子どももそれぞれが自分の世界を持ち，互いに一緒にいることを望み，現実の諸条件に適応して生きる。そしてなにものにもせき立てられることなく，マイペースで好きなことをする。芸術家として家事・育児を放り出して創作に熱中したいと思うことはないのだろうかと問うと，夫は「慣れているから全く問題ない。子どもの世話をして，またすぐに仕事に戻れる」と淡々と言う。

このように男性が稼ぎ手役割から降りて，家事育児の主体となり，女性が一家の稼ぎ手になっているカップルは，世間の逆を行くだけに深くものごとを考えている。

2 男性が稼ぎ手役割から降りて育児の主体になるという選択の意味

では「役割逆転」タイプのカップルは，男性が稼ぎ手役割から降りて育児の主体になるということを，どのように意味づけて納得しているのだろうか。彼らの語りに耳を傾けよう。

①自らの内なる声

これらの事例の底に，静かに力強く流れている基本的なトーンがある。それは「世間」に従うのではなく，「自らの内なる声」に従って「自分に正直に」深く生きようとする意思である。

▶僕は，そんなに長いことサラリーマンずっとやっているとは思っていなか

2　男性が稼ぎ手役割から降りて育児の主体になるという選択の意味

ったんで。そういう意味じゃ，仕事するって楽しいじゃないですか。社会的に責任があって，ある程度の達成感もあって。でも，サラリーマンやっていると，どんどん時間が流れて，本読む時間もなくなるし，割と考えなくなっていくんですよね。どんどん自分が馬鹿になっていくような気がして，ね。仕事的にはたぶんノウハウも上がって行くんでしょうけれど，実際，何て言うのかな，頭を回転させるということはしなくなっちゃうから。どうしたら育児が男ができるだろうかって考えなくなっちゃいますからね。そういうのも，すごく嫌だった。　　　　　　　　　　　　　　　（J３夫・無職）

▶記者をやりながらも，いや記者になろうと思った時点でもう既にあった自分の，こう，自己像，ま，一種のアイデンティティかも知れない，そういったものに，もう一度忠実に寄り添って生きていこうとしている自分が，今あるっていう感じだと思うんですよ。もともと記者になりたいって思ったときも，その感じていたもの，こういうことをこう見ていこうと思って記者になったんだっていう部分が，入ってみて10年経ってみたら，そうじゃなかった。そこに，目をつぶってでもやらなきゃならないものがあったということで，振り返って軌道修正をして元のレールに戻した。それで，それをちゃんとやっていくためには何をやったら良いのかなぁというので，見つけたのが，臨床心理学っていう方面であったし，そのために大学院に入ってちゃんと勉強し直そうと思ったわけです。それで卒業して少しずつ軌道に乗り始めているという段階だと思うんですね。それはガラッと崩れたものをもう一度というよりも，もともとの所に戻ったという感じなんですよ。ただ，あまりにその10年間というものが，ま，長かったので，ぼくにとっては，そこでできてしまった仮のアイデンティティのようなもの，というのがこう，知らないうちに大きく染みついて私にのしかかっていたんでね。そういうものがなくなったときに，じゃ，うーん自分は誰？っていう状態にはなりましたよね。結構，あせりのようなもの，ありましたね。このままじゃいけない，このままじゃいけないと思っていたと思うんですよ，大学院入るまではね。……それほどこう，大決断というほどのことではなくて，自分に正直に決めたら，まあ，そうなったという感じですよね。　　　　　（J５夫・非常勤カウンセラー）

▶彫刻家の仕事は，職業であって職業でない。それは，私の喜びなんだ。好

きでやっていることで，生活できれば職業になる。私は稼がなくても良い。彼女が生活に充分なお金を稼ぐ。私は，地域の芸術家協会の仕事をしているが，それは時間は食うけれど，お金にならない。それは友人関係を作る。それは楽しみなんだ。

(F 4 夫・彫刻家)

②職場への強い葛藤感

さらにこのタイプの日本の夫たちは，職場に対して強い葛藤感を抱き，別な道を探していた。それは決して我慢が足りないという類のわがままではなく，人間として当然の権利であり，他の文化圏から見ると異常な日本の企業風土への批判を含んでいる。

▶自分で辞めた。基本的に残業が多かった。もう，11時とかざらなんですよ。で，家に帰ってきてもすぐ寝ちゃうだけで，自分の時間が持てなかったし。……上司がひどかった。相性が悪かった。仕事を全部，僕に押しつけてくる。

(J 13夫・無職)

▶みんな長く（職場に）いるけど，働いていないですもの，サラリーマン，はっきり言って。もう職種によってしようがないですけど，みんな会社にいるだけで働いていないですもの。営業なんか，居なきゃいけない。お茶飲んでるだけなのに帰れない。ほんとに無駄。それはもう周りのサラリーマン，みんなそうなの。（サラリーマンをやめた理由は），そういう無駄なやり方も大きいですよね。……あと，おもちゃ会社に居たんで，子ども騙して商売やっているのがしんどかったというのもあるんですけどね。今のおもちゃって基本的にそうですからね。テレビでいっぱい宣伝して。全部，実際に番組で使われているのは，おもちゃを使っているんですよ。もう昔は番組で使われていたのをおもちゃにしたんですが，逆ですからね。企画の段階からおもちゃメーカーがやっていますから。もうおもちゃを売るために番組をやっていますから。何かおもちゃの売り上げが悪いと，その2週間後にはそのおもちゃがテレビに出てきますから。だから，視聴率悪くてもスポンサーがつくからその番組は続くし，逆におもちゃが売れなければその番組はだめになっていくっていう世界ですから。ちょっとやっぱりしんどかったですよね。あき

らかにそれで商売やっていくというのが。　　　　　　（J3夫・無職）
▶それまでの仕事，新聞記者の仕事というのが，自分がずーっとやりたいと思っていたこととは，必ずしもこう一致していないと言う現実をみていましたし。10年目にかかっていたんですけどね。これからの10年はどうかなって思ったときに，もっとこう，<u>やりたいことから離れていく</u>だろうな。もっとデスクワークに近くなったり，うーん，自分がやりたいことじゃなくて，会社が求めることを部下に伝えていくっていう，そういう仕事が待っているってわかっていましたから。そういう10年であることはわかっていましたから。それよりは，やっぱり折角だから育児をやってみるかなという思いもあって辞めました。　　　　　　　　　　　　　（J5夫・非常勤カウンセラー）

③育児への関心と責任感
　もちろん積極的に育児に関わってみたい，あるいは育児に関わる責任があるという意識も働いている。

▶<u>自分は全然関わらなくて，これでいいのかな</u>，みたいなものもやっぱりあって，ひょっとしたら自分がやっている仕事と違ったものがあるかもしれないなという，ま，責任感と言うよりは，なんかこう，別な<u>好奇心に近いよう</u>なのがあったんですね。　　　　　　　　　　　（J5夫・非常勤カウンセラー）
▶僕は，ほんとうに，ゼロ歳の時にこういう経験をして，一日中（子どもと）二人っきりでいる時間とか持って，すごい勉強になりました。……<u>自分が育てているっていう実感が持てる</u>。……もともと<u>子どもが好き</u>だから。早くから子どもがほしかったから。……僕，夢がありまして。子どもに野球やらしたいんですよ。子どもが小学校の頃だったら，少年野球チームに入れたとして，そこで一緒にコーチなり監督なりをやってみたいというのが，昔からの夢だったんで。できれば一緒に高校野球の監督まで，（笑）行きたいんですけどね。それは夢なんで。子ども中心になっちゃうと思う。そのための時間を作れるような仕事に就きたいですね（笑）。二人で働けば，経済的なものは結構クリアできると思うんですね，あと，時間だけですね。
　　　　　　　　　　　　　　　　　　　　　　　　（J13夫・無職）

④妻の強い職業意識

一方，その妻たちは専門職で長期的展望を持って自分の仕事を続けている。だから主な稼ぎ手の役割を引き受けるし，夫が仕事を辞めると言っても動転しない。

▶彼女は，ふつう女性がやっている場所を私に譲っている。私も，その場所を取りたい。　　　　　　　　　　　　　　　　　　　　　（F4夫・彫刻家）
▶一緒に暮らし始める時点で，子どもができたら，彼が育児や家のことをやって私は<u>仕事を続けたい</u>という話は何となくできていたんですよ。……（子どもを産むということは）<u>助産婦しているからには，経験してみたい</u>……自分たちの（生活上の）態勢というよりは，私の<u>仕事の態勢が整った</u>んで（産みました）。　　　　　　　　　　　　　　　　　　　　　　　（J3妻・助産師）
どっちかというと，<u>仕事に本当にプライドを持っているかいないかの差</u>だったというか，ね，割と助産婦ということで<u>仕事にこだわりをすごく持って働いているの</u>と，僕は割と普通のサラリーマンでしたから，別に。
　　　　　　　　　　　　　　　　　　　　　　　　　　　　　（J3夫・無職）
▶一年間，育児休業を取っていたときに，遙かに楽なんですよね，仕事しているよりも。嫌な人に頭を下げる必要もあるわけじゃなし，あのー，（職場の）人間関係に悩むわけじゃなし。どっちが楽かと言ったら，子育ての方が楽に決まっているんですけれども。たとえば，自己実現というほどではなくても，ある種の，たとえば<u>手応え</u>とか，<u>充実感</u>みたいなものが，そのー，子育てで得られるものと全く違うものが，仕事をしていると得られるし，ま，そういうものが自分にとってある程度必要だなっていう感じは，非常にしましたね。　　　　　　　　　　　　　　　　　　　（J5妻・システムエンジニア）
（辞めたいと言ったら，妻に）結構，結構，って言われたんですよ……妻についても，ずっと今の会社に居るかどうかはわからない。次を決めて辞めるかもしれない。そういう能力は，たぶん，まあ，ある人だなあとは思っているんですよね。ま，<u>まわりもその能力を評価するだけのものを備えている人材</u>だと思うから，そこそこ稼ぎはある状態は確保して生きていくだろうなという，その程度のものはありました。　　　　　　（J5夫・非常勤カウンセラー）

▶(辞めたいと言われて)，ひたすら私は，転職先を見つけてから辞めてくれっていうことを条件にして。でも，そこに何が何でもしがみつけっていう風には思わなかったんですよ。(上司がひどいという)話を聞いていたから。(転職のつもりで退職したのに，次の職場の内定を取り消されて失業状態になった。けれども)，結果的には，すごく助かりました。すごく一緒に(子どもを)育てられている気がするし……それはやっぱり，接する時間の多さというのは，貴重だったなと思います。……(私は)<u>自分の仕事の中に，活かしていきたい</u>という気持ちはあるんですよ，子育てや教育のことをね。

(J 13妻・出版社編集者)

以上のように，このタイプの夫たちは基本的に子育てに関わりたいという意思を持ち，具体的な職場との葛藤をひとつのきっかけとして，「内なる声」に従って世間の常識に反して辞職に踏み切り，妻の職業継続に支えられて，育児専業生活を選んでいる。どうしても職業と育児が両立しないとき，いったん職業を捨てて専業育児を選ぶのは，女性のライフコースに特有の現象と見なされてきたが，極めて少数ではあっても男性にもこのようなライフコースが描けることは興味深い。その前提には当然，妻の継続就労があるのであり，その背景には少しずつではあっても職場における女性の地位が改善されてきた部分があることを指摘できるだろう。

3 「役割逆転」に孕まれている機制

「役割逆転」というバランスの中には，どんな機制が潜んでいるだろうか。まず不安定さを，そして労働をめぐる「社会的価値のヒエラルキー」を指摘しうる。

① 「役割逆転」の不安定さ

このバランスはジェンダー秩序の反転であるため，二重の意味で不安定である。

第一に，両性が共に職業と家事育児をシェアする「平等主義」の視点から見ると，逆の意味で平等でないと感じられてしまう可能性がある。

111

第5章　役割逆転タイプ

▶今の状況は，積極的に作ったわけじゃなかったんでしょうね。だけど，特にゼロ歳児の時期で良かったというのは，また，結果であって，やっぱり，もう毎日，仕事は決まったかと，私はプレッシャーをかけている側なので（笑い），あの，えーと，<u>逆の対等じゃないというか，その意味で平らな気持ちになれない</u>っていうか，突き詰めていくと，そういうシーンが出てきそうな気はしますね。
（J13妻・出版社編集者）

　第二に，ジェンダー秩序に逆らうことは，心理的抵抗を伴う。よく見ると夫たちは，いわゆる「専業主夫」ではなく再就職を視野に入れており，アルバイトもしている。たとえばJ3は不定期のアルバイトをしており，J13も週3日夕方から夜にかけてアルバイトしている。J5は子育てしながら勉強して大学院に進学した。

▶（子育て後は）共働きになるでしょうね。<u>社会復帰</u>だなー。家にいても退屈。やっぱり，<u>ずっと家にいるっていうのはしんどい</u>でしょうね。……僕も，もう少しすると（今の子育て生活に）飽きてくると思うので，そうしたら保育園（に子どもを入れて仕事をする）。
（J3夫・無職）

▶<u>求職中</u>。仕事があり次第，復職。
（J13夫・無職）

　これらの男性にとって，育児に専念する期間は仮の姿にすぎない。それは家庭生活と調和し，自分らしさが見いだせるようなよりよい職業人生への転換点と位置づけられている。このように，男性は常に職業へと差し向けられていく。このことは男性を稼ぎ手役割へと押し戻すジェンダー秩序のベクトルのようにも見えるし，〈平等〉へのベクトルと言うこともできる。いずれにせよ「役割逆転」は，常に解消されて共働きへと変化していく傾向を内包している，とても不安定な類型と言えるだろう。

②**労働をめぐる「社会的価値のヒエラルキー」**
　「役割逆転」の中でも，フランスの彫刻家のケースは，比較的安定している。なぜだろうか。妻が主な稼ぎ手ではあるが，夫も，お金にはならないものの，

ライフワークを追求している。夫が家事・育児の主要部分を担っているが，二人とも育児のために少し仕事量を減らしている。彼らに職業生活と家庭生活の両立について尋ねたとき，次のような語りがあった。

▶(仕事から疲れて帰ってきて家事・育児が待っているということは)，そのときは不快だし，疲れたと思うけれども，そういうことは一時の小さなこと。もっと大きな困難は，能力を開発するために研修を受けたいと思うのに，ややこしくて続けられないことなのです。私が仕事と家庭生活との両立が困難だと感じるのはその点です。例えば，ディジョンで3日の研修を受けたくても，できない。私がいなければ，彼が（家事・育児を）すべてやらねばならないから。彼も，時々外国に行ったり大きな展覧会をしたりしたいと思うけれど，（家事・育児をすべて私に押しつけることになるから）できない。アンケートでは50%：50%とか80%：20%とか言うけれど，とても複雑なのよ。<u>私は，仕事にはあまり喜びは感じない。むしろ学びたい</u>。もっと研修を受けたい。でも，職業生活と家庭生活は決して交わることのない平行線。絶対に交差しない。でも，彼は，時々展覧会をする。仕事があり家庭があり，彼には交差するものだろう。彼の展覧会には沢山の人が彼の作品を見に来るし，私も子どもも見に行く。彼には家庭と仕事が交差する。でも，私の仕事は決して家族と交差しない。全然混じらない。私は，自分の仕事が喜びではない。
（F4妻・公務員）

私にとっては，仕事と家庭は交差させざるを得ない。実際，とても近くにあるから。現実に，家庭生活は私を取り囲んでいる。老親が助けてくれるけれども，もし親の支援が無く，毎日学校への送迎をしていたらとても仕事ができない。もっと大変だろう。（芸術家の仕事と家庭の仕事との頭の切替は），たしかに難しいけれど，仕方ない。他に生きようがないのだから，この状況を生きるんだ。僕は自分の状況に適応したんだ。祖父母はとても重要。僕一人ではない。彼女の母も（助けてくれる）。
（F4夫・彫刻家）

彼はお金にはならないが自己実現に繋がる仕事をしており，家族もそれを理解しようとしたり支援したりしてくれる。自宅に隣接するアトリエで仕事しつ

つ，家庭とライフワークを行き来している。一方，彼女は家族のために稼いでいるが，その仕事は生き甲斐にはなっていない。もっと勉強したいと思うが叶わない。家庭と職場は離れており，家族が彼女の仕事内容を理解しようとするわけではない。基本的に彼は仕事時間を増やしたいが，彼女は仕事時間を減らしてもっと自分のために意味のあることをしたい。

　この語りから，労働をめぐる「社会的価値のヒエラルキー」を見いだすことができる。最も価値の高い労働は，自己実現労働であり，職業労働と無償のケアワークは，その下に位置づけられる。そしてカップル間で職業労働と無償のケアワークをどう割り振るかは，家族戦略の問題であるが，自己実現は個人の生き方の問題である。もしも職業労働と自己実現が重なるならば，生き甲斐と経済力を同時にもたらすものとして，仕事は強く追求されるだろう。けれども重ならなければ，仕事は追求されない。

　ここで取り上げた4つの事例は，実は男性が稼ぎ手役割から解放されて，自己実現労働に向かう可能性を示し，より自己実現的で家庭生活と調和しうる仕事に再就職するための暫定的な形であると捉えることができる。

4　不徹底な逆転

　では「役割逆転」カップルにおいては，どこまでジェンダー秩序が逆転しているのだろうか。基本的なジェンダー，すなわち夫が稼ぎ手で妻が家事育児というパターンは，完全に逆転している。家事時間も夫の方が妻より長い。しかし分担している家事の内容についてはどうだろうか。

①三大家事は50％：50％

　妻が主な稼ぎ手で，夫の収入が家計に占める割合は小さくても夫の仕事にかける生き甲斐度が高く，仕事時間も一定している場合，家事分担は逆転せずに折半にとどまるようである。

　フランスの彫刻家（F4夫）の場合，三大家事を折半している。洗濯の20％，料理の80％，掃除の50％を夫が担当している。また子どもの世話は，散歩に連れ出したり積み木で遊ばせたりするのは妻の方で，夜のオムツ換えや病気の子どもを医者に連れて行ったりするのは夫であるが，あとの育児は二人で協力し

あっている。

　日本の臨床心理士（J5夫）の場合，基本的に掃除を夫が担当し洗濯は折半しているが，料理は妻まかせである。子どもの保育園の送り迎えは基本的に夫の役割で，非常勤が早く始まる日だけ妻に送りを頼む形になっている。

　どちらのケースもたまたま夫の仕事が収入にならないだけのことで，大事な仕事をしていると認められているためであろう，主要な家事分担は逆転せずトータルで折半されている。しかし夫がアルバイト程度の仕事しかしていない場合（J3，J13）は，夫の家事分担は大きくなるが，それでもなかなか100％にはならない。

②どうしても夫ができない家事がある

　たとえ夫がすべての家事をこなしていると表明されていても，実際にはどうしても夫ができない家事があるようだ。

　J13では，基本的に役割を固定しないで生活に関わることは，どちらでもできるようにしておきたいと言うが，夫は料理と離乳食が苦手のようである。

▶ご飯はやっぱりお母さんが作った方がおいしい（笑）。……（僕は）栄養とか何も考えていないですから。自分の作れる一番美味しいものを作って。
（J13夫・無職）

たとえば栄養のバランスがどうかとか，妊娠した頃余計考えるようになって，今，子どもがいますしね，そういうのは考えるのは私の方ですね。そうするとつい，野菜の一品あったらいいんじゃない，とか何とか余計なこと言うわけですよ。（それから，離乳食は）やらないんだよね。
（J13妻・出版社編集者）

僕，離乳食ってあまり作ったことないんで，ちと，あまりやらないんですよ。で，（子どもが病気の時）食べさせろ，食べさせろって（妻が）言うんだけど，もう泣いてるんで，あやしたりしたりして，ぱーっと，ミルクしか作ってやらないから。そういうのが続いたから，だから，ちょっと一回早く帰ってきてご飯食べさしてやってくれ，みたいな（話になった）。（電子レンジで）チーンすれば良いんだけど。……泣いていると慌てちゃうんだよね。それで早くあげなきゃと思うと，ミルクの方が手っ取り早いし，簡単に泣きや

第5章　役割逆転タイプ

むし。　　　　　　　　　　　　　　　　　　　　　　　（J13夫・無職）

　J5においても，夫はどうしても料理が苦手という話が，強く語られた。

　▶<u>食事の支度は，僕は苦手</u>で。……作るのが，僕は苦手なんですよ。たとえば僕が3時間かかって作るものが30分でできてしまうっていうのを目の当たりにすると，あぁ，これは自分には向いていないなって思いながらやっていた時期があったんですけれども，すごいストレスでした。もうそれで，これはもう，帰るの多少遅くなってもやってねっていう風に押しつけてしまった分，その後の片づけはそんなに苦にならないから，それは僕がやるよって。
　　　　　　　　　　　　　　　　　　　　　　（J5夫・非常勤カウンセラー）
<u>料理は基本的にこっち</u>なんですよ。だから，帰りが遅くなるときは，前の日にちょこっと作って置いたりとか，前は朝作ったりとかして，後はあたためればいいだけか，トマト切ればいいだけみたいな感じにしておいて。基本的に段取りと作るのは私がやっていて，後かたづけはほとんど彼。
　　　　　　　　　　　　　　　　　　　　　　（J5妻・システムエンジニア）
おかずが一品あると，後はこれとこれと，後はご飯炊けばいいみたいなことが，一応設計図がかけますよね，そこができないのが困っているんで。
　　　　　　　　　　　　　　　　　　　　　　　　　　　　　　　（J5夫）

　J3においても，授乳以外の育児と掃除・洗濯・食事を夫が100％担当していると言うが，子どもの洋服を管理するのはなぜか妻だと言う。

　▶でも，（子どもの）洋服はよく把握していない。　　　　（J3夫・無職）
　洋服は，私だね。　　　　　　　　　　　　　　　　　（J3妻・助産師）

③妻が家にいると家事は妻に流れる
　平等主義の家族においても検証されたように，家事とは自然に女性カテゴリーに吸い寄せられるようなジェンダーのベクトルを内在させている。
　J3では，妻の産休中すでに夫は退職して育児専念の態勢であったが，それ

でも妻が家事・育児の中心だったという。

▶産休中は，私がメインでやっていたけれど，今は，彼がもうメインでやってくれている。
（J3妻・助産師）

J13でも，妻が家にいるととたんに分担が変わる。

▶両方居る日は，要するに同じように両方とも仕事がない日というのは，「作ってよー」ってなるんですね。私が仕事から帰ってきて，（彼が）バイトがなくて居たりすると，彼が作るんですが。私が帰ってきて疲れているのに，あぁ，ご飯作らなきゃというふうにはならない（から，助かる）。
（J13妻・出版社編集者）

　このように詳しく話を聞いていくと，男性が担えない女性領域が残っていたり，また妻の方に余力がある時は，とたんに家事は常に妻の方へと流れていく傾向があることがわかる。以上の分析から仮に基本的な性役割が逆転しても，非常に細かい日常生活の隅々で，常に男女の分担をジェンダー化するベクトルが働いていると言えよう。
　このことは女性に無償のケアワークを通じて自己実現させる社会的水路づけの強さを示している。このようにジェンダー化された社会規範の磁場の上で，役割逆転タイプのカップルも生きているのである。

第 6 章

女性の二重役割タイプ

　本章では，共に職業を持ち育児はある程度シェアしているものの，家事分担については女性に偏っているカップルについてより詳しく分析しよう。

　このタイプは今日よくあるケースのように思われる。育児期の女性の就労が進んでいくとき，職業と家庭の両立問題はまず女性の問題として考えられたが，やがて男性の問題としても捉えられるようになり，男性の育児遂行，家事遂行が問われるようになる。そうした移行期において，このタイプは必ず登場する。その意味で移行期の類型である。

　同じように働いているのに家事育児負担が大きければ，女性のストレスは高まるのではないかと思われるが，どのようにして折り合いをつけているのだろうか。不平等な家事分担を成り立たせているものは何だろうか。さらにこのタイプを貫いているジェンダー秩序は，どんな性質を持っているのだろうか。

1　典型的な「女性の二重役割」タイプのプロフィール

　本調査の協力者の中でこのタイプに分類されたカップルは18例あり，多様な職業階層的背景を持っていた。各国2例ずつ典型的な事例を紹介する。

(J 4)

　住まいは神奈川県郊外の閑静な住宅地にあり，新築の二階家だった。二人は共に中学校の国語教諭（妻40歳）と数学教諭（夫43歳）で，仕事の責任も収入も同等である。9歳（小学校4年）と6歳（小学校1年）の男の子があり，下の子どもは学童保育にやっている。近くに夫の両親も住んでおり，親が帰るまで子どもを見てくれる。

1 典型的な「女性の二重役割」タイプのプロフィール

夕食後の時間に訪問しお座敷に通されたが，お茶菓子の接待をしてくれたり，時折子どもたちが何やかやと頼み事を持ってくると中座するのは妻であった。妻はかいがいしく家の中を整え，夫は朗らかで面倒見がよい，典型的な日本の良き家庭の雰囲気がある。

仕事時間・通勤時間（往復）・家事時間の記入を見ると，妻は仕事9時間＋通勤40分＋家事3時間＝計12時間40分，夫は仕事11時間＋通勤30分＋家事0.5時間＝計12時間となり，総労働時間は妻の方が長い。毎日の家事分担は，妻が買い物・食事・洗濯しかけ，夫が皿を食洗機に入れることと洗濯干し，週末に二人で掃除する。夫も家事は「断然，妻の方が多い」と認めていて，「女房なんか，朝4〜5時に起きて，仕事して，それから弁当作って。女房の方がはるかに……女房には頭が上がりません」と言う。妻はストレスはあるが，「もうちょっとやってよ，みたいな反面，あーでも気持ちよくやってくれるな，みたいなところもあって」気持ちのバランスを取っていると言う。

育児については「半々で，ほんとによくやってもらった」と妻も評価している。夫は汚いことを厭わずオムツ換えや戻したものの始末なども上手く，夫妻は子どもの病気の時も休める方が休むという緊密な連携を取ってきた。仕事の責任は果たすが，仕事一辺倒ではなく互いにバランスを取っている。妻も育児休業の一年間で自分は専業主婦向きではなく，職業と家庭と両方が必要だと感じている。

ただ二人は〈平等〉を追求しない。家事の不平等や夜の飲み会への外出頻度の落差を抱えつつ，あたたかい家庭という絆で納得し合っている。

J9

住まいは神奈川県郊外の閑静な住宅地で，狭いがモダンなアパートであった。妻（36歳）も夫（35歳）もともに大学院で薬学修士を取得し，それぞれ別の製薬会社の研究所で働いていた。しかし妻は，子どもを産んで遠距離通勤をしながら研究職を続けるのは難しいと判断し，単なる調剤の仕事をする近所の薬局の薬剤師に転職し，それから子どもを持った。研究職を続けられなかったことについては少し悔いも残っている。女の子が二人（4歳と1歳）いて，朝7：30から夜8：00まで夕食の出る保育園に預けている。

第6章　女性の二重役割タイプ

夫妻とも労働時間が長く，妻は勤務10時間＋通勤40分＋家事1.5時間＝計12時間10分，夫は勤務10時間＋通勤200分＋家事0.5時間＝計13時間10分である。平日は妻が保育園に子どもを迎えに行って，買い物をして大人の分の料理を作り，子どもを風呂に入れて寝かしつけ，洗濯を仕掛ける。そのうちに夫が帰宅し共に食事して，夫が洗濯干しと夕食の後かたづけをする。妻は時間に余裕がなく，しょっちゅう「小爆発」を起こす。土曜日だけは，休みの夫が1日家事・育児をするので，妻は気楽に仕事に出かけられる。「この土曜がないと，子どもは父親に触れる時間がほとんどない」（妻）と言う。

妻の職場は小規模薬局で代替要員がいないため，育児休業も看護休暇も取りにくい。条件さえ整えば育児休業は取りたかったが，家にいたいわけではない。退職して専業主婦になったら「それはもう3日と保たないっていうこともわかっている」。ただ忙しすぎるので少しゆとりがほしい。他方夫の職場は，成果主義の研究職なので，実験の手はずさえ狂わなければ休みは比較的問題なく取れる。だから子どもの病気には父親が休みを取ることが多い。が，育児休業を長期に取得したいとは思わない。それほど子ども好きではないと言う。双方の老親は遠方に住んでいるため，全く援助は仰げない。きめ細やかに育児支援をしてくれる長時間保育園が良くて手放せないと言う。

二人とも仕事に責任は持つが「仕事人間」ではなく，特に夫はスキーやレース，楽器など多趣味である。「もう，合い言葉は，はやく子育て終わりにして，二人で好きなことしよう」だそうだ。

F 3

パリの古いアパルトマンを夜8時という指定時間に訪問した。妻（31歳）は弁護士，夫（36歳）はグランゼコール卒業生で大企業の経営に携わっている。こうしたキャリアから想像されがちなバリバリのイメージとは正反対に，繊細でやさしさにあふれた癒し系のカップルであった。

子どもは3人（6歳，3歳，1歳）いて，それぞれ小学校，保育学校，在宅で保育者雇用という形で育てている。それぞれの老親は遠く地方の都市や村に住んでおり，バカンスの時に2週間ぐらい子どもたちを送るほかは育児援助を得ることはできない。

1 典型的な「女性の二重役割」タイプのプロフィール

　育児は何でもシェアできる。着替えも，オムツ換えも，食事の世話も，寝かせる前にお話を読んで聞かせることも，すべて二人で臨機応変にする。ただ遊ばせるのに，夫が外でスポーツ，妻が家の中の遊びという違いがある。家事は掃除については家政婦に任せ，洗濯は妻であるが，食事の支度については子どもの食事は妻，大人の食事は夫というように分担している。

　大きく違うのは仕事の仕方である。夫は大企業管理職なので仕事量がとても多い。際限ない残業はしないが，月曜日から金曜日まで1日10時間，夜7時過ぎまで働くという拘束は，子どもが病気でも何でも家庭の事情によって動くことはない。その代わり帰宅後の夜間と週末は家庭に仕事を持ち込まずに，家族のために充分な時間を使っている。

　妻は自由業であることも手伝って，育児との関係で非常に柔軟に仕事の仕方を変えてきた。3番目が生まれたとき1年の育児休業を取り，その後はパートタイムで仕事している。月火木金は午後4時半に仕事を切り上げて，子どもを小学校と保育学校に迎えに行き，午後9時半に子どもが寝た後，夜中の1～2時ごろまで持ち帰った仕事をする。水曜日は子どもの学校が休みなので，仕事を休みにしている。土曜日は夫が休みで育児をしてくれる間に自宅で少し仕事ができる。子どもが病気になれば，彼女が仕事を調整する。2番目の子どもが生まれたとき産休明けから保育園に入れたが，まず登録が大変であったうえに，しょっちゅう熱を出して母親の職場に保育園から呼び出しの電話が入り，仕事を中断して迎えに行かなければならなかった。そこで3番目の子どもは保育園に入れずに自宅に保育者を雇っている。

　妻は子どもの相手を充分にしてやれないと「良い母親ではない」という「罪悪感」を持っている。それを消し去るために仕事の時間を減らしてきた。しかしこれ以上仕事時間を減らすと，逆に育児に囚われているというイライラに陥ってしまう。現在の仕事と家庭のバランスは，過去の経験をふまえた自分にとっての最適値であると言う。

　彼らの1日の生活にはゆとりがある。夕方6時に子どもに食事をさせ，その後子どもを遊ばせながら大人も食事をし，家族で団欒のひとときを持つ。9時になると子どもたちを寝室に連れて行き，それぞれにお話を読んであげて9時半にはおやすみなさいの挨拶をする。フランスでは寝る前に親からお話を読ん

でもらうということが，子どもにとって大切な時間と考えられている。その後は大人だけの時間で，夫婦でお茶をしたり，音楽を聴いたりすることもできる。

F 5

　ブルゴーニュの村に小麦を生産している農家を訪ねた。広々とした農地が展開している見晴らしのよい丘の上に10年前に建てたというきれいで立派な家があった。フランスは豊かな農業国であることが思い起こされる。立派な居間，洒落たガラス張りのドア，モダンなダイニングキッチン，きれいな寝室と浴室，二階には至れり尽くせりの子ども部屋，そして地下に農場主の書斎と物置，洗濯室などがある。

　妻（36歳）は公務員で，毎日8時間勤務している。夫（38歳）は小麦農場経営主で，夏は忙しいが，家畜を飼っていないので他の季節はそれほど忙しくはない。子どもは9歳と6歳で小学校に通い，放課後は近くに住む夫の両親に世話をしてもらっている。だから保育園や保育アシスタントの心配をする必要がない。

　家事については掃除は家政婦を雇い，買い物，食事の支度，洗濯は，もっぱら妻がする。夫は家のメンテナンスと，ときどき昼食の準備をする程度である。育児についてはしつけと学校の保護者会への出席は二人でするが，病院に子どもを昼間連れて行くのは，時間の融通が利く夫である。家事・育児ともに妻が中心であるが，妻が家にいないときは，夫が必要なことをすべて行う。基本的に父親は権威を持ち，子どもを遊ばせ，母親は子どもの世話をしたり甘やかせたりするものと考えている。

　このような生活を二人は「平等だ」と思っている。それぞれが経済的に自立し，異なる職業生活上の体験を互いに語り合うことができ，安定した家族を営んでいる。妻は育児休業給付金が低いので，育児休業は取らなかった。夫もその両親も彼女が仕事を続けることを尊重している。彼らにとって，家事の不平等な分担は問題にならない。

S 7

　訪ね当てた住まいはストックホルム近郊の洒落た住宅街で，駅前の店舗上階

1 典型的な「女性の二重役割」タイプのプロフィール

の古いアパートであった。学校，保育園，スポーツセンター，スーパーマーケット，郵便局と，大抵のものがすぐそばにあり，とても便利そうなところである。しかし招じ入れられたアパート内部は，窓辺のカーテンが一部外れてぶら下がり，居間のランプが割れていて，壁も塗装されておらず，いかにも改修中の雰囲気であった。実際夫妻は非常に忙しく，アパートをきれいに整える時間がないので，インテリアには目をつぶってストレスをためないようにしていると朗らかに笑った。

妻（37歳）は土壌科学の博士号を持つ研究者で研究所勤務，夫（38歳）は，機械工学の修士号を持つ情報機器の大企業管理職である。二人とも好きな仕事でよく海外出張に出るし，労働時間も長い（妻8.5時間，夫9時間）。元気のよい妻のリーダーシップの下で，おとなしそうな夫がよく協力し，家庭が切り回されている。子どもは9歳と5歳で，それぞれ小学校（＋学童保育）と保育園に通っている。老親は離れて住んでおり，いざというときは援助を頼めるが，普段は二人で綱渡りをしている。子どもが病気の時，それぞれが外せない会議などを考慮して，昼食時にバトンタッチということもあった。

家事は妻が中心になって計画・実行する。掃除や洗濯は主として妻，買い物は一緒に行き，料理は早く帰宅した方がつくる。子どもの稽古事やスポーツの送迎は，主として夫がしている。1日の家事時間は妻が3.5時間，夫が1.5時間であり，妻の総労働時間は12時間にもなる。あまり忙しいので妻は，家政婦を雇って掃除を頼みたいと思うが，スウェーデンではそういうやり方は社会的によく見られないのと，「誰かが来るときは部屋を掃除するように育てられ教育されているので，掃除のために人が来るとき，その前に掃除しなければと思ってしまう」などの理由で，躊躇している。

育児休業は第1子については，当時大学勤務だった妻が6ヵ月取り，続いて夫が週に4日の休暇を4〜5ヵ月取得，その後半分ずつ交代で4〜5ヵ月取った。1歳半からは週に3日保育ママさんに預け，後の3日は妻が家でみた。3歳から保育園に入れた。このとき妻は「自分がもっと家にいたいと感じた」ので，第2子の時は1年半の育休をまとめて自分でとり，夫には週1日の休暇を5ヵ月間とってもらった。

妻は家庭のもろもろを計画するのは「女性の本能」であると言う。「子ども

第6章　女性の二重役割タイプ

がどこにいるか知りたい」し,「家族を組織する部分は女性」で,「全部チェックしないと」いられない。その指揮下で夫は「いつも走り回っている」。

S8

　地方の労働者家族に会うため通訳者と一緒に遠出した。ストックホルムから電車で南へ1時間ほど行き,さらにどこまでも広がる森と畑の間を車で30分ほど走り抜けてようやく辿り着いたお宅は,隣家の全く見えない森の中の一軒家で夜になると漆黒の闇に包まれる。家の外壁には薪が山と積まれ,冬支度が進んでいる。そして一歩家の中に足を踏み入れると,すばらしい家具一式が整った居間に驚かされた。S7の高学歴カップルの「改修中」の居間と較べて,輝くほど美しく整えられている。手作りの美味しいケーキとお茶をごちそうになった。彼らは生活のために共働きをしていて,この家も借家であり決して豊かではないが,家庭生活をよくすることに力を注いでいる。

　妻（30歳）は高卒,老人ホームの准看護師で,毎日8時間働いている。夫（30歳）も2年制の技術高校を出て,車で片道1時間のところにある工場で板金工・溶接工として毎日8時間働いている。収入も同じ,家事時間も同じ2.5時間であるが,家事分担は伝統的である。掃除・洗濯・買い物・食事作りのすべてを妻が行い,夫は妻が遅番で居ないときは簡単な食事を作るが,基本的には外回りの枝おろしや薪割などを分担している。二人にとって父親と母親の役割は少し違う。父親は権威を持つと考えている。

　子どもは6歳と3歳でそれぞれ小学校（＋学童保育）と保育園に通っている。第1子の時は,妻が12ヵ月の育児休業をすべて取った。当時は夫の会社が忙しくてとても休むどころではなかった。第2子の時は妻が11ヵ月,夫が1ヵ月取得した。ちょうど夫の会社が不景気で仕事量が減っていて育休が取りやすく,「パパ月」の制度も導入されたばかりだった。続けて夏のバカンスになったので,8週間職場を離れた。夫が育休で家にいて妻が仕事に出ていたとき,周りからは大丈夫かと心配されたが,夫は「子どもにすごく近づいた気がする。それまでと違った形で子どもたちのことを学ぶことができた」,妻も「とてもポジティヴに感じました」と評価している。だが育児休業を半分ずつ取るようなことは考えられない。

困ることとしては，税金や保育料が高く「親保険の給付が80％しかないので，育児休業中は経済的に困る」ことが挙げられた。

2　不平等な家事分担の正当化

以上の事例でみてきたように，このタイプでは家事時間が不平等であったり，同じ時間を使っていても内容がジェンダー・ステレオタイプに偏っているということは二人の間であまり問題になっていない。中には積極的に「平等だ」と語った事例もある。

カップルは何によって互いに許容し，どのようにしてジェンダー秩序を正当化しているのだろうか。語りの中から探っていこう。

①夫の育児遂行による埋め合わせ

妻たちは，よその家庭と較べて夫が育児に積極的に関わっていることを高く評価しており，そのことが家事時間の明らかな不平等を埋め合わせている。

J4（夫妻ともに中学校教員）は，夫の妻に対する家事依存度がとても高い（H.D.＝0.71）が，次のように語る。

▶でも，育児は半々でしたね。風呂はほとんど私が入れました。　　（J4夫）
ほんとに，よくやってもらった。オムツもおしっこも何も問わずにすべてやりましたね。　　（J4妻）
ああ，やったなぁ。楽しかった。　　（J4夫）
（子どもが）戻したものの始末なんかも上手なんですよ（笑）。　　（J4妻）
宴会で慣れてますから（笑）。　　（J4夫）
だから，いろいろ言いながら，いやなところはうまく押しつけてやらせちゃったかなぁと。　　（J4妻）

J16（夫妻ともに高校教員，妻は育児休業中 H.D.＝0.43）も，夫の育児参加を高く評価している。

▶家事の分担というよりは，子どもの面倒をとにかくすごく良く見てくれる

人なんですね。ほんとにもう，子どもにはとことんつきあってくれるっていう感じなので，その間に私が家事をやるっていう感じで。家はもう，それも家事の中に，うん，私は入り込んでいるような気が。……ええ，だいぶ片目をつぶりつつ，時々，爆発してる（笑）……（育児はオムツもミルクも何でもやるけれど）お風呂だけは私ですね。生まれたての子どもをお風呂に入れるのが怖いって。　　　　　　　　　　　　　　　　　　　　　　　　　（J16妻）

受け取って拭いて着せてミルクを飲ませてっていうのは僕が。　　　（J16夫）

もう安心して任せられるので，私はその後ゆっくりお風呂に入れるので……私は結構良い思いをしていると思っているんですけど。……もう全部。寝間着からオムツから，自分で全部ちゃんと，私が入る前にやるんじゃなくて，入ってから全部ちゃんとやって，ミルクもちゃんと冷まして用意しといてくれて，準備万端整えて待っててくれる。　　　　　　　　　　　　　（J16妻）

F2（妻は大学院生，夫は企業管理職）では，夫は食後の皿洗いと週末に少し家事をする程度（H.D.＝0.33）だが，妻は夫が子どものために早く帰宅し，子どもをしつけることにとても満足している。

▶朝9時から（仕事を始めて）夜7時半に帰る生活です。　　　　　（F2夫）

彼は同じ仕事をしている友人たちよりずっと早く帰るわ。一般的にはもっと遅いのが普通。　　　　　　　　　　　　　　　　　　　　　　　（F2妻）

僕は9時に帰るという選択肢もあるが，てきぱきと仕事をこなして早く帰るようにしている。娘は9時に寝るから，僕が7時半に帰れば一時間半会うことができる。……僕は父親の方が少し権威を持つべきだと思っている。権威とは，ルールを尊重するということ。僕は子どもがルールを尊重するようにし向けたい。……僕は子どもが言うことを理解しないとき，少しはっきりさせたり，きっぱりさせるようにする。物理的な暴力でも言葉の暴力でもなく，説明してあげて，理由をはっきりさせて，ルールは尊重しなければならないと教える。それでも守らなければサンクションを与える。ちょっとたたく。それは自然に母親より父親がすることだと思う。彼女が設定したルールを守らせるのは僕なんだ。　　　　　　　　　　　　　　　　　　　　（F2夫）

そう。それは私にとってすごく快適です。　　　　　　　　　　　（F 2 妻）

　S 7（妻は団体研究職，夫は企業管理職，H. D.＝0.40）および S 12（妻は公務員，夫はシステムエンジニアでマリ出身，H.D.＝0.6）においても，夫の育児は高く評価される。

▶彼はとても献身的な父親でした。仕事が忙しく遅くなるときでも，一度家に帰ってきて夕食を共にする。そして，子どもの送り迎えもよくしてくれました。　　　　　　　　　　　　　　　　　　　　　　　　　　　（S 7 妻）
▶私の方が掃除は上手いと思っていたから，ほんとにそうかどうかわからないけれど，彼に子どもを外に連れ出してもらって私が掃除する。子どもがいたら掃除できないもの。私たちはいつもこのようにやっているの。でも，これは，彼が何もしていなくて，全部私がやっているということを意味しているのではなくて，彼は子どもと外で多くの時間を過ごしてくれる。（S 12 妻）

②相補性
　このタイプのカップルの語りには，しばしば「相補性」という言葉が登場する。夫と妻は互いに補い合うものであり，折半という意味での「平等」は却下される。
　F 11（妻は高等予備校教員，夫は企業技術者）は，日本の常識から見ると特殊な例であるが，フランスでは特に驚くには当たらない事例である。夫婦共に高学歴エリートで子どもが 4 人もいる。さらに 5 人目も計画している。双方とも仕事時間が長いうえに，妻が週に 3 日は任地に単身ホテル住まいしているため，家政婦と子守りを雇っており，残された家事・育児の総量が少ない。その上で家事量の差（H. D.＝0.33）は，「相補性」という考え方と「夫の育児遂行」で帳消しにされる。

▶私たちは互いに平等（égale）であろうとしたことはない。自然に役割が決まってきた。　　　　　　　　　　　　　　　　　　　　　　　　（F 11 夫）
それは相補的（complimentaire）。　　　　　　　　　　　　　（F 11 妻）

第6章　女性の二重役割タイプ

彼女はとても理解がある。<u>家事の折半ではない</u>。彼女は何かをして，私は別なことをする。このようにして物事は落ち着いてきた。平等の追求はなかった。
(F11夫)

料理は私しかしない。<u>私は料理が好き。彼は庭のことが好き</u>。そんな感じよ。……彼は本当に良い父親で，子どもたちをフォンテンブローに連れて行ったり，映画やスポーツ，子供用の劇場などに連れて行く。だから私は，むしろ週末に静かに（家で授業の準備など）仕事できる。彼は，ウィークデイにはあまり家庭のことをできないけれど，<u>週末に沢山子どもと関わる</u>。(F11妻)

F15夫妻（妻はTVプロデューサー，夫は演出家，H.D.=0.60）も，「相補性」を語っている。

▶たとえカップルは不平等であっても，父親は男であり母親は女であるから，異なる価値，社会性，進み方，自己管理を伝える。<u>相補的 (complimentaire)</u>だと思う。父親は男性性を娘に伝え，母親は女性性を息子に伝える。
(F15妻)

私は彼女よりも出張していることが多いので，何もできないことがある。
(F15夫)

私たち女性は，長い間，世代から世代へと互いに助け合う習慣を身につけてきた。私にとっては，リスクの時に何とかするのは（男性よりも）ずっとたやすい。思い出すのは，たとえば2ヵ月前に，私は朝とてもはやい飛行機で出かけたのだけれど，息子が熱を出していて夫は仕事があった。空港から私が友達に電話して来てもらい，何とかした。こういう事は典型的に女性的なこと。そういうときに，男の人は友人に赤ん坊の世話に来てほしいと電話することができない。男の人は，熱のある子どものそばに3時間もついているということはできない。その点で不平等 (inégalite)。たとえ父親が子どもの世話をするようになったとは言っても。私はそれは<u>基本的な差異</u>だと思う。
(F15妻)

以上の語りから，「相補性」の前提に「性別特性」があることが理解される。

2 不平等な家事分担の正当化

③性別特性

　夫の家事参加が進み，家事労働時間の差が小さくなっても，その分担内容が固定的である場合，「性別特性」が語られる。

　Ｓ４（妻は組合秘書，夫は警察官）では，家事時間は妻がやや多い（H.D.＝0.14）程度だが，内容が性別に偏っている。しかし当事者にとってはそれが自然で快適なのである。

▶ (家事は) 60％妻だよ (笑)。妻が居ないときは何でもやるけれども，掃除，洗濯，料理は基本的に妻がやるのに協力する。食事の後かたづけは自分。買い物は妻がリストをつくり，私が週に一度車で遠方の大スーパーで買う。妻は車の運転ができないし。　　　　　　　　　　　　　　　　　　（Ｓ４夫）
私は主に家庭の管理をしている。子どもの諸々のこと。洗濯のタイミング。
　　　　　　　　　　　　　　　　　　　　　　　　　　　　　　　（Ｓ４妻）
私たちは沢山のことを一緒にするけれども，<u>異なる機能も果たしている</u>。母親は女性に固有のことに関わるし，父親は男性のことに関わる。　（Ｓ４夫）

　相手がいないときに肩代わり可能であれば不便はないであろうし，家事時間が平等であれば非難すべきことでもない。しかし性によって役割を固定化して考えるのは，ジェンダー秩序の作動と見ることができる。

④愛情関係に平等は不要

　「相補性」と「性別特性」が美化されるのは，「愛情関係」という装置である。例えばＦ１（妻は中学校教員，夫は失業して高額アルバイト）では，夫は妻がいないときに家事をする（H.D.＝0.33）だけなのだが，それは不平等とは捉えられていない。

▶ 両性の平等とは，教育や職業生活における問題。……家族においても社会においても社会的価値の問題だと思う。女性は男性と平等でありたいと願う。なぜなら，男性のやることは価値づけられているから。でも，我々の所では平等問題は解決されていると思う。なぜなら，彼女が居ないときはすべての家事育児を僕がやるから，我が家では「女の仕事」というものがない。だか

ら平等問題は起こらない。（F1夫）
私は男と平等になりたいなんて全然思わない（笑）。そういう問題にとても敏感で，男と平等になりたい女性たちが居るけれども。（F1妻）
問題は社会の中にある。社会の中で女性が男性と平等でありたいというのはもっともだ。家庭の中で夫に抑圧されているときは，女性が男女平等を要求するのは妥当だ。でも，そういう抑圧がないときは。（F1夫）
<u>友愛的な関係においては，男女平等を要求する必要がありません。</u>（F1妻）

⑤ハビトゥス

「相補性」と「性別特性」を維持するもう一つの装置は，「ハビトゥス」である。私たちは習慣化され身体化された性別家事役割を当たり前だと思って疑わない。ただ妻の負担が大きいケースでは緊張を引き起こし，自覚化される。

F14（妻は美容師，夫は食堂サービス係，E.D.＝-0.40，H.D.＝0.74）では，家事分担をめぐる緊張が絶えない。それを夫はハビトゥスの問題として考えている。しかし妻が主な稼ぎ手として1日9時間働いているので，家庭の平和のためには夫が変わらなければならないとの認識を二人とも持っている。

▶僕は週に最大1時間ぐらいしかしない。後の家事は妻がする。……僕は，掃除機をかけたり埃を払ったり，風呂場を掃除したり。他のことは何もしない。（F14夫）
彼の側からすれば何もしないのが自然。（彼が週に）1時間（しかしないこと）に対して，私は強くぶつぶつ言う。私はもうすこし彼がやってくれることを期待する。こんな感じで，（私にとっては）自然ではないわ。（F14妻）
彼女は（家事を）沢山やっていて，僕にもっとやるように要求する。（F14夫）
Q：どうしてもっと沢山やれないのですか。（聞き手）
うーん，<u>教育の問題</u>かな。<u>僕は慣れていない。</u>僕はスペイン移民家族で育った。<u>僕の生家では男の子はあまり手伝いをさせられなかった。</u>……しかし，僕は自分がだんだんやれるようになると思う。今は不十分でも。……3年後には，きっと全部僕がやっているさ，わはは。（F14夫）
わはは。私は家事をやめるわ。（F14妻）

Q:今までの3年間に家事参加は高まってきたというわけですね。(聞き手)
本当に少しずつだった。掃除機をかけるようになり，埃を払うようになり，すべてそんな調子。我々は今までに3回も引っ越した。その都度，僕は家のことに参加するようになった。
(F14夫)

⑥男性の仕事は優先される

多くのカップルが夫は妻が家にいないときは，ほとんどの家事を肩代わりすると言っている。しかし妻は夫が家にいないときに「家事を肩代わりする」とは言わない。つまり，妻が家にいれば妻が家事をするのが自然であるという暗黙の前提がある。そして育児休業との関わりで言えば，妻が優先的に長く育児休業を取り，夫は仕事を優先して短い育児休業しか取らないところから，結果として家事は妻が多く担うことになる。

▶今は私が(育児休業中で)家にいて，彼は家にいないから，私がやっていますけれど，状況次第で変わりますし，交代可能です。特に，私に残業があるときは，彼がすべてやりますから，私たちはフィフティ・フィフティですね。
(S1妻・看護師)
(自分に)残業がないときは分かち合うけれど……海外出張の時は，どのみち僕はいないのだから何もできない。……現実には，計画の問題だよ。(妻の育児休業中は)何も心配せずに仕事の計画が立てられたが，(妻の職場復帰後は)妻のスケジュールを見て計画しなければならない。
(S1夫・企業管理職)
Q:育児休業はどのように取りましたか。(聞き手)
どの子の時も，10日間の出産時父親休暇は取りました。育児休業は，第1子の時は3〜4ヵ月取りました。第2子の時は，パパの1ヵ月をバカンスと重ねて取りました。(第2子の時に長く取らなかったのは，)8ヵ月前に仕事が変わり，今はとても<u>責任が重いから</u>です。(S1夫)
それにお金の問題が大きいわ。私より彼の方がずっと沢山稼ぐから。
(S1妻)

最後の一言で，家計収入最大化のために家族の戦略としても夫の仕事が優先されていることがわかるが，男性にとって家庭責任は，仕事が許容する範囲で果たすものという前提が読み取れる。

以上，共働きにもかかわらず不平等な家事分担は，①世間平均に較べて高いと思われる夫の育児遂行によって心理的に埋め合わされ，さらに②「相補性」と③「性別特性」という考え方によって正当化されている。また④「ハビトゥス」や⑤「愛情関係」ゆえに問題化もしにくい。これらの背後には⑥男性の仕事は優先されるというジェンダー秩序がある。

3 妻の断念と抱え込み

ジェンダー秩序は男女双方に作動している。このタイプの妻に特徴的な思考を抽出していこう。

①妻の家事・育児の抱え込み

このタイプの妻はどこかに家事・育児の中心は自分という意識を持っており，夫が家事・育児をもっとやってくれたらと感じる瞬間はあっても，家事折半を要請したり，夫にもっと育児休業を取ってもらいたいとまでは考えていない。

▶私が主導権を握って，何か自分でやらないと気が済まないというのも，たぶんどこかにあるんだと思うんですけれどね，そんなのも手伝っちゃって。……（父親の育児休業についても）代替はつくんだから，制度的にはできる。……でも，私なんかは，一年間ばっちり取って母親やりたいっていう気持ちで，逆に取らせないんじゃないかと思うんですね。　　（J 4妻・中学校教員）

▶育休は，夫に取ってもらいたいとは思わない。自分の職場の条件が整えば，自分が取りたい。　　　　　　　　　　　　　　　　　　（J 9妻・薬剤師）

▶（育児休業について）何かで話したこともあったんですけれど，そしたら，やっぱり食事の世話ができないから，だから，僕は考えられないって。だから，なるほどなーって。ただの食事じゃなくて離乳食ですから，やっぱり考えられない。　　　　　　　　　　　　　　　　（J 16妻・高校教員，育休中）

▶私は長く母乳をやっていたから，母親が育児休暇を取るのが（自然）。

3 妻の断念と抱え込み

(S11妻・学生)
▶第1子の育児から，私は自分がもっと家にいたいと感じた。……私はパートタイムで働きたい。子どものために。……女性の本能ね。（家庭内のことを自分で）計画したい。子どもがどこにいるか知りたい。家族を組織する部分は女性。私は，洗濯機が回っているか，全部チェックしないと外に出られない。
(S 7妻・団体研究職)
▶私は，もっと子どもと一緒の時を過ごしたい……働くことはいいけれど，長時間ではない方がいい。　　　　　　　　　　　　　　　(S12妻・公務員)
▶食事作りは楽しい。掃除洗濯は特に楽しいとは思わないけれど。でも，やっぱり，しなければいけないことだから。　　　　　　(S 8妻・准看護師)
▶ほとんど毎晩（私が料理する）。私は料理が好きだし，彼の料理より本当に上手いし。もし，ある日，私が疲れていて料理できないというときは，みんながピザを温めるとか，あるいはクロックムッシューを作るとか，クレープとか，とてもよくやるわ。　　　　　　　　　　（F15妻・TVプロデューサー）
▶そういうものだと思う。（家事を）あまりやってもらいたいとは考えない。
(J14妻・自営印章業事務)

　このように妻の側が家事・育児を抱え込んで夫に要求しなければ，共働きであっても平等主義への移行は生じない。
②妻の断念
　妻が家事の中心であり，かつフルに仕事もするという負担の多い状況では，妻は自分のやりたいことをする時間的ゆとりがない。
　既に事例紹介したように，J 9は夫妻とも薬学修士で夫は製薬会社の研究職を続けているが，妻は出産の前に育児と両立させるために研究職を辞めて，近所の薬局の薬剤師に転職した。この「断念」はときおり苦く思い起こされる。

▶基本的に私は，なんか薬剤師はあまりやりたくなかった人なんですよ……やっぱり同じ研究とかをしていたので，できればそういうところに身を置いていたかったと言うのが常にあって……だからね，そういう被害者意識があるんですよ，どこかに。研究のために今忙しいからって言われると，それは

第 6 章　女性の二重役割タイプ

非常に良くわかるんですよ。途中で切れないとか，今日はどうしても前の日にこうやっちゃったからできないというのは非常に良くわかるんで，そういう意味での理解度は高い……だから自分が行かれない分，せめて（夫には）そういう世界にいてほしい。ただ会社で同期の女性でやっぱり働いている方とかいらっしゃるので，そういうのを聞くと，<u>あぁ，もうちょっと，もしかしたら頑張れたかなーって</u>。　　　　　　　　　　　　　　（J9妻・薬剤師）

ところが，夫の方は研究職を続けつつ多趣味で，休日にはスキー，楽器，車，サッカーなどに熱中することができる。

▶レースの大会とかに，私らを置いて，かっ飛んで行ってしまうんですよ。まあ，日々のこともあるので，たまには良しとしなければならない。
　　　　　　　　　　　　　　　　　　　　　　　　　　　　　（J9妻）

J4も共に中学校教員であるが，夜のつきあいの自由度はアンバランスである。夫は子どもがいるからといって夜のつきあいを断念しないが，妻ははじめから断念している。そのうえで，たまには気晴らしもさせてもらっている。

▶私の方が女房より遙かに多いんですよ。週に1回，へたすると2～3回。
　　　　　　　　　　　　　　　　　　　　　　　　　　　　　（J4夫）
月1ぐらいは，……もう堂々と出してもらっている。　　　　　（J4妻）

J16は，ともに高校教員で育児期は自分のやりたいことをお互いにセーブしている。夫はクラブ活動に本腰を入れてチームを強くしたいのだが，休日まで練習をフルに入れると子どもと関われなくなってしまうので，今はおさえている。妻ももっと仕事に関わる本を読んだり，好きな書道を追求したいと思うのだが，とてもその余裕がない。

▶やっぱりこう，ありますよね。<u>葛藤</u>がね。何かそれをやりたいと思いながら，それができないという……<u>お母さんだから我慢しなきゃ</u>というのは，や

っぱりすごく自分の中にこびりついたものが……こんな時期だからこそ，根詰めて書道やりたいなと思うんだけれども……ちょっとためらう。（J16妻）

F2は，妻が大学院生で夫は企業管理職である。

▶私にとって，子どもの誕生は生活のリズムをすっかり変えることになった。それは大変だった。　　　　　　　　　　　　　　　　　　　　　（F2妻）

以上，このタイプの妻は一種の断念を伴いつつ，自分のやりたいことよりも家事・育児を優先する生活スタイルを選び，それを楽しもうとしている。

4　外部サポートによる緊張緩和

カップル間の分担だけを見ると妻のストレスが懸念されるが，実際にはこのタイプのカップルは外部サポートをふんだんに利用することによって，緊張を和らげている。

表6-1は，このタイプの事例の外部資源利用一覧である。

国によって動員できる外部資源の枠組が違うが，どのケースでもこれらの社会的支援がなければ潜在的な緊張は噴出するであろう。

本章では，「女性の二重役割」タイプのなかで作動しているジェンダー秩序を，語りの中から抽出してきた。カップルがともにフルタイムで就労していても，夫には仕事を優先するように，妻には家事・育児を優先するようにと，ジェンダー秩序のベクトルは働きかける。家事時間の不平等については，相対的に高い夫の育児遂行が妻の気持ちをなだめ，また家事内容の偏りは，性別特性に基づく相補性という考え方によって正当化されていた。妻の側も，時に家事を囲い込み，愛情の名の下にみずから二重役割を背負おうとする。このようなジェンダー秩序は，ハビトゥスとなるとなかなか問題化しにくい。さらに妻がフルタイムの学生・大学院生であり，たとえ抱えている研究課題が沢山あって仕事しているのと同じ状況であっても，アルバイトや奨学金だけでは収入が乏しいため，夫に対する経済的依存度が高いケース（F02，S11）もある。

表6-1 「女性の二重役割」タイプにおける外部資源利用

F01	保育アシスタント＋ギャルドリー
F02	小学校＋学童保育＋ベビーシッター，バカンスに田舎の老親宅へ預ける
F03	小学校，保育学校，自宅に保育アシスタント，バカンスに田舎の老親へ，家政婦
F05	小学校＋近くの老親宅，バカンスに遠方の老親宅へ，家政婦
F11	小学校，自宅に子守，近くの老親，家政婦
F14	保育アシスタント，近くの両方の老親
F15	小学校＋学童保育＋ベビーシッター，バカンスに田舎の老親へ，家政婦
J04	小学校＋学童保育＋近くの老親
J09	夕食の出る保育園
J14	夕食の出る保育園，同居の老親
J16	夕食の出る保育園，近くの老親
S01	妻が育児休業中→保育園＋短時間労働
S04	保育園，年上の子ども，近くの老親
S06	小学校＋学童保育
S07	小学校＋学童保育，保育園
S08	小学校＋学童保育，保育園，近くの老親
S11	保育園，近くの老親
S12	小学校＋学童保育，保育園

妻の負担は，多様な保育，親族の援助，家政婦雇用など，豊富な外部資源の動員によって緩和されうる。このタイプにおいては，育児の社会化が女性のエンパワーメントに繋がると同時に，家事分担をめぐるカップル間交渉にブレーキをかける効果も持ちうる。

第7章

男性の二重役割タイプ

　本章では，男性が主な稼ぎ手であり，女性が家事・育児の主要部分を担っているものの，男性もかなり育児に関わっているカップルについて，より詳しく分析する。
　このタイプでは，妻は就労（就学）時間が短く比較的時間の余裕があるが，夫はフルタイム就労に加えて家事・育児にも多少の時間を割いており，ほとんどのカップルにおいて，仕事と家事とを足し合わせた総労働時間は，夫の方が妻より長くなる。こうした不平等は，どのようにして成立しているのだろうか。なぜ，夫たちは育児に積極的に関わっているのか。さらに，このタイプの夫の家事遂行の限界はどこにあるだろうか。男は仕事／女は家庭という基本的な性別分業を温存しながら育児を分かち合っている，カップル間バランスの機制を見ていこう。

1　典型的な「男性の二重役割」タイプのプロフィール

　このタイプは，まず日本のインタビューの中で層を成して見つかった。育児期の女性の就労率は，3ヵ国の中で日本が最も低いので当然であろう。しかし同じようなタイプがスウェーデンでも見つかり，しかもストックホルム大学女性学研究所（現・ジェンダー学研究所）の研究者たちに話したところ，このような事例はスウェーデンでよくあるタイプであるとの証言を得て私は驚いた。まずその事例から紹介しよう。

S2
　ストックホルム近郊の高級住宅地にある，やや古い一戸建ての家を指定され

第7章　男性の二重役割タイプ

た午後8時に訪問した。広い地域に大きな家が静まりかえって点在しており，真っ暗な夜分にとても一人で駅から歩いて目的の家を探せるような所ではなかった。タクシーを頼んで良かったと胸をなで下ろした。さもなければ，途方に暮れていただろう。

妻（31歳）は大卒で，病院のケースワーカーとして1年間フルタイムで働いた後，2人の子どもを2年おきに続けて産み，育児休業を丸4年間取得した後，今，パートタイムの学生をしている。近いうちに3人目を出産して，さらに2年間の育児休業に入る予定である。スウェーデンでは，親保険の受給額を半分にして1年分の育休を2年に引き伸ばすことができ，このような「育休引き伸ばし戦略」はよく使われる。さらに，スピード・プレミアムと呼ばれる制度により，次の子どもを2年6ヵ月以内に出産すれば，前と同じ給付条件（フルタイム就労ベース）を継続できる。彼女は，短期間のパートタイム学生という身分をはさんで，通算6年間，給与の8割の給付の半分を受給しつつ，家で子育てをすることになる。これが日本なら立派な専業主婦である。

夫（33歳）は，経営学修士号を持ち，企業管理職として1日10〜12時間働き，比較的良い収入を得ている。朝7時に家を出て，通勤に往復1時間かかると言うので，家庭のことに手が回らないのではないかと思われたが，夜8時頃には帰宅して子どもの遊び相手を少しするほか，週末に積極的に家事・育児をするという。また毎日，帰りに買い物をして大人の分の食事を作るのは夫の役割になっている。夫は料理が好きで，妻は料理が嫌いなのだそうだ。育児休業は「パパ月」の分を取らないと損なので，バカンスのシーズンに30日取得した。

二人の家事時間は，週日の子どもの世話と掃除・洗濯をすべて妻が行い，夫は買い物と料理をして，共に1時間ずつと記載されている。したがって夫妻の総労働時間は，妻が学業4時間＋家事1時間＝5時間であるのに対して，夫は仕事12時間＋家事1時間＝13時間にものぼり，非常に不均等である。

夫妻の方針は子どもが2歳までは妻が育児休業を取って家で世話し，2歳以降は短時間保育園に通わせる。既に上の2人は保育園に通っているので，あまり手が掛からない。3人の子どもが手を離れたら妻も仕事を再開するつもりである。そうしないと生活はできても，バカンスに家族で旅行したりする資金が捻出できない。

1 典型的な「男性の二重役割」タイプのプロフィール

　夫妻は9年間のサムボ（共同生活）の後，最近結婚（市民婚）した。友人を自宅に招いてケーキを焼いて祝った。双方の親族は近くに住んでおり，互いに助け合っている。

F 8

　ブルゴーニュの田舎町，贅沢ではないがきれいに整えられたお宅を訪問した。現れた妻は，息をのむような美しい人と言ったら失礼かもしれないが，モデルや女優以上に光り輝く印象を与えた。

　妻（27歳）は，職業高校卒でいろいろな仕事を転々としてきたが，今は花屋でパート店員をしている。週日にも少し働くが，主に土曜日と日曜の朝お店に出る。夫（32歳）も職業高校卒で電気とガスの供給に関する情報技術の現場でチーフをしている。共働きしないと生活できない。

　二人は9年間のユニオン・リーブル（共同生活）の後，市民婚をして1年になる。結婚披露にはお金がかかることや宗教的な一致問題の解決に時間がかかり，第1子誕生後に結婚した。2歳の子どもがおり，保育アシスタントのところで世話してもらっている。妻がパート就労では保育園に入れられないが，保育アシスタントの方が融通が利くし家庭的でよいと思っている。3歳からは保育学校がある。子どもは3人ほしい。近く次の子どもが生まれる予定で，おそらく妻が育休を取るか仕事をやめることになる。しかしその時々で何か仕事を見つければよいと思っている。夫は来年はもっと重要な仕事にチャレンジする予定で，家族を大切にしながらキャリアを追求している。

　家事分担は，基本的には家にいる方がやることになっている。したがって家にいる時間が多い妻がほとんど担っており，家事時間は妻が1日2時間に対して夫は30分である。二人で一緒に掃除をすることも多く，妻がいないときは夫がすべて肩代わりできる。とは言っても，くわしく聞くと料理は妻が作って冷蔵庫に入れておいたものを，夫が温めるだけのようである。夫は子育てに積極的に関わっていて，友人たちからは育児する父親を揶揄する表現である「パパプル」（めんどりパパ）と言われることがあると言う。

　老親とは時々会って楽しむ程度で，援助関係はあまりない。むしろ隣に独りで住んでいる高齢女性と密接な相互扶助関係にあり，子どもの名付け親（カト

リックの marraine）になってもらった。また彼らが隣人の買い物や家の修理などをしてあげるお返しに，隣人は彼らのアイロン掛けをしてくれるというように，労働交換をしている。

J 15

　東京郊外の住宅地にあるマンションを訪ねた。居間に続く隣室を占拠するように，子ども用の大きな遊具が置かれている。雨で外遊びできない時のために購入したのであろうか，子ども中心の生活を伺わせる。

　妻（30歳）は，大学時代に学友会の会長を務めたというアクティヴな女性で，「人の役に立つ仕事をしたかった」ので，消防官になった。職場の先輩消防官と結婚し，3ヵ月くらい共働きをしたが，家庭に入ると決めて退職した。夫（36歳）も，「人の役に立てれば最高だと思って」消防官になった。消防官になるためには消防学校で訓練を受けるが，そこで洗濯もアイロン掛けも料理も掃除も，自分のことは全部自分でするように徹底して教え込まれる。だから夫はどんな家事でも上手に出来る。

　結婚5年で3歳の子どもを家庭で育てている。妻は環境問題やアレルギー問題などにも関心が高く，共同購入グループや勉強会によく参加している。昼間子どもと二人きりで家にいるのはつらいので，母子とも友達を求めて公園や公民館などいろいろなところに一緒に出かける。いつでもどこへでも子連れで動いているので，公民館の講座に参加するため一時保育を利用したときは，母子分離ができなくて大変であった。妻は，保育園に預けたりしたくない，よりよい育児を目指して，人に頼らず自分で一生懸命に育てたいと言う。そのような生活のためか，実際に子どもは常に両親の関心を引こうとして，インタビュー中も絶えず録音テープに手を出したり，大人の話に割り込んできた。

　このカップルは「一緒」という表現をよく使う。「買い物はいつも一緒」「一緒に選ぶ」「一緒に産んで，一緒に育てってっていう感覚」と妻は言う。夫は出産に立ち会い，臍の緒を切り，産後の妻の世話も，妻の実家にあまり頼らずに自分でした。当時，夫は，すべての家事をやって，産褥の妻に食事を作り置いてから出勤していったと言う。夫の家事・育児時間は，むしろ子どもの成長とともに減ってきた。それでも現在，妻は1日に家事4.5時間であるが，夫の総

労働時間は、仕事10時間＋家事1時間＝11時間に及ぶ。

しかし、年齢が上がるにつれて、夫も資格試験や昇進試験を受けなければならない。夫がその勉強に専念できるよう、妻は、子どもを外に連れ出すことが多くなった。やはり、夫の仕事は大事で、家庭はその余力で顧みられる。

J2

神奈川県郊外の戸建住宅に、「ご近所で評判の子煩悩な旦那さん」として紹介された夫妻を訪ねた。調査協力者の中では比較的年齢が高く、穏やかな人柄で落ち着いた丁寧な話をされる夫婦であった。結婚11年目で3人の子ども（5歳8歳10歳）があり、大人が一階の居間で話している間、子どもたちは二階で遊んでいた。

妻（43歳）は、短大の国文科を卒業し司書の資格を持つが、専業主婦で地域の図書館で子どもたちに本の読み聞かせをする会のボランティア活動をしている。夫（47歳）は、大卒の設計士で航空機のトイレ・ユニットを設計している。自営設計事務所から近くの企業に出向するという形で勤務している。普段は12時間労働で、朝早く家を出て夜遅く帰る。しかし、土日など休める日に目一杯家族のために動く。また、納期までに設計を仕上げればよいという仕事柄、時間の自由がきくため、いざ子どもが病気で妻が大変なときは、途中で家に戻り何かと妻をサポートすることもある。

夫は単身生活が長かったため、家事技能が身に付いており何でもできる。妻が忙しければさりげなく家事に手を出し、妻が外出して留守でも子どもの世話に困らない。ただし、無理なく自然に楽しいと思ってできる範囲でやっている。「家庭の労働より仕事に行っちゃった方が楽ですもんね」と笑う。

妻は夫を「世話のかからない父親」と言う。ほんらい家事・育児の主体は自分であると考えていて、夫には手伝ってもらっていると非常に感謝している。ボランティア活動についても、「家庭をないがしろにしてまで何かやろうとは思っていない。」

完全な性別分業であれば、妻が育児ノイローゼになったり、夫も仕事人間になってしまうかもしれないが、この事例は夫が家事・育児に協力し妻も社会的活動ができるため、相互に満足できる均衡点を見いだしている。

第7章　男性の二重役割タイプ

J 7

　神奈川県の郊外に洒落たモダンな新築のお宅を訪問した。妻(34歳)は高卒で専業主婦，11歳と7歳の子どもがあり，3人目の出産を間近に控えている。夫(34歳)は高校を中退し，衛生会社の社員として汲み取りの仕事をしている。なり手の少ない仕事のため報酬は高い。年収は並みのサラリーマン以上ある。

　結婚12年でようやく落ち着いたという。夫は今まで「よく遊んだ」。「飲む，打つ，買う，みんなやった」。でも最近は「もう，パチンコやめたし，競輪やめたし，ほとんどもうやめた」。そのきっかけは家である。「俺，家なんか絶対持てないと思ってたんだけど，たまたま何か電話かかってきて，マンションか何か買いませんかって言ってきて，4500万くらいの。で，ローンのことなんかいろいろ聞いて。そうしたら，借りちゃおうかなって。今の生活で結構，贅沢じゃない。バンバンした（遊んだ）から。それ，ちょっと止めれば買えちゃうんだなって。アパートの家賃も馬鹿にならないし。で，自分のものにならないしね。だったら，子どもにね，残してあげられるし。俺が払い終えりゃ，長男の○○のものになるからって思って。じゃ残してやんべえって。……何か残していけないかなーって。ま，自分死んじゃったらお終いだけど。でも家は残せるね。保険かけてっから（笑）。そんな感じで。安かったしね，ここ。……子どもの学区内で。静かで周りはいい人ばっかりで，よかったな。」

　彼は複雑な家庭に育ち，親の離婚後，祖母に育てられたと言う。小さい頃，親にどこかに連れて行ってもらったという記憶がない。反抗的な思春期を過ごし，高校を退学になった。しかし幸いにも今の衛生会社の社長に雇ってもらい，22歳で結婚してアパート暮らしを始めた。そして31歳で上記のようないきさつで家を建て，少し変わった。家庭が生き甲斐で，できれば「亭主関白でいたい。」妻が働くことは絶対反対で，子どもを学童保育などにやりたくない。自分の給料で家族がのんびり暮らしてほしい。もしも給料が下がって今の生活ができなくなったら，まず自分がアルバイトしてもっと稼ぐ。それもできなければ，もとのアパート暮らしに戻ってもよい。「のんびりと子どもと楽しい家庭をやりたいなって」思う。「妻子を連れて出かけるのが好きなんだ。親戚の家に行ったり，散歩だけでも，焼き芋焼くだけでもいい。」

　毎日の労働は短い。朝7：30にタイムカードを押して，たいてい午前中で汲

み取り作業は終わってしまう。午後は会社に戻って暇をつぶし，午後4時にタイムカードを押して，それから少し飲み屋に行き，午後6時くらいには帰宅する。その後は子どもの遊び相手をする。土日には地域の少年野球にとことんつきあう。「子どもには，いくらでもお金を使う。自分の子どもだけじゃなくなっちゃうの。もう近所の子ども全部連れて遊びに行きたい性格なんだよね。俺な。昔っからな。」

　家事は基本的に妻の役割であるが，妻がお産で入院というようなときは，夫が肩代わりできる。妻も仕事をしたいとは思わず，家にいて子ども中心の生活をしたいと思っている。妻は時々ダンスを習いに出かける。

　その他にも個性的な事例がいろいろあるが，いずれも「幸福な家庭」をめざして懸命に生きている様子が伝わってくる事例ばかりであった。

2　不平等な総労働時間の正当化

　このタイプでは，夫はフルに仕事があった上で育児に関わり，そして家事も少し手伝っている。仕事と家事を足した総労働時間で見ると圧倒的に男性が長く，不平等が生じているにもかかわらず，夫たちが家庭に払う努力の背景は，何なのだろうか。

①育児専業の大変さ
　まず，理由として挙げられたのは，育児専業の大変さであった。

▶(育児は)ほとんどやっていましたね。いる限りね。あれ大変ですものね。
（J1夫・地方公務員）
▶年子だったのでとても大変でした。そういうとき下の子を見てくれました。
（J2妻・専業主婦）
▶子育ての悩みなど，夫婦でよく話します。……結構聞いてくれます。父親的な立場から客観的にアドバイスしてくれる。　　　　（J15妻・専業主婦）
▶(子どもの夜泣きは)，アパートで部屋なかったから，泣けば俺も起きちゃうし，どっちがやっても同じだから，早く寝れば俺も寝られるから，二人で

何とかした。　　　　　　　　　　　　　　　　　（J7夫・小企業職員）
▶私がもう<u>しんどくなっちゃった</u>んですよ。子どもを寝かしつけるということが。……子どもが寝た後の時間っていうのが，私だけの時間じゃないですか。私の自由にできる時間というのがね，やっぱり，寝かせつけているとどんどん減っていくし，なかなか寝ないとイライラするし，一緒に寝ちゃうと，もう気がついたら次の朝になっちゃうし。で，イライラしてると，子どもはよけい寝ないですよ。それで，私がイライラしてキーッとなっちゃったんですよ。主人がそれを<u>見るに見かねて</u>というか，じゃ僕がという。主人は子どもが寝なくても，その後どんなに自分の仕事があっても，イライラしない人なんですよ。だから向いているんだと思いますよ（笑）。（J17妻・牧師夫人）
自分が寝るというつもりで居たら，睡魔というのが伝染するみたいなんですよ。で，1時間ぐらいしたらこっちは目が覚めるんで，<u>休憩時間</u>だと思って。……だいたい，お風呂入れ終わった後，こっちも疲れていますから。夜更かしは割と平気なんで，そんなに負担に思っていない。今は休憩だと。……サラリーマンのように朝出勤しなければならないという場合は，そうはいかないでしょうけれど……私の場合は，明け方までがんばっても，場合によっては朝寝ていることもできるので。深夜の方が集中できて仕事がはかどりますし。　　　　　　　　　　　　　　　　　　　　　　　　（J17夫・牧師）

　専業主婦の場合，一人で育児責任を背負い込むと，育児がつらいものになり，人によって特につらくなる項目がいくつかあることが知られている。夫たちは，妻のつらさを理解し，要所でサポートしているのである。本調査では，あえて「育児時間」を聞いていないが，家事や仕事の時間では測りきれない，質的な苦労の分かち合いと言える（事例数が少ないため比較は難しいが，このような語りは，日本に固有のものであるかもしれない）。
②育児参加を楽しむ
　夫たちはむしろ育児への関わりを楽しんでいるという表現が多い。

　▶（子どもの）寝かしつけの時，話をします。聖書の話も時々するけれど，人気がないので，桃太郎，浦島太郎というような日本の民話。ヒットして楽

しんでいます。最近は家族で買い物に行く話とか（笑）。……この子と一緒にいると気分転換になる。そういう時間が楽しめる。この子が生まれたから，子どもが好きになった。自分の子どもだけでなく，他人の子どももかわいくなった。……(週に１度料理をするのも) 僕の<u>気分転換</u>のために。家内を手伝っているというよりは，<u>趣味みたいな感じ</u>。　　　　　　　（Ｊ17夫・牧師）

▶彼女が台所の片付けをしている間に，僕がここで子どもに本を読んであげることが多い。子どもと遊んであげる<u>貴重な時間</u>です。

（Ｆ８夫・企業技術職員）

▶休日には，家族みんなで外で遊ぶのが<u>楽しみ</u>だからね。

（Ｓ２夫・企業管理職）

▶自分がやっぱり外へ出かけていって皆で遊んだりするの，<u>好きなもの</u>ですから。　　　　　　　　　　　　　　　　　　　　（Ｊ15夫・消防士）

▶独身の時はゴルフやっていましたけれど，結婚してからはもうやらなくなっちゃって，子どもと遊ぶのが趣味みたいになっちゃいましたから。嫌いじゃなかったんですよね。子どもを連れてどこかへ，夏ですとキャンプに行って，冬になるとスキーに連れていったりするのが<u>最近楽しみ</u>になってきましたよね。　　　　　　　　　　　　　　　　　　　　（Ｊ２夫・自営設計士）

▶スポーツとか，そういう<u>自分が好きな趣味</u>の方面に，子どもが自分で選んで行ってもらうと，とことんつきあって見てやっちゃう。

（Ｊ７夫・小企業職員）

　ほとんどの夫たちは，楽しめる範囲で育児に参加している。子どもと遊んであげるのが基本だが，必要に応じて妻の手助けをする程度である。妻もそれ以上は要求しない。その背景には性別役割分業観が共有されている。

③家族の一体感

　性別役割分業が双方に自然なものとして受け入れられるためには，夫婦一体感や家族一体感の共有が必要である。このタイプでは，二人あわせて緊密な１ユニットを構成するという考え方が，双方によってよく語られる。

　▶（家族とは）人生を歩んでいくときの<u>ユニオン</u>だと思う。困難や病気にも

めげないこと。子どもを持つことは，私たちにとって非常に重要。……（仕事を辞めるのは），私は構わないのよ。子どもたちのためにも。……私はずっとパートタイムで（いろいろな仕事を転々として）働き続けるでしょう。

(F8妻・花屋の店員)

僕はもっと重要なポストを得ることを望んでいる。家族を楽しみながら。

(F8夫・企業技術職員)

▶理想は，両親が同じだけ働いて同じだけ育児できることだと思うが，実際には（そうはいかない）。　　　　　　　　　　　　(S2夫・企業管理職)

彼は，キャリアを優先し，家族のためにお金を稼いでくる。……私は，家にいたい人なの。次の子どもが生まれるし，家に子どもと一緒にいたいわ。そんなに早く仕事を始めたいとは思わない。　　　　　　(S2妻・学生)

▶（牧師夫人というのは），人生をともにするという役割が，今はそれが常識とされています。なかなか自分自身の夢とか，そういうことを現実化していくという牧師夫人は（いない）。小さな夢はたくさんありますけれども。……私としては，主人が行く道をついていくというか，飛び出ないように一緒に起こしていくというか。　　　　　　　　　　　(J17妻・牧師夫人)

信仰上は，やっぱり結婚そのものが神聖だというのが，キリスト教の主張の一つですから，夫婦は一つ。その中でいろいろ反目しあったりとかあるでしょうけれど，一つであるということが生涯全うされるように努力をしていく。そういうものだと私は思う。ただ，血のつながりということはあまり（重要ではない）。たとえば里親のような制度があればいいなと思っています。自分の遺伝情報を持った子でないと家族になれないというのは，ちょっと（おかしいと思う）。……聖書そのものが，血というより，人と人とが契約を結ぶということを重要視しているので……契約が守られなければいけない。人間だけの合意で成り立っているのではなく，人間を超えた方がいらっしゃる。その方の前に誓ったことだから，という考え方。……契約の外にいる人を排除していくような契約ではなく，そのことによって，契約を結んだ両者が，契約を結ぶことによってより大きな力を持って，周りに対して良い影響を及ぼしていくような。家族の幸せだけでなく。結ばれた契約というのは，他の人たちに対して開かれていくもの。　　　　　　　　　　　(J17夫・牧師)

▶やはり，家族という形の中で，お互いに関わり合って子どもを育てていくことが必要なんじゃないかなっていうのがあります。　　（J2妻・専業主婦）
何かするのでも，一家全員でやろう。例えば，キャンプに行くのでも，一家全員で行って，全員で一緒に時を過ごす。小さい子にも仕事をさして，そういう経験をね，与えてあげる。要するに家族で一つのことをするというのかな，そういう経験をさせたいとは思っていますね。　　（J2夫・自営設計士）
▶買い物はいつも一緒なんです。……最初が，この子を産むときに，立ち会い出産で，臍の緒も主人が切って。そこから始まって，一応こだわって出産して，こだわって育ててきた。で，（紙オムツは使わずに）布オムツで，（ミルクは使わずに）母乳だけって形だったんで，もう最初は本当にそれこそ買い物も，産褥ナプキンも買いに行ったし，ええ，もうすべて。洗濯も主人がやったという感じで。うちの母が仕事してるんで，そんなに手伝いに来れなかったんですが，もう産後もパパが半分みたようなものですね。……子どもは一緒に作成したものだから，一緒に産んで，一緒に育ててっていう感覚だね。うちの場合はね。　　　　　　　　　　　　　　　　　　　　（J15妻）

　これらの語りには，強い情緒的絆に結ばれた夫婦が子どものために労を厭わず，緊密な家庭を営むという，近代家族の理想への思いがあふれている。
④男性の「自分の家庭」への思い入れ
　なかにはとりわけ「自分の家庭」への強い思い入れが感じられる夫もいた。
　例えばJ7夫は，幼い頃に親が離婚して貧しい環境で祖母に育てられ，高校を退学になり，ようやく今の社長に拾われたと言う。だから「家庭」に憧れる。

▶22で結婚してから，30まで遊んだね。31で，もうやめて家建てて，ちょっと変わろうかなって。……俺は亭主関白でいたいんだけど……俺の給料でね，のんびり，子どもと楽しい家庭をやりたいなって……子どもには，お父さんすごいんだぞって，見せたいし，お母さんには，やっぱり父さんじゃなきゃね，やっぱりね，そういう雰囲気っちゅうか，形だけでもね。
　　　　　　　　　　　　　　　　　　　　　　　　　　（J7夫・小企業職員）

第7章　男性の二重役割タイプ

　J2夫は独身時代が長く，妻子の待つ家庭に帰る喜びを語り，それを大切にしたかったと言う。

▶家へ帰ってくるにしても，一人ですと家に帰っても誰もいませんし。結婚してからは，帰ってくるのも，まあ，楽しくなりましてね。……子どもと遊ぶのが趣味みたいになっちゃいましたから。子どもを連れ出したりするのは，私としては意識してやっていたわけじゃないんです。(妻が)忙しそうだなって感じれば，じゃどこか連れて行こうかという感じで。

(J2夫・自営設計士)

　彼らにとって，稼ぎ手役割に加えて家庭のために何かするのは全然負担ではない。
　以上のように，このタイプではあくまで家事・育児の主体は妻であり，夫は稼ぎ手である。しかし，①育児専業の大変さから，妻は育児の一部を夫に手渡し，夫はそれを受け取って②楽しむ。こうしたバランスが，一見不平等な労働時間配分を正当化し，双方に満足感をもたらしている。特に男性に④「自分の家庭」への思い入れがある場合は，格別の満足感がある。
　このタイプはすぐれて近代家族的である。③「家庭」は強い一体感を持つユニットとして語られる。しかし必ずしもマイホーム主義とは限らず，ボランティア活動，PTA活動，地域活動，里子の養育といった社会活動にも取り組んでいる。

3　夫の家事・育児参加の条件

　ではこのタイプにおいて，夫が家事・育児に関わる条件は何だろうか。まず彼らは自然体で家事・育児に関わっており，その技能を持っている。また労働時間のゆとりも見逃せない。そして妻からの要請も必要である。

①家事・育児技能
　必要に迫られてやるうちに上手くなることもあるだろうが，すでにどこかで鍛えられた経験を持つケースが少なくない。

3 夫の家事・育児参加の条件

▶それは消防学校に入ってからですね。何でもやっぱり自分のことは自分でやれって<u>教えられてきました</u>んで，たぶん，そういったことが影響していると思いますね。　　　　　　　　　　　　　　　　（J15夫・消防士）

▶掃除機とか，茶碗洗いとか，結構私より丁寧にやるんですよ。布団しき・たたみも，私よりかえって丁寧にできるけど，でも，やらないんですよ。
　　　　　　　　　　　　　　　　　　　　　　　　（J7妻・専業主婦）

子どもん頃，<u>お婆ちゃんの躾が厳しかったからよ</u>。うちの婆がよ。……でも，お産で入院とか，そういうときはやるよ。うん。　（J7夫・小企業職員）

▶うちは，父親が，男でも何でもできないと困るぞって言っていたことで，<u>母親の手伝いとかよくさせられました</u>から，今，役立っています。
　　　　　　　　　　　　　　　　　　　　　　　　（J1夫・地方公務員）

▶<u>私は23ぐらいからボランティアで養護施設の子どもたちとずーっとやって</u>いますから，子どもとの接し方とか，そういうのはある意味で（妻より）経験豊富というか。　　　　　　　　　　　　　　　　（J11夫・地方公務員）

▶（夫は）ラーメンは<u>ダシから取る</u>んですね。カレーはカレー粉から作る。ほんとに趣味を追求して作ってくれるという感じ。　（J17妻・牧師夫人）

▶僕は料理が好きだから。（毎晩）<u>料理を楽しんでいる</u>。
　　　　　　　　　　　　　　　　　　　　　　　　（S2夫・企業管理職）

②**時間的ゆとり**

職場の拘束がゆるやかだという語りも見られた。

▶公務員だと<u>割に休める</u>じゃないですか，比較的ね。（J1夫・地方公務員）

▶<u>自由がきく職場</u>なんですよ。……社員だと難しいかもしれないですけれど，私はいわゆる外注の人間で，ほとんどためらいなく（家族の用で職場から抜け出すのを）やっちゃっていますね。　　　（J2夫・自営設計士・出向中）

▶今だって週休2日でさ。こんで<u>4時でしょ，帰ってくるの</u>。
　　　　　　　　　　　　　　　　　　　　　　　　（J7夫・小企業職員）

▶（夫の職場は自宅なので）二人で一緒にいる時間は長いですね。ずーっとだ

第7章　男性の二重役割タイプ

ね。あと出張。数ヵ月に一度，委員会で出かけたりということがなければ，ほぼ毎日，24時間一緒にいますので，そういった育児のことは，ほんとに気がついた方がやるっていう感じ。　　　　　　　　　　　　（J17妻・牧師夫人）

在宅時間が長いケースばかりではないが，長時間勤務をしている場合でも，休みの日には会社を離れて家庭に頭を切り換えられている。

③妻からの交渉

以心伝心のケースもあるが，やはり妻からの交渉があってはじめて動くケースが多い。

▶夜泣きとかなんとかは，やってよって言われて，少しやった。……ま，とりあえず，俺としては，こっち（妻）がやるのが当たり前だと思っちゃってるわけよ。だけど，やってって言われればやるかなって。やってくれって言われなかったら，もう全部任しちゃう。　　　　　　　　（J7夫・小企業職員）
▶あ，それ（学校行事への参加），私が引きずり込んでいるんです。……よそのお父さんも引きずり込むんです。　　　　　　　　（J1妻・洋裁アルバイト）
（家事は，妻が）やらないからやるみたいなところで，しょうがないかなと。いらいらして態度で示されるから，ああ機嫌悪いなと思うと，やらなくちゃとなるわけ。　　　　　　　　　　　　　　　　　　　（J1夫・地方公務員）
▶家にいる仕事だと，週に7日で21食作らねばならない。それは負担なので，少しはやってほしいという，そういうことを結婚当初言ったので。
　　　　　　　　　　　　　　　　　　　　　　　　（J17妻・牧師夫人）
なんかケンカしたりとかね……片方がしんどいと思ったら，じゃあこうした方が良いんじゃないかって，その積み重ねがあって至っている。
　　　　　　　　　　　　　　　　　　　　　　　　　　（J17夫・牧師）

以上，①家事・育児技能，②時間的なゆとり，③妻の要請があると，夫たちは家庭責任を果たす。しかしこのタイプは，性別分業をこえて育児負担をすることはない。

4 「男性の二重役割」タイプの限界

ではこのタイプの限界はどこにあるのだろうか。
①育児の家庭への囲い込み

このタイプは,「女性の二重役割」タイプとは逆に, 社会的な育児支援へのニーズがあまり高まらない。特に日本の事例では, 家庭への囲い込みが語られる。

> ▶私の場合は, <u>お友達に頼るということは比較的少なくて</u>, 主人が, 何かあったときに応援してもらえていますので, そういう部分では, お友達との共有する部分が, もしかしたら少ないのかなと感じることがあるんですね。……普通のおうちのご主人にはちょっと頼めないけれどもというところが, 私の場合はお友達に頼まなくて, 主人に頼めている部分が大きいんじゃないかなって思いますね。 （J2妻・専業主婦）
> ▶うちは, <u>ベビーシッターとかはいらない。親にも援助に来てもらう必要がない</u>。どこかへ出かけるときも, いつも一緒っていう形で。だから,（子どもを）置いてどうこうということはない。遊びに行くということはあっても, 手伝いに来てもらうことはない。……(親は), 自分たちで産んだんだから, 自分たちで育てなさい, 育てられないなら産むなと言う。とにかく<u>人を頼らないで</u>精一杯育てなさい, 手をかけ, 目をかけ, 金をかけ, とよく言われるんですけど。今一生懸命育てないと, 切れる子とかそういう問題が出てくるから一生懸命育てなさいという感じですね。 （J15妻・専業主婦）

スウェーデンやフランスの事例でも, 典型的プロフィールで紹介したように, 子どもが小さいうちは妻が家にいて, 保育時間も短くしようとしていた。このタイプの父親の育児参加は, 意図せざる結果として育児を家庭内にとどめる効果を持つと言えよう。
②仕事優先

このタイプの父親の育児は, 仕事と摩擦がない限りにおいて実践される。夫

は愛情を持って妻子を牽引していくが，その家族の生活を保障するために，夫は稼がなければならないので，仕事優先の基本は貫かれる。

▶やっぱり，仕事おろそかというわけにはいかない。家庭と較べようがない。休みの時は家庭重視でがんばるけれど，もう仕事に行ってしまったら，消防士さんだものね。　　　　　　　　　　　　　　　　　（J15妻・専業主婦）
昇進試験を受けない（というわけにはいかない）。　　　　（J15夫・消防士）
（受験勉強中は）なるべくいろいろなところに（子どもを）連れ出してね……その間パパ自由にして勉強してっていう感じで……丸1年別行動ですね。
　　　　　　　　　　　　　　　　　　　　　　　　　　　　　　　（J15妻）
▶Q：仕事時間が長い（1日10～12時間）ですね。短くしたいと思いますか。
　　　　　　　　　　　　　　　　　　　　　　　　　　　　　　　（聞き手）
いいえ，自分の仕事の発展のためにはそれだけの長さが必要です。
　　　　　　　　　　　　　　　　　　　　　　　　　　　（S2夫・企業管理職）
▶私の上司は，私に来年からより重要なポストを約束している。……そうなると，彼女は仕事を辞めることになるでしょう。　　　　　　　　（F8夫）

　以上，このタイプの父親は，仕事の許容する限りにおいてしか育児参加できず，またそれが意図せざる結果として，育児の家庭内への囲い込みの効果も持ちうるところに限界がある。
　本章では，「男性の二重役割」タイプのバランスの成り立ちを，語りの中から抽出してきた。一見不平等な総労働時間配分も，専業育児の大変さへの理解と，家庭の一体感によって，正当化されていた。幸福な家庭を維持するために，夫は稼ぐ責任を，妻は家事・育児責任を，基本的に負っている。夫の育児参加も妻の社会活動やパートの仕事も，その限度内で行われる。夫婦共に，仕事が危うくなるほどの夫の育児参加や，家庭責任が水準低下するほどの妻の社会活動・職業活動を望んでいない。夫は長期の育児休業を取ったり辞職するという選択肢を持てないし，妻も本格的に働くという選択肢を持てない。したがって，夫婦間の役割分担をめぐる交渉は，常に「見えない権力」（A.コムター）の手のひらの上の出来事にとどまる。その限りにおいて安定した家族であると言え

る。

5　第II部のまとめ

　第4章から第7章まで，フィールドワークから発見された「夫婦で育児」の4類型について詳しく分析してきた。その結果，ジェンダー秩序のベクトルの遍在が確認された。
　「男性の二重役割」タイプでは，基本的な性別役割分業が前提になっており，父親の育児参加は，稼ぎ手役割と抵触しない限りにおいてなされていた。また母親の社会活動や職業活動も，家族ケア役割を脅かさない程度に抑えられていた。このジェンダー秩序のベクトルは，当事者にとって自明とされ，〈見えない権力〉として作動している。
　「女性の二重役割」タイプでは，夫婦共に稼ぎ手役割を担っているという意味で，基本的な性別役割分業は流動化しているが，家事分担において明確な不平等があり，ジェンダー秩序が支配していた。ジェンダー秩序のベクトルは見えており，しばしば葛藤を生むが，家庭の平和のために対抗ベクトルが抑えられ，〈潜在化〉しがちである。
　「平等主義」タイプでは，職業活動と家事・育児遂行の両面において〈平等〉が目指され，ある程度実現しているが，微妙なジェンダー秩序が存在していた。つまり常にジェンダー秩序のベクトルに抗して振る舞うことによって，かろうじて保たれる〈平等〉関係であった。
　「役割逆転」タイプでは，逆転が不徹底で，常に男性には稼ぎ手に戻ろうとするベクトルが，女性にはケアを引き受けようとするベクトルが作動している。したがって「役割逆転」タイプは「平等主義」に戻ろうとする性向を内在した不安定な類型である。
　このように，どのタイプにおいてもジェンダー秩序のベクトルは作動しており，4類型はジェンダー秩序のベクトルと対抗ベクトルとの均衡点を示している。
　第II部の分析は，二つの含意を持つ。
　第1に，この4類型は家族文化や育児政策の違いにもかかわらず共通の通文

第7章 男性の二重役割タイプ

化的な分析枠組を提供する。それぞれの社会には多様なタイプの家族があり，そのジェンダー役割構造に注目すると，似たようなタイプが抽出されてきたということは興味深い。こうして，比較のための共通の手がかりが得られたわけである。

第2に，この4類型は家族の稼ぎ手役割と家事・育児役割をカップル間役割取得のレベルで捉えたものであったが，どの類型にもジェンダー秩序のベクトルが貫かれていることが明らかになった。つまり社会システムのレベルで男性を活動の主体に女性をその支え手に振り分ける序列化が絶えず行われるなかで，個々の役割取得は行われている。こうした二層構造の動態的把握は，性別役割分業論の立体化に資すると思われる。従来，性別役割分業は，全体社会の生産と再生産の性分業の問題として捉えられ，行動科学的な役割取得論とあまり接点がなかったように思う。しかし本書の枠組では，諸個人の間の主体的な役割取得の問題に交差する形で，社会のジェンダー秩序を語ることができ，それに諸個人がどのように流されたり抵抗したりするかを分析する道が開かれる。

そこで第Ⅲ部では，タイプ間移行過程，世代間変動過程の分析を経て，家族戦略と社会政策との関係に論を進めたい。

III
ジェンダー・ポリティクス

第8章

平等主義タイプへの移行過程

　第Ⅱ部で描いてきた「夫婦で育児」の4類型は分析的類型であり，4種類の家族があるわけではない。ジェンダー秩序のベクトルと対抗ベクトルのせめぎ合いの中で，夫婦が共に納得する均衡点として4類型が析出されたのである。
　個々の家族は，類型間を移動する。例えばJ6は初めは妻が専業主婦志向で夫が共働き志向であり方向がずれていたが，相互交渉の結果，「女性の二重役割」タイプを経て「平等主義」タイプに辿り着いた。またJ10妻は，インタビュー時には契約社員としてフルタイムで働いていて「平等主義」タイプの特徴が強かったが，子どもの出産時には仕事から離れていたので，その時は「男性の二重役割」タイプに近かった可能性もある。逆に，J16とS1は妻が育児休業中にインタビューしたため「女性の二重役割」タイプの色彩が強かったが，復職すれば「平等主義」タイプへと移動していく可能性を含んでいる。さらにS10は，夫が育児休業中にインタビューしたため，どちらかと言えば「役割逆転」タイプに近い「平等主義」タイプであった。その他にも，類型の間に位置するような事例や逸脱している事例がいくつかある。
　個々のカップルを無理に4類型の枠に押し込む必要はない。大事なことは，個々のカップルが4類型の間を移動するということである。このように考えると，ひとまず4類型について分析した後は，次に安定した典型的事例よりも逸脱事例や類型間移動事例を深く分析することが重要な課題になってくる。
　そこで本章では，「平等主義」タイプに向かって段階的に移動していく過程を，マージナルな事例の分析から明らかにしていくことにしたい。「平等主義」タイプを移行の終着点にする理由は，次の二つである。
①共稼ぎ世帯の主流化
　人口構造の高齢化，産業構造の脱工業化，グローバル化に伴う労働市場の流

動化といった今日の社会変動の基本構図の中では，片稼ぎ世帯よりも共稼ぎ世帯の方が経済的な安定性が高く，また，離婚率が高い社会では，専業主婦・主夫になることはリスクが高いと考えられるため，一般的に共稼ぎ世帯が主流化するのではないかと予想される。実際に多くの先進諸国において既婚女性の就労率は高まっている。このことから，「平等主義」タイプか「女性の二重役割」タイプへの一般的移行傾向が予想される。

②男女平等の主流化

　不平等な関係においては絶えず潜在的・顕在的葛藤があり，平等な関係への軌道修正が試みられる。ジェンダー秩序のベクトルも根強いが，対抗ベクトルも存在している。そのような拮抗関係の中で，「女性の二重役割」タイプは望まれておらず，「平等主義」タイプが望まれうる。私が参加した日本の都市男女の意識調査の結果（舩橋 2000, 2005）でも，男女ともに「男も女も仕事も育児も平等にバランスをとる」（＝平等主義）ことへの人気が最も高く，次が「男は仕事と育児の両立，女は育児優先」（＝男性の二重役割）であった。「男は仕事優先，女は仕事と育児の両立」（＝女性の二重役割）は，非常に不人気であった。

　このように客観的な状況判断①②から，「平等主義」タイプに向かって移行していくプロセスを分析することが有効である。

　まず，みずからの変化の過程について最も詳細に語ってくれた，ある日本のカップルの事例を詳しく紹介しよう。次に「男は仕事，女は家事・育児」という基本的性別役割分業の流動化，すなわち「男性の二重役割」タイプからの離脱について検討し，続いて，「家事育児分担の不平等」というジェンダー秩序の流動化，すなわち「女性の二重役割」タイプから「平等主義」タイプへの移行過程を検討する。そのうえで，複雑な移行過程の全体像について論じる。

1　「平等主義」タイプへの典型的移行事例

　J6は同級生から出発した友達夫婦で，自分たちの結婚・出産・家事・育児・仕事の歩みをウエブ上に公開している。まず彼らのホームページの情報から，二人の移行過程を追う。

1 平等主義タイプへの典型的移行事例

　はじめは，妻は「腰掛けで仕事して子どもが産まれたらパッと会社をやめて，思い切り手間暇かけて育てる」と公言していた。夫は同じ学生なのに，家事は妻任せで「部屋の片付けもろくにしない」。共に卒業し就職したが，妻は「仕事は時間内にできる範囲でまじめにやる」程度で，「家事は二人でてきぱき済ませてたくさん遊びたい」と考えていた。夫は「仕事は面白いので，人並みに規制いっぱい残業する」が，一人で大黒柱を背負うのは嫌で，二人で働き続けたいと思うが「家事にはなかなか手が出ない」。そのすれ違いは，しばしばケンカの種になった。

　ふとしたことからローンを組んでマンションを買うことになり，まず妻の就労意識が変わった。家を買うために「専業主婦を断念する決断」をして，腰掛けではなく「長く勤めることを前提に（仕事を）ちょっと組み立てなおそう」と考え始める。すると「現状の家事の偏りは，将来，妻が専業主婦になるという前提に大きな原因があることにようやく気づいた。」就労意識上の立場が同じになると，「対等」がわかりやすくなる。しかし夫は，妻の就労継続を大歓迎するものの，まだ「家事に興味なし」の状況であった。

　はじめての妊娠と出産は一緒に経験し，二人の絆を深めた。助産院で夫も立ち会った。この感動をバネに夫の育児遂行は進むが，家事遂行はあまり進まない。まだ「世間の常識」に囚われていて，妻は「産後 2 週間を実家で過ごしたが，パパがのけものになりやすい（特に家事から），これは失敗だった」と気づく。また妻は「世間並みに」育休を取ったあと一年間は半日勤務の形で職場復帰したが，「余裕があるはずなのにイライラ」する。「家に赤ん坊と二人きりでいて，話し相手がいないのはしんどい。夫の帰りが遅く，帰ってもごろごろされると無性に腹が立つ。でも，それをうまく伝えられない。半日は短すぎて仕事も進まないし，評価もされない。」夫は「家に主婦がいると，つい『あと少し』とずるずる残業してしまう。帰ると疲れていてあまり家事をしない。自分がしなくても家事も育児も何とかなっている。職場も『普通に』働くもんだと思っている。でも，妻に後ろめたい」と回顧する。この時期を，二人は「じめじめしたケンカ多発」と表現している。

　妻のフルタイム復帰は，状況を一変させた。「いやおうなしに交代で送り迎え。時間は厳しいが我が家のスタイル（対等な目線）を取り戻し，ケンカが減

った。保育園，子どもの話もすぐ通じて楽しい。」妻は，自分だけが家事・育児に囚われて仕事も進まないという「被害者意識」から抜け出し，「一人前に稼いでいるという自信」も生まれ，「夫に対する不満も減ったし，何があっても率直に言えるようになった」という。夫の方は，今までと打って変わって思うように残業できず，仕事の調整を真剣に考えざるを得なくなったが，「逆にイライラしなくなった」と前向きに捉えている。

その後，第2子誕生の時は助産院に行くのではなく，逆に助産婦さんに来てもらって，夫と共に自宅出産した。妻は産休明けから職場にフルタイム復帰し，4月の保育園入所までの3ヵ月間，夫が育児休業を取得した。この顛末については，夫が朝日新聞に1997年10月から翌年1月まで17回の連載を執筆しており，後日『「育休父さん」の成長日誌』に収録され，出版されている。

夫の育児休業で，何が変わったのだろうか。その点に絞ってインタビューした語りを見てみよう。まず，妻の語りから。

▶夫が育休取っていて自分が居ないっていうのははじめての経験で，……今まで，私が家にいて夫がいない時間は結構あるのに，その逆って言うのはほんとに少なかったですから。いると思えばあてにしちゃうからね。……もう自分はとにかく専業主婦はできない，もう仕事と両方やって行くんだというときに，で，その，夫の方は仕事だからしょうがないって言って，そこを切り離しておいておくかどうかっていうのは，すごく大きな分かれ目だと感じていて。あのー，女性である自分の方は，そののっぴきならない仕事を何とかして，それこそ朝残業するとか，職種を変更するとか，転職するとか，とにかくどうにかしてやりくりしてるわけじゃないですか。だけど，夫はそれができないという風に，妻の方も納得しちゃっているということが多い。一人前，つまり妻子を養える（男なみの）給料を取っている女の人が，でもやっぱり結構そこからは離れられない。……だから，こういう半端な気持ちで働いているときっていうのは，夫の仕事と自分の仕事と，ほんとは違う。期待を持ってる。で，それがだんだん崩れてきて。で，<u>別に夫の仕事だからと言ってしょうがないっていうのは，もう，がらがらと崩れて</u>（笑）。……（仕事は）割とおもしろかったんですけど，ただ……その先が見えなかったんで

すよ。長く勤めることを前提にちょっと組み立てなおそうと思って，社内転職をしたんですけど，その前後からすごくつかめたっていう感じがして，こういう仕事をしていくからこういうことを勉強してみようとか，そういう組立が，すごく気分がかわりましてね。それはやっぱり夫の育休あたりを境に……（勤務先は）割と仕事好きで働いてる人多いんだけど，（女性は）管理職はやりたくない人がすごく多いらしくて，管理職はほとんどいないんですね。で，昔はもうマネージャーになるというようなことは絶対に考えられない，そういうことは考えられないって思っていたんですけど，最近は，こういう仕事をして，こういう仕事をして，その先ぐらいにはマネージャーをやってみたいなって（思う）。時間にめりはりつけるなかで，どう貢献していくかっていうことで，やっぱりちょっと組み立て方，変わっていると思うんですね。

(J6妻)

役割逆転の経験は，妻の職業意識を深く変えた。自らの仕事に本気になるとともに，夫の仕事を神聖視しないというスタンスを獲得した。共働きとは言っても，夫の仕事は優先され，妻が両立に四苦八苦するケースが多いが，そのような「女性の二重役割」はやめ，真に男性と同等の職業意識を持つようになっていったのである。

では夫のほうはどうか。長い語りに耳を澄ませよう。

▶僕自身が変わってきたという意味で言うと，捉え方が変わって，気持ちが変わって，ま，手がどこまで動くかっていう，それぞれがどう変わってきたかっていう，ま，この三つになると思うんですけども。まず，捉え方っていう意味で言えば，あの，（学生）結婚当初から，ま，お互いにずっと働いていけた方がいいんではないかということと，あと別にその妻の方にだけ家事をやらせるべきだとは思っていなかったという，要するにそれは捉えていただけですね，まさに。で，その捉え方も非常に漠としていて，じゃぁ，自分は家事を引き受けるというのはどういうことなのか，どのぐらい手を動かすのか，どのぐらい時間をロスしてどのぐらいイライラすることなのかとか，そういう実感というのはまったくなく，それこそ学生で甘ちゃんですから，

第8章　平等主義タイプへの移行過程

そういうところから始まった。……ま，そういう心構えで二人がいれば，妻の方は家事をするし，ま，それでイライラしながら僕に何かちょっと手伝ってって言うけれども，ま，僕の方は汚れてても全然平気だから，ま，ここから先片づけるのは趣味の領域だとか何とか言い張ったりしてですね，まあ，ごろごろしている。……(二人とも就職してからは)，僕が残業して妻の方は早めに帰ってきて家事をやってって，アンバランスな生活をしていて。で，どんどんイライラがたまってくる状況。ここですりあわせをする度に，まそれなりに僕もやらなきゃならない。そこは実感として，ま，めんどくさいけれどもやっていくというところで，だんだん気持ちと実務のすりあわせをしていくということはそこで始まった。でも，それは全然，ちょっとずつそれを始めなきゃと思っていたぐらいじゃ動かないんですね。やっぱり残業はあるし，残業があるし……の点は，その時には取り除けていなかったんですね。
　　　　　　　　　　　　　　　　　　　　　　　　　　　　　　　　(J 6 夫)

　これは，よくあるパターンで，夫の認識は「平等」のつもりだが，妻の実感は「不平等」であり，「女性の二重役割」固有の葛藤が生じている。

　▶その状況を変えることになったのは，(家のローンのために生涯共働きを決めて，子どもが生まれるとき)やっぱりこれは共育てで行こうと二人で決めたという(こと)。ここで，じゃあ，やはり家事も半分にしなきゃ，やって行けっこないよねっていうところを，そこで初めて飲み込んだ。そういうライフデザインをしなきゃいけないんだっていうところまで，腰が据わって，そこでまあ，ある種開き直りができたんだと思いますね。　　　　　(J 6 夫)

　ここでようやく双方の実感として「平等」規範が深く内面化され，夫は覚悟を決めて仕事を調整しなければならないと認識しはじめる。しかし，揺れ戻しが生ずる。

　▶ただ，気持ちの上で開き直りはそこでいっぺんできたはずだったんですね，で，あの，実際に子どもが生まれて，しばらく妻は腱鞘炎になったりしてあ

1 平等主義タイプへの典型的移行事例

まり戦力にならないようなときには，だいたい残業の時間も非常に少なくなって，まあ10時間とかそのぐらいまで，で，家に帰ってきて何かをやっていた状況になったのですけれども。そこから妻が育児休業，それから育児短時間で家にいる必然性ができている時間というのが，一年以上続いたんですね。つまり妻の側が半日勤務ですから，その浮いた半日は，その分ぐらいは家事に割いても良いじゃないか。要するに<u>エクスキューズができた</u>んですね。そうすると僕の方はとたんにたがが外れて。たがが外れてっていう言い方はおかしいんですけれども，<u>もとの流れの方に戻されて</u>しまう。つまり妻の側で手が足りているのに，仕事休むのは，何となくこう，ずるずるとひきずられて，できなくなってしまう。そういう状況で，ま，要するに意志が弱いんですね（笑）。仕事に時間を割かざるを得ないっていう意識になってしまって。

（J6夫）

このように妻の育児休業や半日勤務は，平等に向かうベクトルを逆方向に押し戻す。再び平等に向かっていくには，同等な働き方とシビアな分担が必要だった。

▶それから妻がフルタイムで復職して，そうすると通勤時間もたまたま両方同じぐらいになってた関係で，交互に迎えを担当せざるを得なくなる。で，さすがにそこで，片方が送り番ね，片方が迎え番ねというふうに固定する気にはならなかったですね。その，半分ずつやるんだと，そこでは腹をくくっています。で，そうすると，私が迎えに行ったときは私がご飯を作るし，ま，お風呂の支度もするしというふうに，そこで初めて<u>強制的な役割分担がやってくる</u>わけですよね。そこで初めて。そこですね，<u>手が動くようになった</u>と。ここでまあ，一通りつながった。で，そこから先，実は私は物事の捉え方も考え方もほとんど変わっていないんですね。……じゃ，育休というのは何だったのかというと，ま，その中でバランスを取って，僕が<u>練習する期間</u>になった。で，<u>スキルと心構え</u>。心構えも若干密度は上がるわけですね。たとえば子どもとの接し方が密になるということで，より実感がこもるとか。そういうまあ，下支えの部分，<u>土台あげ</u>っていう意味で，まあ非常に大きな意味

第8章　平等主義タイプへの移行過程

を果たした。　　　　　　　　　　　　　　　　　　　　　　　　　（J6夫）

このようにして夫はようやく手足が動くようになり，技能も身に付いてきたと言える。しかし，それだけではない。夫の育休によって，さらに深い認識に到達した。

▶育児休業取って，あの，世の中のアンバランスが露骨にここに集約されているなっていうのを，周りの目から見ることができる。周りは，その，非常に差別的な扱いをしたとか，そういうことは一切なかったんですけれども。あっ，こういうこともできるんですね，と非常に好奇の目で見る。それはとりもなおさず非常に少ないからですよね。……周りはもう本当にやっぱり馬車馬のごとく働いているという状況，つまり<u>ギャップが体感できる</u>んですよね。そういう風にずらしてみると，そこで非常に良くものを見ることはできたと思います。……聖域なしにどこもかしこも見なきゃいけない。たとえば仕事だからっていって，そこの部分を聖域扱いするっていうこともないし，子育てっていうのは，たとえば子どもっていうのは神聖なものだとか，子育ては神聖だとか言って，そこを手つかずにするっていうこともなし。どこも折り合いだし，どこもその，ま，なんて言うんですか，最低線ていうのがあるし。つまり譲れないボーダーっていうのは，どの理由にもあるものだし，その，そうは言ってもつけなければいけない折り合いっていうのも，どの理由にもある。その部分のよりシビアなぶつかり合いっていうのが，たとえば育児休業取ったときに，もし折り合いが悪かったら，会社辞めなきゃいけないかも知れないけれども，ま，それはもう今の社会で男性優位の中で，今までのほんとやってきたつけが，たまたま一個まわってきても，ま，それぐらいは，別のところで何かやらなきゃいけないことだろうなっていう，開き直りになれるとか，そういう意味で基盤のところで開き直るきっかけにはなっている。その頃に，ま，聖域なしの行政改革という言葉が流行っていて，何も実行できなかったな，あいつらとか思いつつもですね，聖域なしのというあの捉え方は非常にいい。その時に，あ，この言葉だけはいただいておこうと。つまり<u>聖域なしのライフデザイン</u>という。だから，結局，女性のM字

就労曲線と男性の蒲鉾型の差というのは，<u>ライフデザインをしている，させられているという側と，押しつけて頬かむりしてライフデザイン何もしていないで何かに没頭しているという</u>，その典型的な差ですよね。で，さすがにこんな生き方はしたくないなっていうのが，育休を取るときに決断した時点で，そこから後は，それほどの変化はなく（現在を迎えている）。　　（J 6 夫）

　いささか長い引用になったが，なかなか味わい深い語りではないだろうか。
　要点をまとめると，夫は初めから妻の社会的能力を評価し平等な関係を望んではいたが，彼に見えていたのは就労面だけだった。実際に家の購入をきっかけに妻が対等に就労してはじめて，家事負担が妻に偏っていること（女性の二重役割）が見えてくる。そこで，家事の平等な分担が必要だと理解する。しかしその直後に「世間並み」の母性パターンに陥り，妻が里帰りや育児休業や短時間勤務をしている間に，ずるずるとジェンダー秩序のベクトルに流される。しかし，子どもを保育園に預けながら夫婦でフルタイム復帰してからは，現実に夫が手足を動かして家事に取り組まざるを得なくなる。その時点で，彼らは基本的に「平等主義」に移行したのである。
　第 2 子出産後，夫が育児休業を取ったのは「平等主義」の帰結にすぎない。だがそれは彼らにとって新しい経験を意味した。つまり 3 ヵ月間「役割逆転」をしたのである。
　そこではじめて，彼には今まで自明であった男性の働き方の異常さが見えてくる。仕事と家庭との間でライフデザインするのが女性だけであることのいびつさも見えてくる。そこで「聖域なしのライフデザイン」という言葉が生まれた。さらに否応なく具体的に手足を動かして，家事・育児の技能も身に付いてくる。
　また妻の側にとっても，新鮮な経験だった。育休父さんの新聞連載で，妻は次のようにコメントしている。「夫は育休中でも私と違って，家事を山積みにしたまま子どもと遊んでいたり，会社から帰った私にあっけらかんと『ごはん作って』と頼んできたりすることがありました。ずいぶんずぼらな主夫もいたものですが，おかげで私は家に帰るとイライラしていない夫に会えたし，子供もカリカリしていない親と過ごせました。家事が残っていても，二人でやれば

第 8 章　平等主義タイプへの移行過程

苦にならないし，早く片づいて夫婦の時間もゆっくり取れます。こういう生活が本当に心地よくて，夫婦の片方が我慢して抱え込むより，率直に分かち合った方がもう片方もずっと幸せになれるんだなぁと実感しました。私は『主婦としての役割』にしばられていたけれど，役割にこだわらずに我が家流の生活をつくっていく夫の方がかえって『主フ』向きかも知れません。」（育児休業を取った 6 人の男たち 2000：23）このように，妻の方も，役割逆転の経験によって，主婦役割の呪縛から解放されたと言える。

　ここから学べることは，「平等主義」が刺々しい葛藤状況ではなく，逆に二人にとって「本当に心地よい」均衡状態であることである。ホームページに妻は「子供もかわいいし，夫のこともあらためて好きになった」と書きこみ，夫も「今の調子でいきたいね。3 人目はどうする？」と書いた。その後，この夫婦は第 3 子を自宅出産して，妻産休後，夫育休，そして共にフルタイム復帰を果たし，育児生活を楽しみながら仕事も限られた時間にメリハリをつけて充実させている。

　J 6 は，相互に影響しあって変化してきた。この変化を，コムターの 3 つの権力概念を用いて整理してみよう。はじめは妻の就労意識は弱いものであり，「世間並み」に妻が育休を取ったり，「人並みに」夫は仕事にのめり込んでいた。つまり世間の常識という〈不可視的権力〉が作動して，二人は当たり前のように性別役割分業に嵌っていた。しかし相互の要請により，妻の職業意識が変わり，夫の家事意識が変わった。そこで共に働き，家事・育児をシェアするという合意は生まれたが，まだ〈隠れた権力〉が作動していて，夫の仕事が妻のそれより尊重されたり，家事に対する夫の実行力が伴わなかったりした。しかしさらに夫の育児休業という「役割逆転」を経験するなかで，仕事に対する妻の意識も，家庭責任に対する夫の意識も，一段とラディカルに変化し，両方とも仕事と家庭の折り合いを本気でつけるようになった。問題が，〈明らかな権力〉として見えるようになり，相互に交渉することが可能になった。「じめじめしたケンカ」から「明るいケンカ」になったのである。これは見えにくいジェンダー秩序を発見し，克服していく典型的なプロセスであった。

2 「男性の二重役割」タイプからの離脱条件

「男性の二重役割」タイプからの離脱には，〈不可視的権力〉の可視化が重要である。どのようにして，性別役割分業の問題点は見えるようになるのか。他のマージナルな事例を検討してみよう。イニシアティブは妻からも夫からもありうる。

◇妻からの交渉例

Ｊ１は「男性の二重役割」タイプから最も逸脱しており，男女平等意識の高い夫婦であるが，現実には妻の仕事はフリーの洋裁アルバイトにとどまり，夫婦間経済力格差を超えられない。しかしたとえアルバイトであっても，たまに「役割逆転」することがある。

▶フリーなもんですから，仕事があるときはぐーっとありますし，ないときはもう主婦の状態になれますし。　　　　　　（Ｊ１妻・洋裁アルバイト）
もちろん（土日に妻が仕事で）出かけているときは，夕飯も作るし，……それこそ温めるだけじゃなくて（買い物から始めて）全部やります。

（Ｊ１夫・地方公務員）

月に一度でも「役割逆転」経験があることは重要である。「男性の二重役割」タイプでは，あまり家事をめぐる「交渉」は行われず，夫の厚意の範囲で家事参加が行われることが多いが，この妻は「交渉」をたびたび行っている。

▶（家事分担は）ごり押しです。……こっちが態度で，これ見よがしにバタバタやったりして，やってよと言わんばかりに。　　　　　　　　　　（Ｊ１妻）
いらいらして態度で示されるから，あ，機嫌悪いなと思うと，やらなくちゃとなるわけ。　　　　　　　　　　　　　　　　　　　　　　　　（Ｊ１夫）
もちろん，勤めている時間に（夫に家事を）やれと言うのは無理ですね。で

も，私の考え方としては，私が昼間寝ていようが遊んでいようが，二人がそこにいる間は，半々で良いんじゃないのという考え方ですよね。……私は，こういう風にお父さんが何でもやるっていうのは，子どもたちにはいいと思うんですよね。（家事は）何でもないこと，普通のことだってすれば，子どもが大きくなったときも自然にやれますからね。女がやるものなんだっていう感覚を子どもに植え付けちゃうのが，私はいやなんですよね。対等に。稼ぎ云々じゃなくて。私のいとこは，妻の稼ぎの方が夫よりいいんです。だから，かれは一生懸命家のことをやってますね。　　　　　　　　　（J1妻）

しかし妻に経済力がなければ，家事をめぐる「交渉」は暗礁に乗り上げる。

▶そういうのいいな。うちは稼ぎもないのに。稼ぎのいい妻をもったら，僕は主夫になっても良いと思うもの。今の暮らしが維持できるのなら。
　　　　　　　　　　　　　　　　　　　　　　　　　　　　　（J1夫）
入れ替わって？　私も良いなあ，それ。　　　　　　　　　　（J1妻）
どうぞ，どんどん出ていってやってきてください。やれるもんなら，やって見ろですよね。　　　　　　　　　　　　　　　　　　　　　　（J1夫）
PTAの会長もやって？　　　　　　　　　　　　　　　　　　（J1妻）
何でもやります。そこでお母さんの大変さがわかるだろうから，途中で入れ替わってもいいと思いますよ。　　　　　　　　　　　　　　（J1夫）

普通はそこで「交渉」は止まってしまうだろう。しかしこのカップルは，さらに「平等」を掘り下げていき，アンペイドワークという不平等のからくりに気付く。

▶決して平等だとは思わないよ。……主婦の仕事って，朝から晩まで一生懸命やっていたとしても，金銭的な評価が出るものではないし，一人で居ればわからないじゃないですか。外の仕事は，男でも女でもいくらか稼いでくるし，主婦の仕事は換算したとき損というのはありますよね。そういう点で平等じゃない。大変だと思います。同じ時間働いても主婦は報われない。

2 「男性の二重役割」タイプからの離脱条件

(J1夫)

<u>女がやれば当たり前ですよね</u>。でも，この人なんか，私の具合の悪いときなんか，幼稚園の迎えをやったりすれば，まるで私が悪妻の典型なんて言われているんですよ。私が何にもしないから，お父さんが買い物したり子育てしたりしていると，世間は思っているんですよ。お宅のご主人いいわねーって言われちゃうとね。(親は)子どもに対して責任がありますよね。だからその時できる人がやるしかないですよね。で，有給(休暇)というものがあるのであれば。(私のように)フリーで仕事している人間は，一回仕事断ればもう仕事入ってこないですよね。だから，そういう面では有給がある人が有給とって，そこは面倒見るっていう考え方ですけどね。そこのとこだけが世間には見えるから，とってもえらいわねっていうふうに。じゃあ，<u>私がやっていることは，誰もえらいわねって言ってくれない</u>ですよね。そりゃあ男女不平等ですね。……そろそろ，フリーというのも今ほとんど失業状態だから，待ってるわけにもいかないから，そろそろ就職活動をしなきゃいけないなっていう気持ちはありますよね。

(J1妻)

しかしながら，現実に機会がない中で妻の就労意識は揺れる。

▶でも，何のために働いているのかわからないような高い保育料を払って仕事するのはね。少なくとも子どもが小さいうちは，その人が居なければ困るというような仕事でなければ，私は家に居てできる仕事をした方がいいなあって思いますよね。

(J1妻)

この夫婦は性別役割分業の問題に気付いていて，それを超えていきたいと思っている。妻は夫と対等でありたいし，仕事もしたいが，現実に良い仕事がないし，子どもを抱えての仕事は厳しい。そこで「子どもが小さいうちは」という理由で，現状にとどまる。夫も妻が働くことを否定しないが，現実に妻はアルバイトにとどまるので，彼の家事遂行も手伝いにとどまっている。

このようなケースは決して特殊ではない。もしも彼女の能力を生かせる職場があり，適切な費用で安心して預けられる保育サービスがあれば，夫婦は共働

きへと一歩を踏み出すだろう。ちなみに東京工業大学社会福祉政策研究会（代表土場学）が2001年に実施した「子育てと福祉に関する三鷹市民意識調査」によれば，子育て中の母親で専業主婦は7割であったが，そのうちの3割は就労意欲を持ちながらも不本意に専業主婦となっていた。土場はこのタイプの母親に対しては，子育て相談機能の充実を図っても「対症療法」にすぎず，「原因治療」にはなりにくいこと，そして就労意思のある主婦に対しては，就労支援が必要であると的確に述べている（土場 2002：65-74）。

◇夫からの交渉例

稀なケースではあるが，逆に平等な関係を夫から妻に迫る事例もある。Ｊ11は，夫が職業と家庭と社会活動に全力投球していて，妻のほうが夫の平等主義について行く。

▶まあね，要するに，（妻が）フルタイムで働くのはいやだ，でも子どもはもうほしくない（と言うので），私，頭来ちゃってね。何で<u>私だけが働いて家事も育児</u>もやって。あの頃は，結構ハードな時で。あんたは離婚するって怒っちゃったんですよ。そしたら，（妻は）ちょっと考えて，それで（パートのヘルパーとして）働き出す，子どもについてはもうちょっと考えるということで，ここに越してきて……長男ももう手が掛からなくなってきたから，じゃあ，（里親を）やってもいいということで，里親センターに電話で申し込んだ。　　　　　　　　　　　　　　　　　　　　　　　（Ｊ11夫・地方公務員）

（里子を）預かるのは大変。思い入れのある人がやった方がいい。……うちは施設みたい。園長先生が居て，彼は頑固で。　　（Ｊ11妻・パートヘルパー）

彼の社会批判は鋭い。

▶福祉の世界は遅れている。性別役割分業が強調される。お母さんの愛情（が強調される）。里子は保育園に入れられないのもおかしい。法的根拠はない。厚生省の通達のみ。措置保育がだめなら，自由契約でも，お金は掛かるがやってみよう，ダメならダメな根拠を示してもらおうと考えている。契約

を取り消されるなら不服申し立てをする，一市民として。保育園は親と一緒に子どもを育てていく姿勢があるが，幼稚園は主婦を前提とした態勢で，父親が参加できない。　　　　　　　　　　　　　　　（J11夫・地方公務員）

◆〈不可視的権力〉の可視化

以上の2例は性別役割分業を一歩踏み越えたとたんに，世の中の仕組みのおかしさが見えてきたことを示している。J1では妻の就労意欲が，J11では夫の育児責任遂行が，それぞれ性別役割分業の境界を越えようとしていた。このように〈不可視的権力〉の存在は，世間の常識の枠を越えたときに経験的に認識される。

他の事例にも目配りしながら，離脱条件を整理しよう。

第1の条件は，やはり妻の就労意欲である。J1妻は就労意欲を持ち，J11妻は夫に励まされて仕事に向かうが，他の「男性の二重役割」に安住している事例では妻は自発的に非就労を選んでいる。

▶弟の奥さんは子育てよりも外に出たいという人。私はそういうタイプではない。　　　　　　　　　　　　　　　　　　　　　　（J7妻・専業主婦）
▶私は家にいたい人なの。……早く仕事を始めたいとは思わない。
　　　　　　　　　　　　　　　　　　　　　　　　　　　（S2妻・学生）

第2には，仮に妻が就労意欲を持っても，現実の就労可能性という条件がある。多くの非専門職の妻にとっては，いったん職業を中断したあと，正規の仕事に就くのは容易ではない。就労可能性は，労働市場におけるジェンダー秩序に大きく依存している。

▶仕事していたときには，すごくきつくて。……家事と両立しないし，体力的にもう限界だった。……でも，辞めてみると，テレビで同期が出ていたりとか，私なんかが働いていた頃よりも職域が広がっているというのを見ると，戻ってみたいなあというのがありますね。仕事していたときは，もう精一杯というのがあったんですけど。でも，実際にはもう戻れない。いったん辞め

第8章 平等主義タイプへの移行過程

てしまうと，もう女性消防官にはなれない。その補助的な仕事というか，救急の指導する仕事とか，あと防災官，説明のお姉さんみたいな，そういうのにはなれるのですけど。　　　　　　　　　　　　　　　　　（J15妻・専業主婦）

　第3に，夫の稼ぎ手意識が挙げられる。J6とJ11では，夫は妻の就労を積極的に推奨していた。J1・S2・F8の夫たちは，推奨も抵抗もしない。しかしJ7の夫は，明確に抵抗していた。このような夫の態度は，移行に際してひとつの条件となる。そして夫の合意に左右されること自体が，ジェンダー秩序の作動と言える。通常夫の就労に妻の同意は求められない。
　第4に，妻の就労意欲を抑制しているのは，育児意識である。

▶預けて育てるというのが，まず私は嫌だったんですよ。子どもの成長を見届けたかったというのがあって。　　　　　　　　　　（J15妻・専業主婦）
▶ずっとパート……子どもたちのためにまだやることがある。
　　　　　　　　　　　　　　　　　　　　　　　　　　（F8妻・花屋店員）
▶次の子どもが生まれるし，家に子どもと一緒にいたいわ。（S2妻・学生）

　子どもを自ら囲い込んで育てようとすれば，子どもの生活の一部を他者の保育にゆだねることができず，育児期の就労は不可能である。このような女性の内的な抵抗は，日本だけでなく，フランスでもスウェーデンでも見られた。日本では「3歳児神話」，スウェーデンでは「1歳児神話」，フランスでは「2歳児神話」のようである。
　対等を願うカップルが育児を通じてジェンダー不平等に陥っていく鍵は，この「囲い込み」である。子どもを囲い込む育児は，女性の就労意欲を抑制するだけでなく，いろいろな問題を孕んでいる。そうした問題は既に認識されており，前章の分析でも，例えば「専業育児の大変さ」として語られていた。しかし，「男性の二重役割」タイプでは，母親への囲い込みは解いても家庭への囲い込みは解けずに，夫の育児遂行によって解決していた。そこでは，育児を社会化し，子どもの生活の一部分を家庭外の保育にゆだね，親子が離れて子どもが仲間集団の中で育つ時間を持つことは，あまり視野に入ってこない。このよ

うな視野の限定が、このレベルでの〈不可視的権力〉の特性である。
　以上の分析から、「男性の二重役割」タイプからの離脱には、妻の側の変化、すなわち①育児の囲い込み意識からの解放、②就労意欲、③労働市場での仕事獲得が必要である。また、夫の側の④稼ぎ手意識の変容も不可欠である。このような変化のプロセスにおいて〈不可視的権力〉は可視化され、それが夫婦に共有されることにより離脱が促される。

3　「女性の二重役割」タイプから「平等主義」タイプへ

　妻と夫が共に稼ぎ手になった後にも、ジェンダー秩序が存在する。「女性の二重役割」タイプから「平等主義」タイプへの移行には、どのような条件が必要だろうか。ふたつのタイプの事例を見比べながら検討していこう。
　第1節で詳述したJ6の事例から、「平等主義」に移行する際に鍵になった条件を挙げるならば、以下の3点である。
①夫の仕事と妻の仕事の同等な扱い
②「役割逆転」の機会
③妻と夫の家事育児責任の同等な扱い
　これらの3条件は、他の事例にも説明力を持つ。

◆夫の仕事と妻の仕事の同等な扱い

　それぞれの仕事が同等な社会的責任を有し、同じように遂行に値するものであることを、夫妻が互いに心底から認識し実践していくためには、同業であることはわかりやすい。例えば、J6は同級生から出発したエンジニア同士、J10は芸術家同士、S3はジャーナリスト同士、S10は国家公務員同士、S15は郵便局員同士、F9は共に国家博士号取得を志す中学校の教員同士、F12は企業管理職同士である。彼らは互いに相手の仕事のおもしろさも困難さも実感的に理解しうる。しかし同業であれば同等な扱いができるかと言えば、必ずしもそうではない。J4は中学校教員同士、J16は高校教員同士（ただし妻の育児休業中）、F15は同じTV界の類似職種であるが、「女性の二重役割」にとどまっていた。逆に異業種に従事していても、互いに相手の仕事を尊重することは

できる。例えばF13は妻が企業技術者で夫が大学講師，J8は妻が公務員介護専門職で夫が企業職員，S14は妻が准看護師で夫は電気店自営など，「平等主義」タイプには沢山の異業種カップルがいた。したがって大切なのは，妻の仕事を夫の仕事と同等にみなす「聖域なしのライフデザイン」の姿勢を双方が持ちうるかどうかである。

言い換えると，子どものケアとの関連において，カップルのどちらの仕事に重きを置くか，主にどちらが仕事を減らすかという〈カップル戦略〉の違いが，2つのタイプの分岐点なのである。

妻が仕事を調整するという戦略を取れば，「女性の二重役割」タイプになる。

▶フランスでは家族内の男女平等は進んできたと思う。例えば家事。皿洗いは機械があるが，ここでは料理は僕がするし，家事や育児はだんだんシェアされるようになってきた。それに対して，男女平等が進んでいないのは職業キャリアの方。子どもが1人ならあまり問題ないが，子どもが2人3人といたらどうなるだろうか。育児のために仕事を減らすのは女性の方だ。育児期をパートタイムで働く女性は少なくない。その意味では，父親と母親の間は平等ではない。家事分担は平等でも，仕事は平等でない。

（F3夫・企業管理職）

私は3番目が生まれるまでは沢山働いていました。そして3番目が生まれたとき1年の休暇を取って，その後フルタイムではないけれど再び働き始めたのです。（弁護士という）私の職業がそれを可能にしたのですが，どうしても昼間は沢山働けない。毎日4時半に仕事を切り上げて学校に子どもたちを迎えに行く。でも，夜9時半に子どもたちが寝てしまうと，私はまた仕事をする，夜1時2時まで。同様に水曜日は（子どもの学校が休みなので仕事を）休むけれど，土曜日は夫が見てくれている間に仕事をする。（F3妻・弁護士）

夫も仕事を調整するという戦略を取れば，「平等主義」タイプになる。

▶体力的にきついから（妻が仕事を）やめようかって言う話は常にあるんです。私が専業主夫になろうか，なんて言ったりするんですけど。……私は結

3 「女性の二重役割」タイプから「平等主義」タイプへ

婚する時点で，仕事している妻が，何というのかな，やっぱり一緒に家庭を持って，いろいろ仕事の話とかしながら，張り合いのある関係を続けて行けたらって思って結婚したところが動機にあるものですから，<u>基本的にはやめてもらいたくないっていうのが，すごく強くありますね</u>。……経済的なこともももちろん半分ぐらいあるんですけど，それが仮に抜きであったとしても，たぶん（妻が仕事を）やめたら，あんまり張りがなくなっちゃうかな，みたいな。で，まあ，子育てっていうのは，あの，永久じゃないじゃないですか。ゴールがありますよね，必ず。……やっぱりつらいのって小さいときだけだと思うんですよ。　　　　　　　　　　　　　　　　　　（J 8夫・企業職員）
<u>やめる順序がすごい</u>。（君がやめるくらいなら）僕が先にやめるよって言うから。（笑）えーっという感じですよ。　　　　（J 8妻・公務員ヘルパー）

　もっとも，1日だけの欠勤であれば，もっと広範の男性に可能である。「女性の二重役割」タイプの事例の中にも，夫の方が非常時に仕事の調整をする時がある。

▶子どもが病気の時は，<u>夫が何とでもなるから子ども優先だと言って休みました</u>。　　　　　　　　　　　　　　　　　　　　（J 4妻・中学校教員）
たまたま生徒指導担当で，生徒指導が大変じゃなくて授業数も少なかったから休めた。今でも，学校に研究会などで行かなければならないときも代打がいますし，また教育委員会は学校を指導するのじゃなくて学校を支援する立場なのだから，うちの上司なんかは，<u>そういうときは絶対に女房を行かせろ，おまえが休めって言ってくれるんですよ</u>。現場の先生は子どもがいるから休めない。指導室の方は融通が利く。　　　　　　　　　（J 4夫・中学校教員）

　〈カップル戦略〉の背景には，夫妻の経済力の格差がある。統計的な標本調査ではないので厳密な有意差の検証にはならないけれども，試しに妻の夫に対する経済的依存度（E.D.）の平均値を本調査事例について計算してみると，「女性の二重役割」タイプでは0.17，「平等主義」タイプでは0.05と，わずかに差が見られた。

第8章　平等主義タイプへの移行過程

▶（いろいろ妻の方が負担しているのは）今，仕事が大変だからね。
　　　　　　　　　　　　　　　　　　　　　　　（Ｓ１夫・企業管理職）
今は，育児休業中の私の方が容易だから。　　　　　（Ｓ１妻・看護師）
（育児休業を）上の子の時は３〜４ヵ月とりました。第２子の時は「パパの一ヵ月」を夏休みと重ねてとりました。８ヵ月前に仕事が変わり，今はとても責任が重いから。　　　　　　　　　　　　　　　　　　　　　　　（Ｓ１夫）
それにお金の問題が大きいわ。私より彼の方がずっとたくさん稼ぐから。
　　　　　　　　　　　　　　　　　　　　　　　　　　　　　（Ｓ１妻）

　また妻が夫の仕事の手伝いを仕事にしているとき，なかなか「平等主義」に移行しにくい。Ｊ17妻は牧師夫人という立場，Ｊ14妻は家業の印章業の事務という立場で，夫の行く道に寄り添って生きている。このような補助的仕事の枠組では，夫の仕事は最優先であり，家事・育児分担をめぐる多少の交渉が行われても，平等な関係にはなりにくい。
　このように「仕事の格差」が〈カップル戦略〉の形で〈隠れた権力〉を作動させる。

◆「役割逆転」の機会

　仕事が同等であれば，日常的に「役割逆転」の機会が生まれる。たまに妻が不在の時に代役を務める程度にはとどまらず，定常的に交替で子どもの世話や家事を分担する必要が生じる。「女性の二重役割」から「平等主義」に移行していきそうな気配があるカップルにおいては，この「役割逆転」が頻繁に行われている。
　Ｊ９は，夫が週日は長距離通勤のため家事・育児分担が充分にできないことを埋め合わせるため，土曜日は妻が出勤し，夫が一日子どもの世話をしている。

▶（夫は）土曜日やっぱり朝から一日（子どもを）見ていると（笑），非常におかしいんですけれど，それで私は仕事から帰ってきて，非常にゆとりを持って帰ってきているので，よくわかるんですよ，いつものたぶん私の状況に

なっていて，もうご飯の食べ方から何から（子どもに）怒って，もうすっかり，結構（イライラが限界に）来ているなっていう感じで。だから，やっぱり一日見ているとそういう状況に陥るんだなぁって。　　（J9妻・薬剤師）

終電で帰ってくるのを1週間2週間続けたときに，家庭が，家事が成り立たなくて文句がでるっていうことを，許されるかっていうと，現状は許されないと思うんですよ。仕事としては，もう少し気を入れたいなと思うことはあるんですよ。でも，……（妻に）負担がかかって来るっていうことが……そうするとうるさいんで（大笑い）。言葉を変えると，（妻は）精神的に余裕がなくなると，あの……安定がなくなるタイプの人間だっていうことがわかっているんで，できるだけそこは負担をかけないようにしたいなあというのが良い言葉で，そうなるとめんどくさいから最低限手伝っておかないと後がうるさいぞーって。　　　　　　　　　　　　　　　（J9夫・企業研究者）

　このように定常的に週1回「役割逆転」する経験は，相互の理解を深めて分かち合いを推進している。
　スウェーデンの「平等主義」タイプの雇用労働者は，夫が長期の育児休業を取得している。S3夫（日刊紙記者）は，第1子に8ヵ月，第2子に7ヵ月取得した。S5夫（出版社編集者）は，9ヵ月取得。S9夫（政府専門職）は，第1子に4ヵ月，第2子に7.5ヵ月取得。S10夫（国家公務員）は，3人の子どもにそれぞれ7.5ヵ月，8ヵ月，10ヵ月取得。S15夫（郵便局員）は，2人の子どもにそれぞれ2ヵ月取得した。ただし，S13（牧畜自営）やS14（電気店自営）のように自営業の場合は，育児休業という形での育児遂行は難しい。父親の育児休業は，「役割逆転」によって互いの認識と行動が変わる好機と言える。それに対して，妻だけが育児休業を長期に取ることは，ジェンダー秩序のベクトルを強化する。

◆**妻と夫の家事育児責任の同等な扱い**
　「女性の二重役割」タイプでは，第6章で見たように，性別特性による相補性や愛情の名のもとに家事・育児責任が女性に重くかかっていた。それに対して，同等な家事育児責任を求める「交渉」が行われれば，「平等主義」タイプ

第8章　平等主義タイプへの移行過程

に移行していく可能性がある。
　Ｓ１は看護師の妻が長期の育児休業を終えて職場復帰していくとき，夫婦で新たな責任分担に入ることを自覚していた。

▶（妻が育児休業中の）10月までは何も心配せずに仕事の計画を立てられたが，10月以降は妻のスケジュールを見て，計画しなければならない。以前もそうだったが，時々タクシーですっとんで帰らなければならないこともあるだろう。　　　　　　　　　　　　　　　　　　　　　　　（Ｓ１夫・企業管理職）
今は（育児休業で）私が家にいて，彼が家にいないから，私がやっていますけれど。状況次第で変わりますし，交替可能です。特に私に残業があるときは，彼がすべてやりますから（復帰後には）私たちはフィフティ・フィフティです。　　　　　　　　　　　　　　　　　　　　　　　　（Ｓ１妻・看護師）

　Ｊ16は，教員の妻が育児休業の終わりに夫に対して話し合いを求めていた。

▶（分担についての話し合いは）ありますね。まず，結婚したときに，こういう風にしようね，私は掃除は嫌い，掃除機が重たくて嫌いだから，やってね。その代わり私は洗濯も料理もするから，みたいに最初に話し合って。あと（夫は）食事の後かたづけっていう形でスタートしたんですけれども。何か気がつくと，私もわりとこう何か，もうだめだと思うと自分でやってしまうところもあったりするし，結構我慢しちゃう人なので，何か（笑），あのそうですね，１年に１回ぐらいかな，時々ね。　　　　　（Ｊ16妻・高校教員）
ちょっとこう，家族会議並み，じゃないですけど。　　（Ｊ16夫・高校教員）
ちゃんとしてくださいねって言う感じで。こういうはずだったんじゃないのって言って。そうだった，そうだった，ごめんごめんって言う感じで。それの繰り返しのような。（笑）それで今日まで来てしまったかなっていう感じすね。……（職場復帰するときは，もう少し分担を変えたいと）思っています。この間（保育園の）遠足があったときに，やはりこの４月に復帰された高校の先生のお母さんに，いろいろ根ほり葉ほり，お父さんとどういう分担になっていて，朝何時頃起きて，一日の流れがどうなっているかについて詳しく

178

聞いて。それに際しては，やっぱり二人で何度も何度も話し合って，今こういうことなんだけど，それでもなかなか大変よって言う話を聞いていたんで。あと1月ちょっとあるんで，その間に私は<u>話し合わなきゃいけない</u>なと思っていました。(笑) （J16妻）

同等な家事育児責任を求める「交渉」が実るには，様々な要因が作用している。

それぞれの職場の条件によって，家庭に居られる時間の制約がある。例えば同じ教員でも，勤務先の学校の特徴やクラス担任を外れるかどうかなど仕事の割り当てによって，条件は異なる。また勤務先の要請をどれだけ内面化するかによっても，男女の家庭優先可能性は異なる。実は多くの場合，職場の制約には工夫の余地がある。各職場で各々がきちんと一人前の責任を果たしながらも，柔軟な勤務形態を編み出すことは，IT時代に益々可能になってくる[1]。「職場の制約」という〈隠れた権力〉をどこまで聖域なしに見直し工夫できるかが問われてくる。

また妻が学生や大学院生であるときは，夫に対する経済的な依存度も高く，妻の方が比較的時間の自由がきくため，たとえ学業にさく時間がフルタイム労働者並みであっても，夫に対して同等の家事育児遂行を要求しにくい。学業を後回しにして子どもの病気に対応したり，家事・育児の責任主体になるのは，妻が多い。これも〈隠れた権力〉である。

▶どちらかというと，私は講義を休むわけにはいかない。

（S11夫・大学教員）

▶（子どもが病気のとき医者に連れて行くのは）私が非常に多い。……時間的に自由がきくから。単純明快。 （F2妻・大学院生）

以上の分析から，「女性の二重役割」から「平等主義」への移行には，定常的な「役割逆転」機会に相互理解が培われることがプラスに作用することがわかる。しかし，①「仕事の格差」に根ざした〈カップル戦略〉，②「職場の制約」，③学生の分際意識などは，〈隠れた権力〉としてマイナスに作用する。移

第8章　平等主義タイプへの移行過程

行は決して女性の男性に対する「交渉」の一方的な勝利ではなく，このような〈隠れた権力〉を明るみに出しつつ，男女がともに変わっていくプロセスなのである。妻の方も家事育児を抱え込んだり，やりたいことを断念しないことが重要であり，夫の方も職場の責任に絡め取られずに，家事育児責任との徹底したバランス調整が必要である。

　最後に，「平等主義」カップルは，必ずしもそこに安定しているとは限らない。例えば，F10妻（政府専門職）は，今は忙しく仕事しているが「いつか私の職業的キャリアより子どもや家族生活を優先する選択をしなければならないと思う」と述べ，F12夫（企業管理職）は，父親の育児休業について「馬鹿な議論」「お門違い」「理解されないことだと思う」と述べている。この二つのフランスの事例は，男女は平等（égale）ではなく相補的（complémentaire）であると語り，それは第6章で見てきたように「女性の二重役割」タイプに特徴的な語りであった。したがって状況次第で「平等主義」から「女性の二重役割」に戻りやすいマージナルな事例と言える。「平等主義」タイプの中では，F6，F7，F9，F13，J6，J8，J10，J12，S3，S5，S9，S10，S14，S15など，カップルが互いに仕事と家事育児責任を同等に扱っているケースは，安定性が高い。

4　移行過程の全体像

　以上，家庭内のジェンダー秩序の流動化過程を，分析的な二段階に分けて検討してきた。「男性の二重役割」タイプから「女性の二重役割」タイプへの移行過程に必要な条件は，①妻の就労意識の変化，②妻のフルタイム就労可能性，③夫の共稼ぎ意識，④妻の育児意識の「囲い込み」からの解放と保育の充実であり，さらに「女性の二重役割」タイプから「平等主義」タイプへの移行過程に必要な条件は，①夫婦の仕事の同等性，②「役割逆転」の機会，③夫婦の家事育児責任の同等性であった。

◆「役割逆転」の位置づけ
　このように整理すると，「役割逆転」タイプとは，移行過程に時々あらわれ

る一時的「役割逆転」と連続的であることが見えてくる。つまり「男性の二重役割」タイプでも，夫は妻がたまに居ないときはケア役割を代行していた。「女性の二重役割」タイプでは，その頻度が妻のフルタイム就労によって高まっていた。さらに「平等主義」タイプへの移行過程で，父親の育児休業や週一日交替など，日常化した「役割逆転」機会が見られた。それが，夫の退職・休職・転職などで稼ぎ手役割の部分にも逆転が生じ，「役割逆転」が深く定常化している状況が，「役割逆転」タイプなのであった。ただし，「役割逆転」タイプは常に「平等主義」へと押し戻される傾向が強いことは，既に述べた通りである。

　一般に「役割逆転」機会は，ジェンダー秩序に対抗するベクトルを供給する。しかし「男性の二重役割」タイプでは，そのインパクトは弱く，ジェンダー秩序を揺るがすに至らない。父親の育児参加は，母親の育児負担を軽減し，家庭の平和に貢献するが，必ずしも育児の社会化を推進せず，育児問題の家族主義的解決に向かいがちである。しかし，「女性の二重役割」タイプにおいては，「役割逆転」機会の増加と日常化は，ジェンダー秩序の流動化にとって重要である。事例Ｊ６で見たように，男性の意識を変え，ケア能力を高める効果があり，また女性の意識も変え，職業への取り組みを高める効果がある。

　◆〈共同性〉と〈個〉

　ジェンダー秩序の流動化は，家族の〈共同性〉とどのように関わっているだろうか。果たして「男性の二重役割」から「女性の二重役割」を経て「平等主義」タイプへと移行していくことは，家族が〈共同性〉を失ってバラバラの〈個〉に分解することなのだろうか。私のインタビュー調査からは，逆の様相が見える。

　「男性の二重役割」タイプは，第７章で見たように，性別役割分業を基本にしながらも，家族の「一体感」から，妻の専業育児の大変さを認めた夫が，楽しみとして家事育児に関わっていた。この〈共同性〉は男女が補い合って一つのユニットを形成するという〈相補性〉の考え方に基づいている。例えば以下のＪ17夫妻の語りは象徴的である。

第8章　平等主義タイプへの移行過程

▶夫婦はひとつ。　　　　　　　　　　　　　　　　　　　（J17夫・牧師）
　主人が行く道をついていく。　　　　　　　　　　　　（J17妻・牧師夫人）

　しかしマージナルなケースのJ1夫妻のように，互いに〈個〉としてそれぞれの役割を捉えてみると，女性に家事育児というアンペイドワークが貼りつけられている理不尽さが見えてくる。つまり，〈個〉の自覚が「自明性」を鋭く突き，「不可視的権力」をあぶり出す。だが，彼らは，個人主義の角を突き合わせて闘っているのではなく，それぞれの人生を互いに豊かにし合う，自立的な〈個〉の新たな関係を求めていたのであった。

▶私は自分の子どもは自分のものと思っちゃいけないと思うから，とにかく，社会にでるまでここで育てるという考え方……(子どもにとって)お父さんは，(単に)お父さんなんですよ。お母さんの好きな人という感覚が子どもにない。……私は(子どもには)さっさと自立してほしいです。

　　　　　　　　　　　　　　　　　　　　　　　　（J1妻・洋裁アルバイト）

　「女性の二重役割」タイプは，第6章で見たように，共にフルに働きながらも，妻の側に自分のやりたいことの断念や家事育児の抱え込みがあり，夫の不十分な家事遂行はしばしば性別特性に基づく〈相補性〉や愛情の名の下に正当化されていた。この〈共同性〉は一方向的な性格を持つ。男性の仕事は優先され，家族の〈共同性〉のためにしばしば女性の〈個〉が抑えられた。J16妻は，長い育児休業の終わりに「良い時間をもらえたなぁと思う。すごく充実した感じがあって，ほんとに子どもって面白くて，何か毎日幸せだなーと思う」と語りつつ，同時に〈個〉としての葛藤も語ってくれた。

▶子育てを一通り終えた○○先生なんか見ていると，すごく勉強されているので，私は，やー，私はそういうところはすごくおろそかになっていて，自分ももう少しあれもこれもできるのに，時間がないからきっと，ちょっとオミットされちゃっていて，それで本当はもう少しあれも読みたいこれも読みたいけれども，すごくジレンマだなぁっていうの，ちょっと隣の席にいた男

の人に話したら，しょうがないよ，あんたは今こんな小さい子どもがいて大変だからね，もう少ししてあれぐらいの域になったときにできるんじゃないのって言われて，あぁそういうことなのかなって，そのときはそこであきらめちゃったんですけど。やっぱりこう，ありますよね，葛藤がね。何かそれをやりたいと思いながらそれができないという。　　　（J16妻・高校教員）

「平等主義」タイプは，第4章で見たように，互いに同じではない異なる個性が，稼ぎ手役割も家事育児役割も半分ずつ分かち合うこと，共同で決定すること，役割を固定せずに柔軟な交替可能性を保つことをめざしていた。それは単なる一体感でも，性別特性に基づく〈相補性〉でもなく，〈個〉をふまえた高次の〈共同性〉である。

▶私たちの仕事はどちらにとってもとても重要で，そして二人とも子どもを持つことを望んだ。私たちはそれをとても楽しんでいる。競争はない。……私たちは子どものいるカップル。まずカップルであり，それに子どもがいる。私たちはそれぞれ，その子どもとの関係を持っている。私たちの関係はとても個人的。私たちは三人なのだけれど，同時に私は娘との特別な関係を好んでいるし，夫との特別な関係も好んでいる。ときどき三人になるが，私はどちらかと言えば二人関係が支配的だと思っている。……（家族とは）個々人の関係からなる状況（situation）と言える。一般に女性が犠牲を強いられることが多いが……私は決して（jamais jamais jamaisと強調）自分が犠牲になっていると思わない。
（F9妻・中学校教員）

このように，〈共同性〉は失われるどころか，単なる一体性から〈個〉をふまえた〈共同性〉へと高められている。そもそもカップルがいろいろなことをシェアすること自体，〈共同性〉を前提としている。言わば共同性の質が異なるのであった。

◇**移行過程の全体像**
最後に，本章で展開してきた，平等主義タイプへの移行過程を，第Ⅱ部の4

第 8 章　平等主義タイプへの移行過程

図 8-1　移行過程の全体像

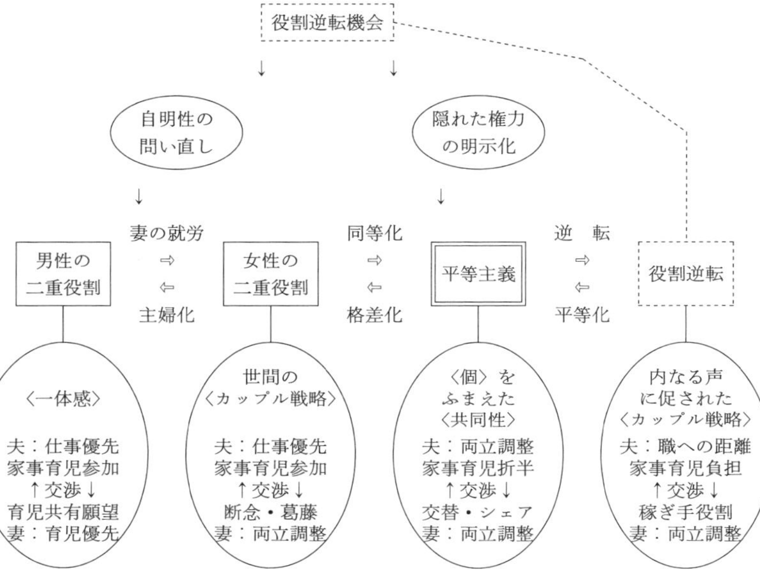

```
                    ┌─────────────┐
                    │ 役割逆転機会 │
                    └──────┬──────┘
                      ↓        ↓                              ┊
                ╭─────────╮  ╭─────────╮                      ┊
                │ 自明性の │  │ 隠れた権力│                   ┊
                │ 問い直し │  │の明示化  │                    ┊
                ╰─────────╯  ╰─────────╯                      ┊
                     ↓            ↓                           ┊
             妻の就労        同等化          逆　転           ┊
   ┌──────┐ ⇒ ┌──────┐ ⇒ ┌──────┐ ⇒ ┌──────┐
   │男性の│    │女性の│    │平等主義│   │役割逆転│
   │二重役割│⇐ │二重役割│⇐ │      │⇐ │      │
   └──────┘    └──────┘    └──────┘    └──────┘
      主婦化       格差化      平等化
```

〈一体感〉	世間の〈カップル戦略〉	〈個〉をふまえた〈共同性〉	内なる声に促された〈カップル戦略〉
夫：仕事優先家事育児参加 ↑交渉↓ 育児共有願望 妻：育児優先	夫：仕事優先家事育児参加 ↑交渉↓ 断念・葛藤 妻：両立調整	夫：両立調整家事育児折半 ↑交渉↓ 交替・シェア 妻：両立調整	夫：職への距離家事育児負担 ↑交渉↓ 稼ぎ手役割 妻：両立調整

　類型の分析をふまえてまとめると，図 8-1 になる。

　「男性の二重役割」タイプにおいては，基本的に夫は仕事優先／妻は育児優先という枠の中で，抱え込み育児の大変さから相互交渉によって夫の育児参加が引き出され，〈一体感〉が維持される。しかし，共働きの必要性あるいは妻の就労意欲の増大などに伴い，妻がフルタイム就労すると，「女性の二重役割」タイプに移行する。この移行過程で，自明性という不可視的権力が可視化される必要があり，妻の側では育児の抱え込み意識からの解放が，夫の側では稼ぎ手意識の変容が迫られる。

　「女性の二重役割」タイプにおいては，夫は仕事優先／妻は両立調整という基本枠の中で相互交渉が行われ，夫の家事育児参加が引き出されるが，妻はやりたいことの断念や葛藤を経験する。ここでは，世間の規範に従った〈カップル戦略〉が維持される。しかし夫妻の仕事と家庭責任が同等化されれば，「平等主義」タイプへと移行する。この移行に際して，定期的な役割逆転機会は，隠れた権力を明示化するのに役立つ。逆に，妻の葛藤が深まり断念が強まった

とき，もしも家計状況が許せば，妻が主婦化して「男性の二重役割」に戻っていく可能性もある。

「平等主義」タイプにおいては，夫妻ともに職業と育児との両立調整を行い，稼ぎ手役割も家事育児も折半，交替，シェアしうる。このような〈個〉をふまえた〈共同性〉は，ジェンダー秩序のベクトルに絶えず対抗する相互交渉によって成り立つ。もしも夫妻の仕事と家庭責任が格差化されれば，ジェンダー秩序のベクトルに容易に流されて「女性の二重役割」タイプに戻って行く可能性がある。また夫の職への距離化が強まり，妻の職業意識が強ければ，役割逆転して「役割逆転」タイプに移行しうる。

「役割逆転」タイプにおいては，相互交渉により，夫が稼ぎ手役割に縛られず家事育児責任の主体になり，妻が稼ぎ手役割を果たしている。ここでは，内なる声に促された〈カップル戦略〉が維持される。しかし役割逆転は不安定で，常に平等化の圧力に晒されており，夫の再就職により「平等主義」に戻りやすい。言い換えると「役割逆転」タイプは「役割逆転機会」と連続的であり，絶えず「自明性」を問い直し「隠れた権力」を明らかにする「平等主義」維持装置と見ることもできる。

以上の移行過程モデルは，法則的必然性を示しているのではない。法則定立的な研究のためには，大量データで計量的に相関関係を確定していく必要がある。しかし第１章で見たように，計量的研究で取り上げられる変数の数は限られており，また変数自体の単純化を強いられるので，複雑な変化の過程の内的な深い理解を得ることは難しい。本書は，語りの質的分析によって，カップルが相互交渉を通じて変わっていく過程を，内在的に理解し，実践的に応用可能な解釈をすることを目指している。木下康仁の提唱する修正版グラウンデッド・セオリー・アプローチ（木下 2003：227）がそうであるように，固有の問いを持つ研究者がデータを解釈して得られたカテゴリー・セットを変動過程モデルに表現したもので，他の研究者や実践主体が，別のデータで応用し修正することに対して開かれている。

注
1) 佐藤博樹は，各人が少しずつ仕事範囲を広げて互いに柔軟に欠勤に対応でき

るようになっている組織は，組織効率が良いと指摘し，男性が育休を取れるような職場態勢作りは，経営にも労働者にもメリットが多いという（佐藤・武石 2004）。

第9章

世代間の変動

　本章では世代間の変化について検討する．インタビューでは，親の世代との違いにしばしば話が及び，多数の調査協力者が自分たちと親の世代とは大いに違うと語った．いったいどのように変化したのだろうか．

　本調査は子育て現役世代を対象にしており，47事例の親世代94組の老カップルについて詳細な情報があるわけではない．それでも試しに共働きか専業主婦世帯かについてだけ検討してみたが，親世代と子世代の間に，タイプの規定関係を見いだすことはできなかった．専業主婦世帯に生まれ育った息子や娘が，平等主義カップルを形成していたり，共働き世帯に生まれ育った娘が，専業主婦になっていたりする．当然のことながら，個々の親世代と子世代との間に，何らかの直接的な変化の方程式を見いだすことはできないのである．

　むしろ二つの世代の間で変化したのは社会環境と社会的言説である．子世代が親世代とは異なる状況のもとに生活していると共に，親世代自身も30年の間に変化している．調査協力者の年齢は，インタビュー当時20代後半から40代後半くらいなので，その親たちは，1960年代から80年代初めにかけて子育てをしていたと考えられる．1970年代は日本では専業主婦が広がった時期であるが，フランスとスウェーデンでは共働きが拡大していった時期である．そのような社会的変化の文脈の中で，子世代が語る親世代のありようを通じて，歴史的な変化がどのようなものとして経験されたか，リアリティを垣間見よう．

　本調査では親世代への体系的インタビューを計画していなかったが，フランスのブルゴーニュ地方で農民家族の二つの世代に直接インタビューをすることができた．第1節では，そのペア事例の紹介を通じて，広範な世代間変動と世代間葛藤を抽出する．第2節では，性役割の流動化，とりわけ父親の育児参加傾向について述べる．第3節では，その背景にある社会の構造的変動と父親役

割の変化について考察する。そして第4節では、世代間変動の仮説的モデルを提示しよう。

1　フランス農民家族の2世代の事例

子世代のF5夫妻については、すでに第6章「女性の二重役割」タイプの典型例として紹介したので繰り返さない。ここではF5夫の親世代夫婦の話（番外）を、子世代の語りも交えて取り上げる。

◇親世代の家父長的協働

老夫婦は共にブルゴーニュ地方の農家に生まれ、1959年に結婚し農民として二人で働き、現在はすでに退職して年金生活をしている。結婚40年、息子（38歳）が1人いて、それがF5夫である。彼らが子育てをしていたころは、農業と家事はつながっていて分けられなかった。女の総労働時間は男より長かったが、女の社会的地位は従属的だった。

▶私が息子の世話をしました。オムツも食事もすべて。　　（F5親世代妻）
僕は何もしなかった。　　　　　　　　　　　　　　　　（F5親世代夫）
でも、しつけは二人で分かち合っていました。　　　　　（F5親世代妻）
あの子は少しも難しくなかった。明日、会えばわかるよ。（F5親世代夫）
やることが沢山ありました。家の外で朝は牛の世話、食事の支度、子どもの体をきれいにすること、家事など。午後は洗濯、野菜畑の手入れ、庭、学校の送迎、夕食の支度。絶え間なくやることがあったものです。……男は農場に行っていたから、女が家の中の家事をしました。　　　　（F5親世代妻）
男の外での労働時間は、女の中での労働時間より長いけれど、女も外で働くから、女の農場での仕事と家事とをあわせると、常に<u>女の労働時間の方が男の労働時間より長かった</u>。……二人とも農民の地位（statut agricol）を持つけれど、<u>男性は開拓主の地位、女性はその下で働くという位置づけ</u>。だから年金額も違う。　　　　　　　　　　　　　　　　　　　　　　（F5親世代夫）
でも、以前は女性の農民は「無職」扱いだったのよ。運動やデモがあって変

えられたのです。　　　　　　　　　　　　　　　　（F5親世代妻）

◇ 3世代同居から近居支援型へ

かつては貧しかったため，3世代同居が当たり前だったという。しかし今日では，互いに良い関係を保ち，生活の違いを尊重するため，別居が当たり前になっている。F5夫妻もまず独立したアパートで新婚期を過ごし，後に自分たちの家を建てている。また老親介護については，もはや子どもの義務ではなくなっている。

▶かつてはみんな一緒に暮らしたものだが，今は別世帯になっている。それは，経済的に節約だったから。たとえば暖房一つとっても，みんな一緒に暖まれるからね。しかし，同居は同時に世代間葛藤を生み出す。息子は，同じ村の別の通りに独立した家を建てて住んでいます。　　（F5親世代夫）
私の親は90歳で，医療付きケアハウスに住んでいる。（子どもは親の日常的介護を）しないのが普通です。　　　　　　　　　（F5親世代妻）
親世代との間に葛藤はありません。なぜなら，私たちはそれぞれ独立した生活を営んでいて，近くに住んでいても干渉しないから。私たちは違いを尊重します。人と人は違う。親にとってもその方が良いのです。

（F5夫・農業自営）

異なる世代では，生活が違い，要求が違うから。……私の考えでは，男性は家庭のことに関わるべきではないという考えが，上の世代では強いと思う。でも，私たちの世代では，私がいなければ夫が子どもをギャルドリーに送っていったり，食事をさせたりします。親の世代ではそういうことはなかった。……それから，女性が家にとどまらずに外で働くようになったこと。かつては外で働く女性はとても少なかった。　　　　　　（F5妻・公務員）

このような世代間の違いを親世代も追認しつつ，若い世代の子育てを援助している。

▶女性が働くとき，祖母が孫を見ることは結構ある。（親が忙しいときは

学校に行く前に朝食を食べさせたり，学校への送り迎え。（孫たちの）昼食はここで食べさせています。放課後も（面倒をみる）。……保育園は，小さい子どもを持って働く母親のために必要。いや，祖母のためにも（笑）。
(F5 親世代妻)

◇**性役割意識の変化と抵抗**
老夫婦は息子の妻が公務員として外で働くことも，息子が育児に手を出すことも受け入れて，育児援助を惜しまないが，伝統的な考え方から完全に抜けたわけではない。

▶息子は，子どもにミルクをやったりオムツを替えたりする。
(F5 親世代妻)

<u>男は働いて女は子育てというような考えから自由になるべき</u>だと思う。……（子どもを他人に預けることは構わない。子どもには）母親も保育ママさんも両方とも必要です。
(F5 親世代夫)

でも，保育ママさんは子どもの世話はできるが，親子の絆は両親と結ぶもの。子どもが沢山いる場合は，<u>一度仕事をやめて子育てに専念して，また仕事に戻る</u>のがいいと思う。4人も子どもがいたら子育てが仕事になる。子どもを人に長時間預けたら，子どもは母親よりもその人になつく。でも，それが良いか悪いかはわからない。
(F5 親世代妻)

子どもが1人か2人ならいいだろうが，3人4人となると，母親は仕事をやめて家にいるだろう。自動車工場のラインで働くためにわざわざ子どもを預けることはなかろう。<u>最低賃金のために子どもを置いて働くのはどうかと思う</u>。
(F5 親世代夫)

でも，そうせざるを得ない人たちもいる。
(F5 親世代妻)

しかし，社会的レベルの高い人々，たとえば若い代議士やあなた（調査者）のように，社会的な仕事のためには良い。<u>誰でも良いというわけではない</u>……（今の教育は）あまりにも寛容すぎる。
(F5 親世代夫)

かつての方が親も学校も厳しく，その方が子どもはよく勉強したと思う。
(F5 親世代妻)

彼らは能力のある女性や生活のために働かなければならない女性が職業を継続することには賛同するが，一般に女性が経済的に自立すべきだと考えているのではない。また勤勉な態度が身に付いているので，勉強への厳しさを求める。

◇**世代間葛藤**
　このように，社会の変化を受けて変わりつつある親世代と子世代とでは，意識のズレがあり，葛藤が生じやすい。このような世代間葛藤は，フランスに限らず広く見られる。そのため，親世代が子世代の育児を援助するにも，意識のズレを配慮して一定の距離を置くようにしないとうまくいかないようである。他の事例を見てみよう。

　▶私の母は，彼女の夫に仕えることを重視していた。そして，私にも同じことをさせたがる。例えば，遅く帰ってきた夫に食事を温めてあげるなど。でも自分でできることです。私の母は，私が働いて夫が子どもを見るのはとんでもないと考えるでしょう。　　　　　　　　　（S9妻・団体管理職）
　▶私の母は，私が掃除をしないことに驚いていた。彼女はアイロンかけにこだわっていた。彼女は，私が決してアイロンかけをしないことを発見した。私は，時間を食うことはしないと早くから決めていた。彼女は，母親や妻の役割が私の生活の一部にすぎないことに次第に気づいたが，それを理解するのが困難だった。彼女は，私がどれぐらい働き，どれくらい沢山のことをしなければならないのかということがわかっていない。……それから，子どもを保育園にやることへの抵抗感はとても強かった。特に父にはまったく理解できないことだった。でも，父自身，子どもには全く関わらなかったのだから，子育てなんてわかるわけがないわ。私たちには私たちの考えがあるのよ。……彼女は，おばあちゃんに子どもの世話をしてもらった。保育園の代わりに私たちの面倒を見たのは祖母だった。祖母はもっと伝統的な考え方をしていたのよ。　　　　　　　　　　　　　　　　　（S5妻・学生・バイト）
　▶お母さんだから我慢しなきゃというのは，やっぱりすごく自分の中にこびりついたものがあるし，私の親，母なんかは，やっぱりそういうところはあ

りますね。言うんですよね，私なんかはあなたがこのぐらいの時には，そんな友達と会うことなんかできなかったとか，こうだったああだったということを言われると……子どものしつけなんかに関しても，保育園に通っている子どもと，私なんかみたいに母がべったり見てくれた子どもとは全然違うっていうのは，私はわかっているんだけれども，母はそういうのがわからない。あんたたちはこうじゃなかったとか，その場でばーっと言われるんですよね。でも，一寸待ってと思って，いちおう聞き流しながら，うんうんと言っては置くんだけれども，そういうところが，言ってもわからないところがあるし，その<u>ギャップ</u>は相当ありますね。だから，親がそばにいていいわねというのは，本当にたしかにそうなんだけれども，かえってこっちが引いてしまうところがありますね。 　　　　　　　　　　　　　　　　　　　（J16妻・高校教員）

　以上の3例は，すべて実母と娘の間の葛藤であった。ブルゴーニュの農民家族のように，息子の妻に対しては，老親も距離を取り「互いに違いを尊重する」よう努めるので，かえってこうした葛藤は語られない。

◇**育児の組織化**
　育児自体の変容も語られていた。ブルゴーニュの田舎でも子どもの習い事は増えており，親は送り迎えに追われる。

▶（変化したことは）子どもたちが文化的活動に参加するようになったこと。私たちの世代が経験しなかったような<u>文化・スポーツ活動</u>を，今の子どもたちはやっている。 　　　　　　　　　　　　　　　　　　（F5妻・公務員）
水曜日は（学校が休みだから），ギャルドリーに子どもをやる必要がある。
　　　　　　　　　　　　　　　　　　　　　　　（F5親世代夫・退職農民）
ジムナスティックや工作など，いろいろやってくれる。
　　　　　　　　　　　　　　　　　　　　　　　（F5親世代妻・退職農民）

　このような育児の組織化は他の事例でも語られ，両義的と捉えられている。

▶（私が子どもの頃は）学校が終わると家に帰り，子どもたちはみんな家にいて，お互いに一緒に遊んだ。そこにはいつも何人かの働いていない母親が居て，常に近隣の中で子どもたちは大きくなったものだった。でも，今日，子どもたちは保育園や学童に行く。　　　　　　　　（S7妻・団体研究職）
すべてが<u>組織されている</u>。　　　　　　　　　　　　（S7夫・企業管理職）
私たちは勝手に自分たちで遊んだ……近所を自転車で乗り回したり。
　　　　　　　　　　　　　　　　　　　　　　　　　　　　　（S7妻）

しかし，今日では，スポーツをするのに，チームに入り訓練を受け，グランドでプレーをする。すべてが組織されている。組織されすぎている。……私が7-8歳の頃，音楽を習うのに自分でバスに乗って行った。自力でやったのだった。友達と一緒に。今は，親がどこへ行くにも連れて行かねばならない。
　　　　　　　　　　　　　　　　　　　　　　　　　　　　　（S7夫）
それは親にも子にもストレスなのよ。次から次へと<u>忙しい送迎</u>の一日。時計とにらめっこ。　　　　　　　　　　　　　　　　　　　　　　　（S7妻）
<u>親の責任が重くなりすぎた</u>。　　　　　　　　　　　　　　　　　（S7夫）
でも，学童ではいろいろな創造的な企画を実施していて，それはよいと思うの。問題は，あまりにプログラム化されていて，いつどこで何をするか，ややこしい予定ができてしまっていること。親もそれにあわせて，誰が家にいるか，送迎するか，計画しておかねばならない。　　　　　　　（S7妻）
思い立って，グランドに行って遊ぶということができない。……行き来の間の事故についても責任を問われる。　　　　　　　　　　　　　　（S7夫）

　以上，家父長的な協働関係だった時代から，性役割意識の変化が生じ，3世代同居から近居支援型へと世代間関係は変化したが，親世代と子世代の間には構造的な意識のズレがあり，世代間葛藤も見られる。そして組織化されすぎた育児は，核家族の若い親を忙しくしている。このブルゴーニュのペア事例は決して特殊ではなく，フランスやスウェーデンの社会変動の一面を映し出しているだろう[1]。皆それぞれの時代に「それが当たり前」であることを行ってきた。

2　性役割の流動化

　1970年代には，フランスやスウェーデンにおいても，妻が専業主婦であるか有職であるかにかかわらず，夫は一般に家事育児をあまりしなかったようである。一世代の間に，父親が育児に関わらないのが当たり前の時代から，育児参加の時代へと大きく変化した。

◆「稼ぎ手」としての父親から「ケアする」父親へ
　インタビューの中で，多くの調査協力者が異口同音に語ってくれたのは，親世代では父親が家事育児をしなかったということである。

▶親の世代はジェンダー役割に固執していた。私の母親は，典型的な専業母親で，のちにパートタイムの仕事を持った。私の父親は，おもしろい仕事につき，長時間をそれに費やして沢山稼いできた。グラフィックデザイナーで，何度も旅行している。彼は本当に<u>不在の父親</u>だった。彼は私たちのケアをせず，家族に参加しなかった。後に彼らは私が成長してティーンエイジャーのころ離婚した。　　　　　　　　　　　　　　　　　（S 5 妻・学生・バイト）

▶私の母親は働いていた……いずれにせよ，夫婦間で分かち合ってはいなかった。母がすべてやっていました。　　　　　　　　　（S 7 妻・団体研究職）
（私の父は）夕食を作らなかったし，子どもを迎えに行ったりしなかった。
　　　　　　　　　　　　　　　　　　　　　　　（S 7 夫・企業管理職）

▶大きな違いは父親。私の父も彼の父も，ほんの少ししか子どもたちの日常生活に関わらなかった。　　　　　　　　　　　　　（S 10 妻・国家公務員）
僕の父親は，とにかくよく働いていた。　　　　（S 10 夫・国家公務員）
私の父もそうでした。彼はいつも家族を集めてかまっていました。でも，決して料理や掃除や洗濯はしなかった。彼は私たちと遊んでくれたけれど，そういうことはしなかった。それが大変大きな違いです。　　　　　　（S 10 妻）

▶私の母は専業主婦。父はマッチョで何もしない。
　　　　　　　　　　　　　　　　　　　　　（F 15 妻・TVプロデューサー）

2 性役割の流動化

私の母は戦闘的だった。仕事をしていたが，家事育児は，何か交渉すべきことではなかった（ので一人でやっていた。負担が大きかった。）

（F15夫・TVディレクター）

▶私の親の世代では，父親が道路でベビーカーを押すなどということは考えられなかった。今でも，年配の人は，育児は女の仕事だから男にさせるなと言う人がいる。

（F12妻・企業管理職）

もちろん例外もある。日本の例で夫婦の実家が共に共働きで，しかも夫の親世代はかなり平等主義に近かったというケースがあった。

▶（実家は）双方とも遠い。共に共働き。自立的で距離をおいている。

（J9妻・薬剤師）

今のところは当てにしないでやっている。　　　（J9夫・企業研究者）
その方がいい。働いている両親に育てられた息子であるということが大きいのではないかしら。夫の母親は，○○町の保健婦。私が働くことに関しては，もう当然という形。結婚当初から。私の母親は，中学のころから普通のパートを始めたけれど，働き始めたら，はじけちゃった人。外の楽しさを知ったんですね。自分で収入を得て自分で使うということの方がいいというふうに思っている。それが私の働かなくちゃいけないというトラウマになっているような気がする。資格を取らせたいという母の強力なすすめがあり，自分で決めたつもりでいたが，方向づけがあったかな。……実家では，母が家事をやっていた。私達が実家に帰ったとき，夫が子どものオムツを換えていたりすると，父が，そんなこと夫にやらせてって，やっぱり言いますし（笑）。いつも済まないと思っているって言っているよね。（二人で大笑い）母は，頭では女性が働くためには夫の協力が必要だってわかっていると思うんですけど，実際に帰省したときの分担を見ると，まあそんなことまでやらせて，みたいな感覚はたぶんあって，悪いわねと一言，いつも娘が世話をかけているって言う感じで。そういう意味では，夫の家は，昔からお父さんもご飯作るし，そういうことはないと思う。　　　　　　　　　　　　（J9妻）
親父は料理が好き。魚，自分で買ってきて趣味的にうまいもの作る。大家族

だった。親はいなくても，おじさんおばさんが自営で家にいて食堂をやっていた。両親は公務員。家事はしていなかった。僕は子どもの頃から台所に入るのに抵抗がない。　　　　　　　　　　　　　　　　　　　　（J 9 夫）

　この事例は，料理をした父親の息子が料理をしなくなったわけではない。その意味では，早くに変化を経験した先進事例と位置づけることもできる。少し長いタイムスパンで見れば，多くの社会で父親は次第に育児に関わるようになってきている。
　米国の社会学者で父親研究の旗手である S. コルトレインは，今日の父親役割の歴史的転換を，「稼ぎ手」としての父親（providing father）から「ケアする」父親（caring father）への変化であると端的に表現している（Coltrane 1996）。

◇**親世代自身の変化**
　親世代と子世代との間で性役割の流動化が見られるだけでなく，親世代自身も変容してきた。たとえば典型的な平等主義カップル F 9 の夫の母親は，伝統的家族の専業主婦から出発して後年フルタイム就労し，父親は，定年退職後に孫の育児に関わるようになる。このように長いタイムスパンで「役割逆転」が進んだ。

　▶私の生家は，伝統的なカトリックの家族。……常に一体化したカップルとして捉えられており，子どもも沢山いる。とても安定している。……でも，そこから「よい家族」のイメージは出てこない。……今日，男として成功する理想像は，父の世代と私の世代とでは違う。<u>私の世代では，男はよりいっそう他者のことを考えに入れなければならなくなった</u>。これは，あくまで言われていること（discours）であって，現実がどうかは別だが。しかし，<u>言説が変わるということは，現実も変わりつつあるのだ</u>。……私の父はいつも働いていた。私の母は若い頃働いて，結婚し子どもができたら育児に専念した。今よく考えてみると，私の両親は，私たちと全く逆の家族モデルであった。しかし，父は次第に職業に人生の中心的な位置を与えなくなってきた。

2　性役割の流動化

（F9夫・中学校教員）

とてもおもしろいの。私は夫のお母さんを見てとても驚いた。彼女は子どもが生まれると仕事をやめたが，週に一度は子どもたちを他人に預けて，自分一人の時間を作った。彼女は習い事や勉強をした。彼女は子どもと離れる時間を持つことを必要とした。子どもが大きくなると働きはじめた。彼女は大学に行き，学位を取り，夫が退職すると，逆に丸一日仕事に出かけるようになった（笑）。おもしろいことに，時々，私たちの代わりに孫娘を保育園に迎えに行ってくれるのは，その父親の方なのよ。今や，お母さんよりお父さんの方が時間がある。
（F9妻・中学校教員）

娘時代働き，幹部技術者の夫と結婚，子育て，そして再就職。ある典型なんだ。
（F9夫）

◇社会的言説の変化

親世代も子世代も変わってきた背景には，社会的言説の変化がある。

例えばF9妻の母親は，「平等」を求めて闘い，最初の結婚は解消したが，娘の代では，「平等主義」は現実に可能になった。この背景には，F9夫の言う「男の理想像」についての社会的言説の変化がある。

▶私の方は，両親が離婚したし，私は再構成家族で育った。私の父親は，新しい別な女性と結婚して子どもが生まれ……私にとって，家族とは流動的。……でも，事態はとても変化したと思う。私は，実際に，男の子と女の子に違いはないという考えのもとに教育された。<u>私の母のフェミニズムは，もう不要で過去のものだ</u>と思う。私は，同年齢の男の子達と同じ教育をうけ，彼らより早く私の領域では最高の学位を取得した。個人的には，不平等で苦しんだという経験が全くないし，社会的に問題に直面していない。……完全な平等意識を二人とも持ち，かつ我々のように現実に一致しているカップルは，非常に稀。私はとても高い教育を受けたということが重要。それには私の母が大きく寄与している。なぜなら，男女平等は全く自然で当たり前のことだと教えてくれたから。<u>あまりにも自然だったので，平等についての議論はいらなかった</u>。私はそういう状況は少数派であると知っている。しかし，次第

に広がっていくだろう。　　　　　　　　　　　　　（F9妻・中学校教員）

社会的言説の変化について，スウェーデンの事例も指摘している。

▶ひとつには女性が変わった。夫の母親は主婦だったけれど，私の母親はパートタイムでお店で働いていました。それで仕事から帰ってくると，家で働き，またお店に行っての繰り返し。でも，私は大学に行き職業を持ち，私の家族を愛していて子どもを沢山ほしかったけれども，決して自分の職業をあきらめたくなかった。その意味で，女性が変わったのよ。
（S10妻・国家公務員）
パブリック・ディベートも大きな役割を果たしている。この30年余り，ほとんどいつも「女と男」「家族」「機会の平等」など，絶えず議論されてきた。（従来のように）子どもは母親との接触が大事で，女性が家庭のケアをして男性はいつも働き続けるというのはフェアでないと考えられるようになった。
（S10夫・国家公務員）
議会と政府が，「母親」休暇に続いて「両親」休暇を設定したということも，大切。言葉が変わり，それから役割モデルが変わった。　　　（S10妻）
▶ひとつ僕が考えるのは，スウェーデンは発展しつつあって，会社でもオフィスでも労働力を必要としていた。そこへ家庭にいた女性たちが働きだした。いったん働きはじめると，男女の役割は互いに直面するようになり，近くなっていったのではないか。　　　　　　　　　　　（S3夫・日刊紙記者）
私の母親は，子供と共に多くの時間を過ごしました。父親は働いてばかりいた。彼は厳しい父親ではなく，不在だった。母親が重要な役割を果たしていて，父親はその背後に隠れていた。私の母は，とても強い人でした。彼女は，とにかく沢山働いた。図書館の司書になる前は，自宅で翻訳の仕事をしていた。でも，私の母にとって，家にいることは自然だったのではないかと思う。なぜなら，女性が職業を得ることは難しかったし，父は忙しい仕事をしていた。仮に仕事に就けても，保育園が今のようにはなかった。今は，もっと容易に仕事ができる。個人的な変化なのではなく，社会が変わったのよ。(It's not so much a personal change. But it was a society that changed.)

(S 3 妻・組合誌編集者)

以上，稼ぎ手としての父親から育児参加する父親へと社会的言説が変化し，実際に親世代も子世代も変化しつつあることを，主にフランスとスウェーデンの語りから見てきた。

3　父親役割の構造的変動と新しい父親役割についての考察

ここで，父親役割の構造的変動について中間考察を試みたい。稼ぎ手としての父親役割も歴史的に形成されてきたものであった。父親役割は構造的に変化してきたし，今後も変化すると考えられる。

◆父親役割の構造的変動

日本の歴史を振り返ってみても，以下のような構造的変容が概観できる（舩橋 1998）。

産業化以前には，子育てにおける父親の役割は現代よりも大きかったのではないだろうか。子どもは家の大事な継承者であり，とりわけ男の子には父親が家業のノウハウを直接に教えなければならなかった。また生活の維持に手一杯で乳幼児死亡率が高かった頃は，父親でも母親でも他の誰でも手の空いたものが子どもの最低限の世話をする必要に迫られていたため，父親も子どものケアをする機会があった（太田 1994）。

しかし産業化と近代国家の形成にともなって，父親の育児における役割は次第に退縮していった。産業構造の変化は多くの父親を家業のリーダーからサラリーマンに変え，家長としての存在感を希薄なものにしていった。父親の働く姿は子どもに見えにくくなり，父親が子どもに直接に仕事を教えたり世話をする機会も減少していく。また子どもの教育の場が家族から学校に移動し，親による家庭教育は教師による学校教育の下に組み込まれていく（広田 1999）。そして父親は家族のために外で稼ぎ，日常的な子どもの世話やしつけ，家庭学習指導などはもっぱら母親の役割になっていった。

ところが今日，母親の育児不安や学校に適応できない生徒の増加，子どもの自立の遅延化など様々な問題が指摘され，政府から市民運動まで，保守派から革新派まで，父親の育児責任を問う声が高まっている。それらの中には父親の本来あるべき姿を論じてみたり，かつての父親の権威を取り戻そうと訴えるものもある（林 1996）が，今日の育児問題には構造的な背景があるのであり，家長の権威の復活が望ましいとも言えない。新たな社会的諸条件のもとで，新しい父親役割を模索していく必要がある。

日本の新しい父親像の模索は，「男の子育てを考える会」や「男も女も育児時間を！ 連絡会」などの市民運動の中から生まれ，学問的には心理学や社会学の中から出てきた。母性愛の神話が，母親の孤立した育児の諸困難，父親の企業戦士化，働く母親の過重労働と罪悪感などをもたらしたことが指摘された（大日向 1987，柏木 1993，2003）。そして，父親の育児遂行が，子どもの発達にとっても，父親自身の柔軟性の形成においても，様々なメリットがあることが立証された（牧野ほか 1996）。宮坂靖子は日本における理念としての母親像・父親像の変化について，1970年代は母性強調の時代，1980年代は母性神話への懐疑と抵抗の時代，1990年代は父親の再発見と男女による共同育児の時代，と整理している（宮坂 2000）。また中谷文美も，性別特性に準拠する「父性の復権」ではなく，「子育てする男」としての父親が現代日本において求められ，実際に少しずつ増え始めていることを明らかにした（中谷 1999）。

◇生物学的性差と父親の責任

親役割を考える際に，生殖における性差を無視することはできないだろう。では男女の生殖における生物学的な性差は，「新しい父親」像にどのように関わるだろうか。父親あるいは母親にしかできない固有の役割はあるだろうか。

私は妊娠・分娩・授乳以外には，ほ乳類としての雌雄の差はないと仮定して，議論を進めていきたいと考えている。しばしば引き合いに出される父親特性，例えば母子の一体性を断ち切る役割，男性モデルの提供，社会規範の伝達などは，よく考えると生物学的性差にこじつけて持ち込まれる「ジェンダー知」である[2]。

まず男女の共通面に目を向けると，現代社会では，ほとんどの親行動（parenting）は，性別にかかわらず，以下の4つの基本モメントとして捉えることができるのではないだろうか（舩橋 1998：149）。

①扶養（providing）：子どもの生活費を稼ぐこと。
②社会化（socializing）：社会規範を伝えること。「規範性」が鍵になる。
③交流（communicating）：遊び相手や相談相手になること。「受容性」が鍵になる。
④ケア（caring）：食事や沐浴など身の回りのことで，子どもが自分でできないことを援助すること。

これらは父親と母親に共通な，さらに血縁関係を超えて子どもを育てる者一般（里親，養父母，保育者，ステップ親，ひとり親など）の基本的「育児力」の要素を示している。従来父親は①扶養と②社会化の担い手，母親は③交流と④ケアの担い手，と考えられてきたが，父親も母親も4つの親行動を平等に分かち合うことは可能である。

次に私は生物学的性差を否定してはいないので，生物学的性差に注目するならば，妊娠・分娩・哺乳は，女性の身体を舞台にして行われることから，女性の強い「当事者性」が見えてくる。その事実を，産育の女性責任に繋げるのか，男女の共同責任に導くのかで，大きな認識の違いが生じるのである。

沼崎一郎は男性の生殖責任についてラディカルに議論を深め，パートナーと子どもへの責任を果たせるように，男性の労働時間や健康な生活の環境を整える権利を「男性のリプロダクティヴ・ライツ」と呼んだ。もちろん生物学的性差ゆえに男女の産育への関わりには非対称性がある。だからこそ沼崎は，中絶か出産かの自己決定権は女性にのみ認められるべきもので，男性に認めることはできないと言う。中絶をめぐって女性の身体性のゆえに女性の自己決定が胎児の生命と社会的に対峙させられるのに対して，男性の自己決定は胎児の生命と対峙させられることがなく，傍観者的立場に置かれるからである（沼崎 2000：15-23）。

このように，性差に注目しつつそれを豊かな両性の連帯関係に結びつけていくことが必要なのではないだろうか。

◆ケアラーとしての男性 (men as carers)

新しい父親像をクリアに提示しているのは，EUの政策提言グループのひとつである「保育ネットワーク」(European Commission Network on Childcare and other Measures to reconcile Employment and Family Responsibilities) による一連の「ケアラーとしての男性」研究である。これはイギリスのピーター・モスをコーディネーターとする各国の専門家の集まりで，1986年から1996年までの11年間にわたって育児の問題に関するセミナーや国際会議，調査プロジェクトを実施し，20冊を超える優れた報告書を刊行した。

その中に，男性の育児推進についての研究報告が5冊ある（舩橋 1996）。これらの報告書によれば，平等社会の実現のためには，教育，職業，家庭，余暇，政治など，社会生活のあらゆる領域で，男女が等しい機会を持ち，互いに責任を分かち合うことが大切である。男性が育児を女性と分かち合う形には，家庭における「父親」と保育所における「男性保育者」がある。そして新しく登場しつつある平等主義的な父親と男性保育者を「ケアラーとしての男性」(men as carers) と呼んでいる。

EU保育ネットワークの研究が優れているのは，育児する父親と男性保育者の実態について調査研究を行い，現実的な問題点を明らかにし，政策提言に結びつけていることである。例えばスウェーデンのイエテボリ市に男女の保育者が同数の保育園を作り，子どもと保育者との関係や保育者同士の関係および保護者との関係がどうなるかを調べている。また，イタリアとイギリスで，保育園が父親に積極的に働きかけて育児参加を支えるプロジェクトを試みている。さらに，新聞やテレビなどのメディアが父親の育児促進にどのように寄与しうるかというメディア分析もある。先進的事例を丁寧に調査研究して，変革の可能性と困難性を具体的に論じていく姿勢は，示唆的である。

◆北欧の男性学

さらに注目すべき研究に，北欧閣僚会議[3]の「男性の育児休業」研究がある。北欧閣僚会議における「男性と平等」担当専門家であるソレン・カールセン（デンマークの社会学者で経営コンサルタント）は，男性の育児休業取得を進めるためには，以下の五つのポイントが重要であると指摘した（The Nordic Coun-

郵便はがき

恐縮ですが切手をお貼り下さい

112-0005
東京都文京区水道二丁目一番一号

勁草書房
愛読者カード係 行

(弊社へのご意見・ご要望などお知らせください)

・本カードをお送りいただいた方に「総合図書目録」をお送りいたします。
・HPを開いております。ご利用下さい。http://www.keisoshobo.co.jp
・裏面の「書籍注文書」を弊社刊行図書のご注文にご利用ください。より早く、確実にご指定の書店でお求めいただけます。
・近くに書店がない場合は宅配便で直送いたします。配達時に商品と引換えに、本代と送料をお支払い下さい。送料は、何冊でも1件につき200円です（2005年7月改訂）。

愛読者カード

64872-6 C3336

本書名 双書 ジェンダー分析11
　　　　育児のジェンダー・ポリティクス

お名前（ふりがな）　　　　　　　　　　　　（　　歳）

ご職業

ご住所　〒　　　　　　　　　お電話（　　）　－

本書を何でお知りになりましたか
書店店頭（　　　　　書店）／新聞広告（　　　　新聞）
目録、書評、チラシ、HP、その他（　　　　　　　　）

本書についてご意見・ご感想をお聞かせ下さい（ご返事の一部はHPに掲載させていただくことがございます。ご了承下さい）。

◇書籍注文書◇

最寄りご指定書店

市　　町（区）

　　　　書店

(書名)	¥	（　）部
(書名)	¥	（　）部
(書名)	¥	（　）部
(書名)	¥	（　）部

※ご記入いただいた個人情報につきましては、弊社からお客様へのご案内以外には使用致しません。
　詳しくは弊社HPのプライバシーポリシーをご覧下さい。

cil of Ministers, 1998)。

①独立した個人の権利であること（世帯単位ではない）
②母親には移譲できない期間を設定すること（パパ・クオータ）
③柔軟な枠組み（全日型だけでなく部分型を含み，多様な設定が可能であること）
④子どもの生後6ヵ月ぐらいから男性が取りやすくなる（授乳との関係から）への配慮
⑤高水準の収入補塡制度を備えること

　このような方向に沿って，1993年にノルウェーが，続いて1995年にスウェーデンが，パパ・クオータを導入するとともに育児休業制度全体を改善した。もちろん育児休業を取得する以外にも男性が育児を遂行する方法はあるが，北欧では男性の育児休業取得率は男性の育児遂行の重要な指標と捉えられている。
　北欧の男性学は男性の育児休業促進の他にも，男性保育者のネットワーク作り，父親になることを学ぶピア・カウンセリングの組織化，男性のための相談事業，家庭内暴力加害者更生プログラムなど，具体的な政策形成と密接に関わりながら発展してきた。そしてプロ・フェミニストの立場から，男性が女性と手を取り合って平等で公正な社会に向かって歩んでいくことを模索しつつ，女性ケアラーと同等な「ケアラーとしての男性」を可能にするための社会的条件整備について検討を重ねている（Holter 2003）。
　以上，社会の構造的変動の中で，伝統的な父親役割から新しい「ケアラー」としての父親役割への変化が期待されていることを見てきた。それは，沼崎や北欧男性学の議論にみられるような男性役割の脱構築を含んでいる。

4　世代間変動の仮説的モデル

　第8章で提示した「夫婦で育児」の4類型間における「平等主義」タイプへの移行過程モデルをふまえ，本章で検討してきた世代間変動の動向を加えて，次に世代間変動の仮説的モデルを提示してみよう。

図9-1　世代間変動の仮説的モデル

```
Ⅰ伝統家族
  ①家父長的協働（例，F5夫の親世代）
    ↓
Ⅱ近代家族：性別役割分業の二類型
  ②性別役割分業（例，F9夫の親世代，S5妻の親世代など）
  ③新性別役割分業（例，F15夫の親世代，S10妻の親世代など）
    ↓
Ⅲ現代家族（後期近代家族）の先進類型：「夫婦で育児」の4類型
  ④男性の二重役割
  ⑤女性の二重役割
  ⑥平等主義
  ⑦役割逆転
```

◇世代間変動の仮説的モデル

　全体を3つのステージに分け，Ⅰ伝統家族，Ⅱ近代家族，Ⅲ現代家族とする。親世代の事例はⅠとⅡのステージ，子世代の事例はⅢのステージを構成する。

　Ⅰ伝統家族のステージは，ここでは，高度経済成長以前の農家を想定している。現在と較べると貧しく，ブルゴーニュの農民親世代のような「家父長的協働」タイプが主流だったと考えられる。生産労働と再生産労働との境界が曖昧で，夫婦が共に働くが，妻の地位は低く夫は家事育児に関わらなかった。ただし家の子どもの教育のため，しつけには関わっていた。

　Ⅱ近代家族のステージには，二つのタイプがある。

　第1は，産業化・都市化・経済成長により生活が豊かになるにつれて，中以上の階層において広がった，専業主婦と稼ぎ手の夫との組み合わせ，すなわち「性別役割分業」タイプである。夫は家事育児に関わらないが，夫が稼ぎ妻が家事育児を担当することで，全体として夫婦間の均衡が取れていた。アンペイドワークに従事する側が不利であることは，夫婦が別れない限り，また夫婦間の勢力関係が均衡している限り，目に見えにくかった。

　第2は，下層労働者と知識層において見られた，共働きだが夫は家事育児にあまり関わらない「新性別役割分業」タイプである。下層労働者夫婦では二人が働かなければ生活が成り立たなかったが，知識層夫婦では教員や公務員，専門職など，女性の能力を生かす形で働いていた。しかしいずれも夫の家事育児参加が期待できない社会的風潮の中で，妻が戦闘的に家庭の内でも外でも働い

ていたケースが多かったと考えられる。
　ただしこの2つは理念型的タイプであり，実際には専業主婦が再就職して，「性別役割分業」から「新性別役割分業」に移行する場合も少なくなかった。
　Ⅲ現代家族（後期近代家族）のステージには，「父親の育児参加」を推奨する社会的言説の登場に伴い，「夫婦で育児」の先進類型が登場する。「性別役割分業」タイプの父親が家事育児に参加するようになると「男性の二重役割」タイプになる。「男性の二重役割」タイプの妻が仕事の比重を高めるか，「新性別役割分業」タイプの父親が家事育児参加すると，「女性の二重役割」タイプになる。さらに，「仕事と家庭」のバランスにおける男女平等が進むと，「平等主義」タイプが登場し，ときには父母の仕事と家庭のバランスが逆転すると「役割逆転」タイプを生み出す。ただし，「役割逆転」タイプは不安定で「平等主義」に向かう傾向があること，随所に見られる「役割逆転」機会と連続的であることは既に述べた。

◆世代間変動の時期のズレ

　3ヵ国において，各ステージが現れる時期や変化のスピードはどうだろうか。
　第2章で検討したように，日本はスウェーデンやフランスと較べると「育児の社会化」も「男性ケアラー化」もレベルが低く，全体に変化が遅い。それでも個別の事例では，突出したケースがある。それゆえ先進例に絞ってインタビューした本調査研究では，「夫婦で育児」の4類型はすべての社会に見いだされ，共通点を抽出することができた。しかし，先進例ではなく，平均値で見るならば，やはり差がある。
　世代間変動の3ヵ国における時期の違いについて，およその見当をつけるならば，ⅡからⅢへのステージ移行は，スウェーデンが最も早く進み，次いでフランス，そして日本はかなり遅れていると考えられる。しかしそれを詳細に実証するには，統一的な統計データの検討が必要であり，今後の課題である[4]。とは言え，既存のデータで少し較べてみよう。
　スウェーデンでは男女平等に働きつつ家庭責任を果たせることが，早くから国の社会政策目標になっており，いわゆる「男は仕事，女は家庭」という性別役割分業に賛成する者の割合は一割にも満たない。それでも実際に育児期には

不平等が生じてしまう。育児期カップルの家事分担等を調査研究したアーネとロマーンによれば，料理・洗濯・掃除をすべて平等に分担している「平等タイプ」は13％，三大家事のうち二つは平等に分担している「準平等タイプ」は4分の1，二つの家事は女性の負担だが一つだけはシェアしている「伝統タイプ」は3分の1，そして家事は基本的に女性役割だが男性も少し手伝う「家父長タイプ」は4分の1であるという（Ahrne & Roman 1997＝2001：45）。私の「夫婦で育児」の4類型とは基準が同じではないので，およそのことしか言えないが，アーネとロマーンの「平等タイプ」と「準平等タイプ」が私の「平等主義」タイプに該当し，「伝統タイプ」と「家父長タイプ」が「女性の二重役割」タイプに該当すると考えられ，スウェーデンでは「平等主義」タイプが45％程度，「女性の二重役割」タイプが50％程度と言える。「男性の二重役割」タイプは長期の育児休業や少数の専業主婦の場合に現れ，5％程度と言えるだろう。スウェーデンでは育児期にも共働きが普通なので，既にⅢ現代家族のステージが主流になっている。

　フランスについて世論調査会社SOFRESのL'état de l'opinion（SOFRES 1995：186）を見ると，「夫婦が共に職業を持ち，家事育児も分かち合う」に賛成は，男性が53％，女性が55％，「妻は夫より軽い仕事をし，家事育児の大半を担う」に賛成は男性が24％，女性が26％，「男が職業を女が家事を分業する家族」に賛成は男性が21％，女性が17％であった。スウェーデンと較べると，性別役割分業意識がより強く残っている。また国立統計経済研究所（INSEE）の生活時間調査（Emploi du temps 1999）（日仏女性資料センター 2003：47）を見ると，子どもが2人いるカップルの1日の平均家事育児時間は，男性が約2時間，女性が4〜6時間（就業状況によって異なる）であり，スウェーデンの同様の男性が約3.5時間，女性が6時間（SCB 2004：35）であることと較べると，フランスの方がスウェーデンより不平等である。これらの資料から，フランスはⅡからⅢへの移行途上にあると位置づけられる。

　日本について内閣府「男女共同参画社会に関する世論調査」（2002）を見ると，性別役割分業に反対の女性21.7％男性18.0％，どちらかと言えば反対の女性29.4％，男性24.1％であり，フランスよりもさらに性別役割分業意識が強いことがわかる。また「平成13年社会生活基本調査」によれば，子どものいる

（妻が週に35時間以上働く）共働き夫婦の1日の平均家事育児時間は，男性が42分，女性が3時間53分である。これもまたフランスより格段に不平等である。これらの資料から日本は基本的にIIのステージにあって，少数の先進例としてIIIステージの「夫婦で育児」の4類型が見られたと言うことができる。

◇**本モデルの意義**

　この世代間変動の仮説的モデルは以下の4点で，理論的に有意義であろう。

　第1に，「男性の二重役割」タイプの登場ルートを説明しうる仮説であること。従来「男性の二重役割」タイプがどのようにして登場したかは明らかでなかったが，II近代家族ステージの「性別役割分業」タイプが，「父親の育児参加」という社会的言説を参照しながら変容したと解釈することができる。第7章で見たように，当事者は専業育児の大変さや育児参加の楽しさを語っていたが，それらは社会的言説の軌道の上に乗っている。

　第2に，「女性の二重役割」タイプ登場への二つのルートを提示する仮説であること。「女性の二重役割」タイプは，II近代家族ステージの「新性別役割分業」タイプが，やはり「父親の育児参加」という社会的言説に乗って変容したと解釈することもできるし，また「男性の二重役割」タイプの妻が就労意欲を高めてフルタイム就労に移行した結果と解釈することもできる。

　第3に，II近代家族のステージに二つのタイプを設定することで，より現実に沿った議論が可能になること。近代家族は，女性に主婦役割を優先させるという特徴を持つ。その結果，中以上の階層では専業主婦というあり方が広がったが，既婚女性がこぞって専業主婦になったわけではなく，どの社会でも脈々として既婚女性の就労は続いていた[5]。社会によっては，I伝統家族のステージからIII現代家族のステージに移行する途上で，専業主婦化の程度が弱く，共働きがベースのままII近代家族ステージを駆け抜ける場合もありうる。そうした多様性を捉える意味で，二つのタイプを分けることは重要だと考える。

　第4に，「父親の育児参加」を推奨する言説の意義と限界を見定めることができる。これまでの分析で，いわゆる「父親の育児参加」はどんな場合にも必ずそれ自体でジェンダー秩序を変革するとは言えないことが明らかになった。「男性の二重役割」タイプにおいては，そもそも夫の育児遂行には稼ぎ手役割

第9章　世代間の変動

を脅かさない程度という限界があった。本章で論じた「親行動の4つのモメント」で言えば,「扶養」と「交流」のモメントが中心であった。さらに「女性の二重役割」タイプでは,夫の育児遂行が家事の非遂行を免罪する可能性があった。男性の育児遂行は,複雑な効果を持っている。しかし育児遂行の上で定期的な「役割逆転」機会があれば,その経験から「ケアラー」としての資質が培われ,「扶養」「交流」「社会化」に加えて「ケア」モメントの比重が高まる。このような「ケアラーとしての父親の育児」であれば,ジェンダー秩序を流動化しうる。

なぜ日本はII近代家族のステージにとどまり,なかなかIII現代家族のステージに移行していかないのだろうか。スウェーデンやフランスでは,どのようにしてII近代家族からIII現代家族へと世代間で移行してきたのだろうか。どのような社会政策が変動を推し進めたのか,そこで家族文化や生活文化の違いはどのように作用しているのだろうか。このような比較社会学的問いを,次章で扱っていこう。

注
1) もちろん,世代間の社会変動が厳密に同じであるとは考えられない。M.ミッテラウアーは,「ヨーロッパ史において19-20世紀ほど,家族形態が地域や環境によって異なり,また多様化を経験した時代は,過去にはありませんでした」(Mitterauer 1990＝1994:348)と述べているが,当然,ブルゴーニュのひとつの村のひとつの家族の事例で,家族の変化を一般化することはできない。フランスとスウェーデンの1960年代から今日にかけての家族と社会の変動は,それぞれデータをふまえて別に論じられるべきである。ここで,共通の社会変動とは,本調査データに共通に見られる社会的な言説の変化を指すにとどまる。
2) 「社会規範の伝達」は,母親も職業を持ち,あるいは専業主婦であっても地域活動において責任を果たしている今日,父親に限られるものではないことは明らかである。「男性モデル」も,父親に限らず,周囲の男性が複数のモデルになりうるし,その方が望ましいだろう。「母子の一体性を断ち切る」という議論は,そもそも母子の一体性自体から疑う必要がある。妊娠・分娩・哺乳の過程を通じて,母子関係には,一体性ではなく連動性があると考えるべきではないだろうか(舩橋 1998)。
3) 1952年に,デンマーク,ノルウェー,スウェーデン,アイスランドの北欧4ヵ国は北欧会議(The Nordic Council)を結成,1955年にフィンランドが加

わって5ヵ国になった。北欧会議は，1971年に北欧閣僚会議（The Nordic Council of Ministers）を設置して，互いに情報交換を重ね，各国の多様性を保ちながらも共通の社会政策を推進している。
4) 特にI伝統家族のステージからII近代家族のステージへの移行については，私にはまだ語るべき準備が不足している。日本では，多数の家族が農家から勤労所得世帯へと変化してきたことで移行を捉えられると思うが，第2章で述べたように，フランスは豊かな農業国であるため，同じ形では捉えられない。ブルターニュを中心にフランス農民家族について研究してきた社会学者のマルチーヌ・セガレーヌは，20世紀初頭から1960年代にかけてフランスの農村では機械化が進み，戦後は農業生産物の加工技術（チーズやワインなど）も高度化して，家族単位の農業が，工業化の大波に抗して生き残り，1985年には農家数100万以上に達するだろうという専門家の予測を紹介している。その一方で，女性が農業から結果として排除され，高い教育を受けて都市の勤労者となり，固有の女性農業労働が失われた側面についても述べている（M. Segalen 1980＝1983：268-271）。この認識は，本書におけるブルゴーニュの2つの世代の農民家族の事例と符合する。
5) 伊藤セツは，「高度経済成長期を支えた〈男性労働者と専業主婦との組み合わせ〉という図式では，ある特定階層を説明することにしかならない。中・低所得共働きの著しい増加傾向も同時期に現れているという点を，この時期の二つの側面の同時的進行として統一的に把握しなければならない」と述べている（伊藤 2003：141）。

第10章

社会政策とカップルの戦略

　すでに述べてきたように，産業構造や人口構造の基本的変動にともなって労働力編成のあり方は変化し，共働き世帯が増加，男女平等要求も高まる傾向にある。しかしそうした基本的な歴史的変動の方向は同じでも，その進度や育児に関わる政策の重点の置き方には，3ヵ国で違いがあった。

　本章では，福祉レジームと家族文化に注目しながら，その違いを比較社会学的な変動論として把握してみたい。これまでに提示してきた共通の概念を使用し，特に「タイプ間移行過程の全体像」（第8章）と「世代間変動の仮説的モデル」（第9章）をふまえて，第2章で紹介したスウェーデンとフランスの育児に関わる社会政策をカップルのリアリティと戦略のレベルにまで掘り下げながら解釈する。そのうえで近年の日本における男性のケア意識の高まりと女性の就労意欲を生かしていく上での諸問題について考えたい。

　第1節ではマクロの社会政策とミクロの家族戦略をリンクしつつ捉えるための基本的な解釈枠組を提示する。その基本枠組に従って，第2節ではスウェーデンの育児休業制度の発展とカップルの育児休業取得戦略を，第3節ではフランスの保育・教育制度の発展とカップルの両立戦略を論ずる。そして第4節で日本社会への示唆を考えたい。

1　マクロの社会政策とミクロの家族戦略

　各国の社会政策の具体的内容は，当然ながら政治的な政策形成過程に左右されており，必ずしも国民のニーズを正確に反映しているとは限らない。けれども大局的に見ると，それぞれの国の育児に関わるマクロな社会政策の基本動向とミクロな育児期のカップルの家族戦略との間には，緩やかな対応関係がある

ように思われる。そこでマクロの社会政策とミクロの家族戦略との関係を捉えるための基本的な解釈枠組を提示しよう。

◆マクロの社会政策とミクロの家族戦略との関係

図10-1の①②③④を説明する。

図10-1　基本的な解釈枠組

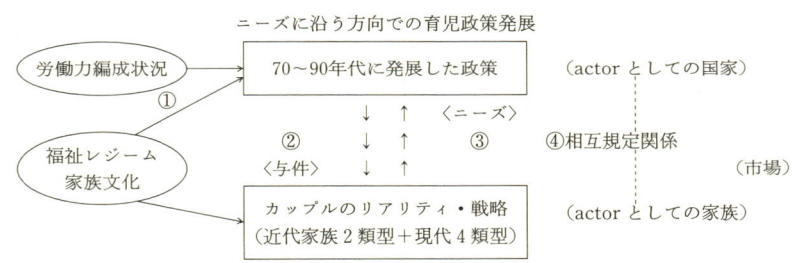

```
                 ニーズに沿う方向での育児政策発展
  ┌─────────┐
  │労働力編成状況│ ──→ ┌──────────────┐
  └─────────┘       │70～90年代に発展した政策│  （actor としての国家）
              ①      └──────────────┘
                          ↓  ↑  〈ニーズ〉
  ┌─────────┐         ②  ↓  ↑  ③         ④相互規定関係
  │福祉レジーム │         〈与件〉↓  ↑                （市場）
  │ 家族文化   │ ──→ ┌──────────────┐
  └─────────┘       │カップルのリアリティ・戦略│ （actor としての家族）
                      │（近代家族2類型＋現代4類型）│
                      └──────────────┘
                 家族文化的枠組が実践の選択の幅を規定する
```

①1970年代から90年代にかけて，産業および人口構造の変化に基づいて，各国は労働力編成のあり方と育児期の親が直面するコストやリスクの問題を，政策課題にしてきた。その政策展開のしかたには，福祉レジームと家族文化が影響を与えていると考えられる。福祉レジームは，育児のコストを国家・市場・家族がどのように分担するかを規定する。家族文化（家族に関わる行動パターンのうち比較的変わりにくい深層部分）は，カップル関係，親子関係，親族のあり方を規定し，その違いが育児の社会化のあり方に影響する。

スウェーデンでは，早くから労働力女性化が進行するなか，乳児は親が育てるべきだという考え方や親子関係を重視する家族文化を受けて，まず国家主導の育児休業政策が進められた。フランスでは，親子関係に一定の距離があり，歴史的にも子どもを他人に預ける習慣があるため，まず保育・教育制度の拡大政策が進められ，公教育と公・私の多様な保育が広がった。日本では，高度経済成長期とその後の20年に人口ボーナスが重なって，性別分業が根強く残り，育児の社会化のスタートはかなり遅れることになった。

②このように特定の方向で発達し始めた制度は，個々のカップルに対して〈与件〉を構成する。社会の中で生きる諸個人は通常，社会が提供する制度の

枠の中で，自分たちの戦略を考える。インタビューで各国の育児支援制度への意見を聞いたが，おおむね自国の制度への満足や不満足が語られ，制度の枠自体を問い直したり，他国の制度を参照したりする人はあまりいなかった。いくら他国の制度がよく見えても，その制度が自国に導入されない限りそれを活用することはできないので，当然であろう。

個々のカップルはそのような〈与件〉の中で，制度を有効に活用しながら，職業と家事育児とのバランスをどう取っていくかという家族戦略を練る。その際に「夫婦で育児」の4類型のようなタイプの違いは，戦略のバリエーションを生み出すと考えられる。

しかしいずれにせよ，家族文化は戦略主体としてのカップルの意識に深く浸透しているので，それぞれの家族文化に親和的な方向で，与えられた制度の活用が考えられていく。スウェーデンでは育児休業の引き伸ばし戦略が，フランスでは保育・教育制度のパッチワーク戦略が，カップルの戦略の中心軸になっていった。また日本では，親子関係を重視する家族文化に沿って，親族の援助を得る方向へ戦略が向けられた。

③ミクロの家族戦略の無数の実践は，その集積効果として社会的〈ニーズ〉を構成する。育児休業を活用しようとするスウェーデンの家族戦略の集合は，さらなる育児休業制度の充実を求める〈ニーズ〉となり，保育・教育制度を活用しようとするフランスの家族戦略の集合は，ますます保育・教育の充実を求める〈ニーズ〉になる。家族や親族のなかで育児問題を解決しようとする日本の家族戦略の集合は，低い育児休業取得率や低調な乳児保育ニーズとなって現れ，ますます育児の社会化を遅らせる。ただしスウェーデンもフランスも，後に育児休業と保育を共に発達させ，歩み寄った展開をしていくようになり，日本でも次第に育児休業と保育の〈ニーズ〉が高まってくる。

このように家族文化に沿った形で〈ニーズ〉が構成され，福祉レジームに沿った形で政策が発展していく。スウェーデンでは国家と家族を中心に，フランスでは国家と市場を中心に，日本では家族を中心に，育児保障がなされてきた。

④マクロの社会政策とミクロの家族戦略は，このような循環構造を通じて各国固有の制度形成を推し進めてきたと見ることができる。国家も家族も共に社会変動を促す主体的行為者（actor）であり，相互に規定し合っている。国家

の政策はもちろん重要な役割を果たすが，もし様々な家族戦略とかみ合わなければ，うまく機能しないだろう。また多様な家族戦略が，下からの変革を推し進めていくという側面も持っている。

◇社会政策がタイプ間移行に与える影響

ここで，代表的な育児政策である育児休業・保育・家族手当が，ミクロなタイプ間移行にどのような効果を与えるか，第８章で展開した「平等主義」タイプへの移行過程図を利用して簡潔に確認しよう。

図10－2　タイプ間移行過程と社会政策

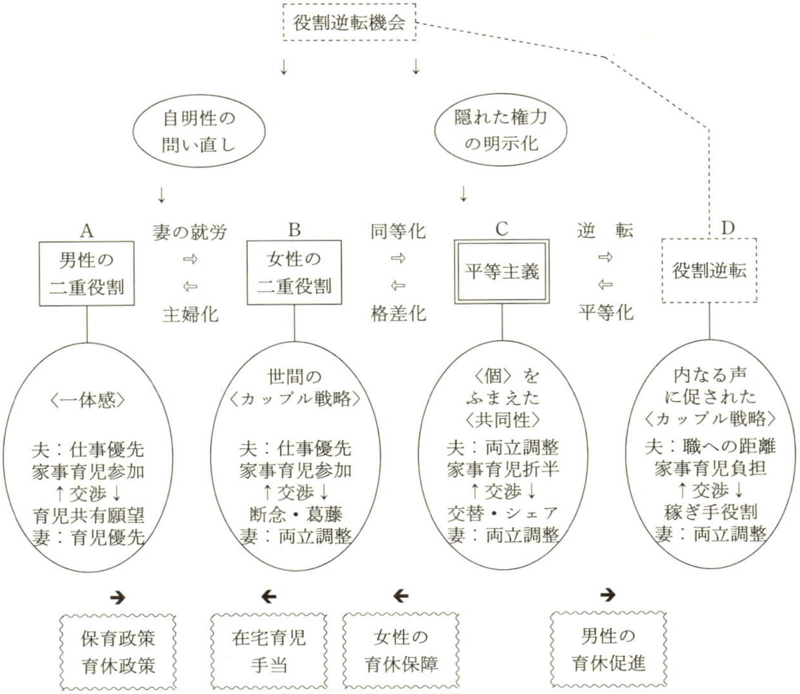
役割逆転機会
自明性の問い直し
隠れた権力の明示化
A
男性の二重役割
妻の就労
⇨
⇦
主婦化
B
女性の二重役割
同等化
⇨
⇦
格差化
C
平等主義
逆　転
⇨
⇦
平等化
D
役割逆転
〈一体感〉
夫：仕事優先
家事育児参加
↑交渉↓
育児共有願望
妻：育児優先
世間の〈カップル戦略〉
夫：仕事優先
家事育児参加
↑交渉↓
断念・葛藤
妻：両立調整
〈個〉をふまえた〈共同性〉
夫：両立調整
家事育児折半
↑交渉↓
交替・シェア
妻：両立調整
内なる声に促された〈カップル戦略〉
夫：職への距離
家事育児負担
↑交渉↓
稼ぎ手役割
妻：両立調整
保育政策
育休政策
在宅育児手当
女性の育休保障
男性の育休促進

一般に育児休業制度は母親の就労を可能にする条件を整え，ＡからＢＣＤタイプに移行する可能性を開くという意味で，ジェンダー秩序を流動化する可能性がある。しかし夫妻間の仕事の格差や妻の育児抱え込みと断念などにより，

女性ばかりが育児休業を利用する家族戦略がとられるならば，CDタイプへの移行に至らずBタイプにとどまり，ジェンダー秩序を固定化する側面も持つ。それに対して，男性の育児休業取得を促進する政策は，BCタイプからDタイプ（多くの場合たんに「役割逆転」機会）を経てCタイプを維持促進する目的があり，「ケアラーとしての父親」を創出し，ジェンダー秩序を流動化させることをめざしている。

　保育制度も親族の援助をあてにせずに，核家族の母親が就労継続するための重要な条件であり，育児休業と同様にAからBCDタイプに移行する可能性を開く。しかし第6章で論じたように，Bタイプにおいては，保育などの外部資源によって育児負担が軽減されることが，家事育児分担をめぐるカップル間交渉にブレーキをかける効果も持ちうる。保育の拡充政策は，Aタイプに対してはジェンダー秩序を流動化させる方向に作用するが，Bタイプに対しては固定化する方向で作用し，CDタイプに対しては中立的と考えられる。

　家族手当は一般に，子どものいる世帯といない世帯との間の再配分のシステムであり，ここでのタイプ間移行過程には中立的である。しかし親が仕事を辞めたり減らしたりして在宅育児をすることに対する家族手当を創設するならば，高学歴で高収入の仕事に就いている女性には影響しないが，下層の女性労働者をBCからAタイプに移行させるので，ジェンダー秩序を強化する[1]。下層の男性労働者については，妻がより高い収入を得ている場合には，BCタイプからDタイプに移行する可能性がある。だがそのようなジェンダー秩序流動化の例は少数であり，多くの場合同じ費用を支出するならば，在宅育児手当よりも保育の方が，ジェンダー秩序を流動化する効果が高いと言えよう。

　このように，社会政策がタイプ間の移行過程にどのように影響するかは，複雑である。

　以上，マクロの社会政策がミクロの家族戦略を介して特定の方向に発展し，ジェンダー秩序に対しては家族タイプとの関係で複雑な効果をもたらすことを捉える枠組を示した。次節以降で，スウェーデンとフランスの例を検討していくことにしよう。

2 スウェーデンにおける育児休業制度の発展とカップルの育児休業取得戦略

◇育児休業制度の形成と拡充

　スウェーデンにおける「両性に開かれた育児休業」制度の形成は世界で最も早い。リンダ・ハース（L. Haas 1992）によれば，その前史は，1937年に母親に3ヵ月の無給の出産休暇を与えたところにさかのぼり，その背景には早くも女性労働力の必要性と出生率確保の問題意識があった。しかしそれは「新性別役割分業」を推進してしまう，ジェンダー秩序固定的な制度であった。

　1967年に議会は家族政策委員会を指名し，社会保険システムの男女平等について検討を開始した。そして1969年にミュルダールが「男女いずれも取得できる育児休業」のアイディアを報告した。この時点で，スウェーデンにおけるジェンダー秩序を流動化する政策形成がスタートしたと言えよう。この変化について第1章で紹介したように，ヒルドマンは「主婦契約」から「平等契約」への転換と呼んでいる。

　1974年に世界初の「両性に開かれた育児休業」制度とその収入補填制度としての「両親保険」が創設された。スタート時の内容は，子が8歳になるまでの間に夫婦で分けられる6ヵ月（180日）分の育児休業給付（給与の90％）であり，また年に10日の病児看護休暇（給付有）が保障された。そして早くも翌1975年に，両親保険の育児休業期間が1ヵ月増え，7ヵ月に拡大された。以後，1990年頃まで両親保険制度は拡大の一途を辿った。

1977年　病児看護休暇は18日に拡大。
1978年　育児休業期間は9ヵ月に拡大。ただし，1ヵ月分は最低保障額。
1979年　8歳以下の子を持つ労働者に1日6時間労働に短縮する権利を付与。
1980年　育児休業期間は12ヵ月（360日）に拡大。ただし，3ヵ月分は最低保障額。病児看護休暇も60日に拡大。
1986年　学校や保育園の参観のために年に2日の休暇を設定。（90％給付）
1989年　育児休業期間は15ヵ月に拡大。ただし，3ヵ月分は最低保障額。
1990年　病児看護休暇を120日に拡大。

第10章　社会政策とカップルの戦略

　この背景には，福祉国家として子どもを持つ親が安心して職業生活と家庭生活を両立できるように制度を充実させていくという政策の基本方針があり，病児看護や保育参観への配慮がきめ細かく整えられてきたということは言うまでもない。が，それ以上に当時は，学齢前の子どもを持つ母親の就労率の増加に保育の容量が追いつかなかったという経緯がある。スウェーデン統計局刊のWomen and Men in Sweden（SCB 2004：46）によれば，25～34歳の女性の就労率は，1970年に約60％，1980年に約80％，1990年に約90％と増加しているが，1歳から6歳までの子どもの公立保育園によるカバー率は，1972年12％，1980年36％，1990年57％にすぎない（SCB 2004：37）。このギャップは，いわゆる家庭福祉員（保育ママ）や親族による援助でしのいできたようだ。だが，乳児は親が家庭で育てるべきだという考えが強いスウェーデンの家族文化に基づく家族戦略から言えば，当然，育児休業期間の拡大要求（ニーズ）が高かったであろうことが容易に推測できる。90年代以降は，①既に育児休業期間拡大の限界に達していた（実際にこれ以上休むと仕事にならないだろう）ことと，②保育政策の充実で公立保育園によるカバー率が画期的に上昇した（2003年83％）ことにより，育児休業期間拡大要求は落ち着いていったと考えられる。

◆**男性の育児休業取得促進政策**

　形式的に両性に開かれた育児休業制度であっても，実際には女性が多く取得してしまうと，ジェンダー秩序は固定化される。ヒルドマンはジェンダー契約の第三ステージを「平等地位契約」の時代と呼んだが，80年代以降，まさにそれに向けて育児休業制度の拡張と並行しつつ，男性にも積極的に育児休業取得を促進する政策が進められた。

　1980年にはじめて父親に10日の出産休暇（90％給付）が設定された。父親の出産休暇とは，第2章でも説明したように育児休業とは別に，出産に立ち会ったり，家事をしたり，上の子どもの世話をするために，父親だけに与えられる休暇である。子どもの誕生に関わることは，男性の生き方を豊かにすると考えられた。この父親の出産休暇は取得率が高く，約8割の父親が平均9日程度取得してきている。

　1983年に政府は「男性の役割を考える政府委員会」を指名し，各領域の専門

家に調査研究を依頼した。父親になること，祖父になること，教育と職業の選択，軍隊，男性の危機状況などが，男性の役割に関する重要テーマとして研究され，1986年に報告書が出された（Ministry of Labour, Sweden 1986）。報告書は，男性がみずから稼ぎ手役割，権力，抑圧，暴力的性から解き放たれ，他者と共に生きることや自らの感情を表現できるようになるためには，「子ども」はひとつのチャンスであると述べている。男性が育児に関わることを，女性の視点からだけでなく男性自身の解放のための「黄金の機会」と捉えたのである。さらに委員会は，男性に向けた「平等」キャンペーンの必要性と，政府の平等政策担当に「男性と平等」セクションを設けるべきことを指摘している。

1980年代には，男性を焦点にした様々な運動があった。男性問題の解決に向けて，「メンズセンター」が主要都市に誕生した。それは男性解放運動の中から生まれた民間の男性カウンセリング機関である。男性カウンセラー（臨床心理士）が，男性学的な視点を持って男性相談者の話を聞く（Nord 1995）。例えば離婚した男性の子どもとの関わり方や，暴力をふるわずに家族とコミュニケーションする方法などが扱われる。また政府の補助金を受けて，助産師の協力の下に「妊夫」教室も開かれている。パートナーの妊娠・出産・授乳をいかに男として共有するか，カップルだけの関係から子どもの居る複雑な家族関係へ移行するときに男性が直面する心理的危機をどのように解決していくか，といったテーマを小集団で一緒に話しあう。家族関係を維持するために，男性も努力を払い始めた。

1990年代に入り，ノルウェーが1993年に「パパクオータ」制度を導入すると，政府は再び「父親と子どもと職業生活」についてのワーキング・グループを組織した。それは「パパグループ」と呼ばれ，1995年に報告書PAPPA-GRUPPENS SLUTRAPPORT（Socialdepartementet 1995）を出し，母親には譲れない父親の育児休業期間（パパの1ヵ月）の設置を提言して解散した。これを受けて，スウェーデンは，1995年から，育児休業期間のうち1ヵ月分を母親に，もう1ヵ月分を父親に割り当てる（ひとり親の場合は単独で2ヵ月分取得できる）新制度をスタートした。形式的には男女平等の規定だが，女性は割り当てなしでも取得するので，割り当ての効果は男性だけに現れる。当時，不景気のためカットバックが行われ，300日分は80％の給付に下がったが，割

217

り当て部分(30日×2)だけは90％給付を維持した。続く不景気で，翌96年にさらに5％ずつカットバック，97年には一律75％給付に下げざるを得なくなったが，98年に景気回復とともに80％給付に戻している。こうしたジグザクはあるものの，スウェーデンの男性の育児休業取得率はゆっくりとだが確実に上昇している。

表10-1は，制度開設当初からの男性の取得割合の一覧である。人数で見ると全取得者のうちの男性割合が高まっているが，男性は女性と較べて取得期間が短いため，日数で見るとまだ一部分にとどまっている。それでもこれまでの取得率上昇傾向を見れば，「父親の1ヵ月」(1995)は効果的であったことが明らかであろう。それをふまえて2002年から，スウェーデン政府はさらに育児休業の全体期間を30日拡大して，父親・母親割り当てを各60日に増やした。

表10-1 スウェーデン育児休業の男性取得割合（％）

男性／男女全体

年	親保険受給者	親保険受給日数	病児休暇取得者	病児休暇取得日数
1974	2.8	0.5	?	40
1980	23	5	?	37
1985	23	6	40	33
1990	26.1	7.7	41	34
1995	28.5	9.2	39	32
1998	32.4	10.4	39	31
2000	37.7	12.4	40	34
2002	41.6	15.5	41	36

データ出所 Social Insurance in Sweden 2003 RFV p. 27, Women and Men in Sweden 2004 SCB p. 38

以上，スウェーデンにおける男性の育児休業取得促進政策の歩みを概観した。父親の出産休暇は，出産・育児を分かち合う〈共同性〉の形成に役立ってきただろう。一般に父親の出産立ち会いは，父親の育児参加を高めることが確かめられている（柏木 1993：316-322）。そして育児休業は原則として二人同時には取れないので，「役割逆転」機会を増加させ，ジェンダー秩序の流動化に寄与しただろう。またスウェーデンの男性政策は，男性自身の解放を求めて形成されてきた面があり，明らかに「男性役割」の脱構築を含んでいる。

2　スウェーデンにおける育児休業制度の発展とカップルの育児休業取得戦略

◆**カップルの育児休業取得戦略**

　では，スウェーデンのカップルは実際にこれらの制度をどのように受けとめ，どのような家族戦略を立てているのだろうか。

　スウェーデンの調査協力者に共通していたのは，自国の育児休業制度を肯定的に捉え，二人あわせた休業期間を引き延ばし，できるだけ有利に親保険を受給しようと，取得の仕方をあれこれ工夫していたことである。調査時点での制度は，第2章で紹介したように，1歳までは両親が育児休業を取り，1歳からはコミューンが公的保育・教育を保障するものであり，育休明けの短時間保育と短時間勤務も比較的よく見られた。

①育休折半

　都市の高学歴・高収入層では，平等理念から当然のこととして「育児休業折半」戦略をとるカップルがいる。今日のスウェーデンでは，公務員やジャーナリスト，大企業労働者は，男性の育児休業は通常化しており，取得にさほど大きな困難があるわけではない。

　▶私は普通より<u>長く育児休業を取っている</u>。……私たちは，育児が大事だと考えて，育児休業を分かち合うことを決めた。　　　（S9夫・政府専門職）
　▶私たちは，明らかに<u>平等に育児休業を半分ずつ分けた</u>。もし子どもと本当に関係を結ぼうと思ったら，単独で子どもの世話をする必要がある。例えば妻が6ヵ月育児休業を取って，その次に私が6ヵ月取っても，妻と一緒に子どもの世話をしたら，彼女が最もよく子どものことを知っていて，彼女は経験があるから，あ，子どもはお腹がすいているのよとか，ああすべきだこうすべきだと助けてくれるだろう。そうなると<u>私の育児力が育たない</u>。
　　　　　　　　　　　　　　　　　　　　　　　　　　（S10夫・国家公務員）

　父親も平等に育児休業を取るばあい，母親も母乳を長く与えるために家にいたいという問題がある。

　▶育児休業の前半は私が家にいることが家族にとって幸せであると判断しました。私は母乳をやっていたので，<u>母乳が終わらないうちに復帰しても</u>，仕

第10章　社会政策とカップルの戦略

事に行ってまたお乳を飲ませに帰ってきてというのを繰り返していたのでは大変なので。
（S10妻・国家公務員）

②育休引き延ばし

妻が母乳を終えるまで充分に育休を取得したあと，夫が育児力が育つほど充分な育休を取得するためには，長い期間が必要である。そこで，第2章で紹介したような育児休業の二重規定を利用して，「育児休業の引き延ばし」戦略が取られる。その他様々な理由から，育児休業期間の引き延ばし戦略は，多くのカップルによって行われている。

▶私たちは，休んだ日の半分だけ親保険を受給して，期間を倍に延ばすことができる。この休業期間を<u>引き延ばす</u>というのは，よく行われている。週5日のうち3日は満額給付，2日は最低額給付に設定すれば，収入は減るが期間は延びる。
（S10夫・国家公務員）

▶子どもが家にいられる期間を長くするために，保険庁への（親保険）支払い申し出を週に4日にして，<u>期間を引き延ばし</u>ました。
（S7妻・団体研究職）

③最大給付追求

制度をうまく利用し各企業の上乗せ協定を組み込んで，「最大給付を追求する育休取得」戦略もある。S6夫妻（保険会社職員と組合秘書）は，子どもが産まれたらできるだけ長く子どもを家に置きたいので，二人で交替で4回に分けて取る計画を立てた。はじめの10日は，二人一緒に休む。次の4ヵ月は母親が休み父親が仕事，その次の4ヵ月は父親が休み母親が仕事，また次の8ヵ月は母親が休み父親が仕事，最後の4ヵ月は父親が休み母親が仕事する。週に5日ずつの全日型休暇を取り，有給休暇もつなぐ。それぞれの勤務先の上乗せ協定が最も有利に使えるように，たとえば最低保証額の90日間を途中に持ってきて，ちょうどその期間までは給与の90％になるまで上乗せするという労使協約を活用し，ずっと90％給付が得られ，最後の4ヵ月のみ80％給付になるように仕組んだ。スウェーデン人も驚くようなみごとな計画である。

④「父親の1ヵ月」の活用法

　「父親の1ヵ月」については，使わないと損なので，いろいろ活用されている。せっかくある制度はうまく利用しようというしたたかさが感じられる。

▶この育休に続けて（夏季）有給休暇も取ったので，8週間，子どもたちと一緒にいることができた。……子どもにすごく近づいた気がする。それまでと違った形で子どもたちのことを学ぶことが出来た。　　（S8夫・溶接工）
▶（第2子）の時は「パパの1ヵ月」をバカンスと重ねて取りました。
　　　　　　　　　　　　　　　　　　　　　　　　　　（S1夫・企業管理職）
▶母乳が長かったから，はじめの13ヵ月は母親が育児休業。僕はその後1ヵ月取った。それと同時に，子どもは保育園に行き始めた。9時から3時まで6時間。今は8時から5時まで。　　　　　　　　　　　（S11夫・大学教員）

　これらの語りから，必ずしも平等に向かう戦略ばかりではなく，様々な育休戦略が繰り広げられていることがわかる。また農業や零細自営業の父親では，代替要員がいないため「父親の1ヵ月」すら現実的でないというケース（S13夫・牧畜自営，S14夫・電気店自営）があった。

　ここで，タイプ別に家族戦略をまとめておこう。「平等主義」タイプならすべて「育児休業折半」戦略をとっているわけではなかった。本調査の事例を見る限り，都市の高学歴層の「平等主義」タイプは，「育児休業折半」という家族戦略を通じて「役割逆転」を経験し，ますます平等になっていく。けれども農村の下層労働者の「平等主義」タイプでは，「育児休業折半」という家族戦略を取りにくく，格差が生じている。80％給付であっても，ぎりぎりの共働き生活では，夫の収入が妻より少しでも高ければ，夫が育児休業を長く取ると世帯収入に響くからである。「女性の二重役割」タイプでは，父親は短期間しか育休を取らないため，「父親の1ヵ月」は時にはその趣旨から外れた活用をされており，必ずしもこの政策によってドラマティックな変化が生じているとは言い難い。「男性の二重役割」タイプでは，「父親の1ヵ月」は単にバカンスの追加として受けとめられている。

　このような多様な家族戦略の存在から，スウェーデンの男性の育児休業促進

政策は，一定の意義はあるものの，限界もあることが理解されよう。カールスタット大学ジェンダー研究所は，男性の育児休業を妨げる四つの要因として，①伝統的な性別役割観，②家計最大化の配慮（収入の少ない方が休む方が家計合理的，多くの場合女性），③職場の上司の態度，④母親たちの抵抗（女性自身が育児を独占したがることがある）を挙げている（Jämställdhetscentrum Högskolan i Karlstad, 1996）。また，90年代の「経済的権力と資源のジェンダー間分配」に関する13の政府調査報告を総括した報告書（SOU 1998）は，性別職域分離と家族内不平等の残存，公共セクターによる女性の搾取を指摘している。

　スウェーデンは早くから母親の就労が進み，父親の育児参加を勧める社会的言説が広がり，すでにII近代家族のステージからIII現代家族のステージに移行したと考えられるけれども，「女性の二重役割」タイプから「平等主義」タイプへの移行はいまだに大きな課題であり，平等への途は遙かであることを認識しなければならない。

3　フランスの保育・教育制度の発展とカップルの両立戦略

◇保育・教育制度の発達

　フランスが世界に誇る制度に，保育学校（école maternelle）がある。第2章で紹介したように2歳からの公教育で無料であるが，ギャルドリーや給食などとあわせると預り時間が長くなり，親にとって保育所のような機能も果たしている。さらに保育園（crèche）と保育アシスタント（assistantes maternelles）があり，それぞれに歴史がある。

　「フランスにおける幼児期の教育とケア」調査研究報告（OECD 2003）によれば，保育学校の前史は，4～7歳の子どもを対象とした編み物学校（1771年）にまで遡る。19世紀には，教会主導で貧しい子どもの収容所も作られた。これらをベースに，1881年6月16日法により2歳から6歳までの貧しい子どもを対象に，無宗教を原則とした無料の公立保育学校が小学校に併設されることになった。1921年に保育学校教員の待遇を小学校教師並みに引き上げ，アシスタントをつけるなど，水準の引き上げも図られる。しかし中産階級の子どもは，

当時，保育学校ではなく私立の幼稚園（jardin d'enfants）に通っていた。

戦後，すべての子どもが保育学校に行くようになり，幼児教育の中心的制度になった。1960年には，2歳児の10％，3歳児の36％，4歳児の63％，5歳児の91％がカバーされた。しかし，1クラス43人という多人数教育であった。その後，しだいに改善を積み重ね，1990年に（9月6日 Décret）組織運営を規定，2002年に（1月25日 Arrêtés）スケジュールとカリキュラムを規定した。教師と親との協力関係も重視されるようになり，連絡帳が作られた。そして2002年には，2歳児の35％，3歳～6歳の100％をカバーするようになり，1クラス26人になった。

保育園は，1844年に最初の慈善保育園が作られ，1862年から補助金がでるようになったが，基本的には長らく民間の慈善事業であった。戦後，各自治体の母子保健センター PMI（Protection Maternelle et Infantile）と家族手当公庫 CAF（Caisse d'Allocation Familiales）がそれらに働きかけて，公立保育園として発展した。今日，財源は家族手当公庫と自治体によっており，有料（月収の12％）である。通常，週日の朝7：00から午後19：00まで開いている。2000年に（8月1日 Decret，12月26日 Arrêté）保育基準が定められた。慢性的供給不足で，2002年でも3歳未満児の10％しかカバーしていない。2004年以降増設されてはいるが，不充分である。また，企業の保育園や親の共同保育園もある。

保育アシスタントは通称ヌーリス（nourrice 乳母），幼児言葉でヌーヌー（nounou）とかタータ（tata，叔母 tante から由来）と呼ばれ，育児経験のある女性のアルバイトである。ヌーリスは，19世紀のパリにおいて，上層階級の母親が子どもに母乳を与えることを動物的なこととして退け，住み込みの乳母を雇った歴史に，そのルーツを持つ。戦後，上述の母子保健センター（PMI）と家族手当公庫（CAF）の尽力で，自治体（県）による保育アシスタント養成制度が作られた。60時間の研修を受けると認可され，保育者の自宅で3人までの子どもを預かることができ，定期的に保育環境のチェックを受ける。1992年に（7月17日 Loi と Decret），ライセンス制度ができた。2002年では，3歳未満児の20％を保育している。実際には，ライセンスを持たなくても個人的に契約して子どもを預かる女性もおり，多数の3歳未満児がヌーリスの保育によっている。

223

第10章　社会政策とカップルの戦略

フランスではこのような歴史に根ざした託児習慣をベースに，公的な保育・教育制度（保育学校，保育園，保育アシスタント）が拡充するにつれて，1970～80年代に，女性のM字型就労パターンが解消されていった。

◇**育児休業より保育**

ところがフランスでは，育児休業制度はあまり利用されていない。日本の内閣府経済社会総合研究所による「フランスとドイツの家庭生活調査」（2005年）の最新データを見ても，7割の母親が育児休業を取得せず，産休明けに勤務時間短縮あるいはフルタイムで職場復帰している。ましてや男性の取得率は極めて低い（1～2％）。

なぜ，育児休業を取得しないのだろうか。私のインタビュー結果でも，男性はもとより，女性ですら育児休業を取得した例があまりない。ほとんどの調査協力者は育児休業を取得しようとせず，豊富な保育・教育システムをパッチワークして，育児期の就労継続を乗り切っていた。育児休業を取得しない理由は，次のように語られた。

①経済的理由
　▶育児休業は取りたいけれど，第1子には給付がないから取れない[2]。
　　　　　　　　　　　　　　（F1妻・中学校教員，夫は失業・アルバイト）
　▶給付金が低いから取れない。　　　　（F4妻・公務員）（F5妻・公務員）
　　　　　　　　　　　　　　（F6妻・准看護師）（F7妻・ソーシャルワーカー）

②職場環境
　▶バス会社は男社会で女性はあまりいないから，育休の習慣がない。
　　　　　　　　　　　　　　　　　　　　　　　　　　（F12妻・企業管理職）
　▶母親にとって，育児休業はリスクがあるのよ。休業後に同じ仕事に戻れるかどうかわからない。キャリアを，それ以前と同様に展開できるかどうかわからない。……私企業は法律を尊重しない。……例えば，今の時点で私が妊娠したら完全に不適切だと思う。研究所長は，私に今子どもを持つべきでないと言うかもしれない。私は公務員の身分だから，一般よりましなんだけど。それでもこうなのだから，私企業ではなおのこと難しい。私の友人で今子ど

3　フランスの保育・教育制度の発展とカップルの両立戦略

もを妊娠中の人がいるのだけれど，彼女は自分は職業キャリアを犠牲にしたと言っている。子どもを産んだら，そのあとキャリアが難しくなると言っている。本当よ。それがフランスなのよ。　　　　　　　（F2妻・大学院生）
▶育児休業は女性を完全に仕事の外へ追い出すものです。少なからぬ女性が，企業の中で良い仕事を見つけることができない。私は，2人目や3人目の子どものためにこのシステムを選んだ女性に出会うけれど，彼女たちは復職したときにひどい状況しか見つけられない。はじめから彼女達の仕事は良くない。……私は，この手段は女性にとって本当に恐ろしいものだと思う。だって，育児休業は魅力的で，多くの女性達は，この3年間を取ることが結局は何に終わるのか判断することができない。それは人生の環境として恐ろしいことだと思う。もしシステム全体が柔軟であれば，これは場合によってはひとつの解決かも知れない。しかし，フランスの労働とシステムに関する均衡がそのままでは，このような方法は破壊的効果を女性にもたらす。……良い仕事に就いている女性ですら，とても弱い立場なのよ。男性にとっても，まさに女性と同じ理由がある。　　　　　　　　　　（F13妻・企業技術者）

③仕事がおもしろい

▶私は自分の仕事が好き。教えることはすてきよ。化学を教えている。生徒はとても優秀。勉強意欲があり，競争をかいくぐって，勤勉で，感じよく，育ちが良い。仕事の状況はとてもよい。今までこれほど良い仕事はなかった。
Q：もし給付率のよい育児休業があれば取りたいですか。　　　　（聞き手）
（代替要員がいないから）取れない。こんな良いクラスは少ない。リセで教えるよりずっと良いもの。　　　　　　　　　　　（F11妻・高等予備校教員）
▶育児休業は，私たちの職業キャリアにとって，全く受け入れがたいもの。とても残念だけれど……集中的な仕事（をしている）……私たちにとっては，導入できないもの。逆に，保育学校と保育園はすばらしい。
　　　　　　　　　　　　　　　　　　　　（F15妻・TVプロデューサー）
Q：もしも100％給付される育児休業があったら，一年間取りますか。
　　　　　　　　　　　　　　　　　　　　　　　　　　　　　（聞き手）
　いいえ　　　　　　　　　　　　（F15夫妻・夫もTVディレクター）

第10章　社会政策とカップルの戦略

Q：仕事を追求しますか。　　　　　　　　　　　　　　　　（聞き手）
はい　　　　　　　　　　　　　　　　　　　　　　　　　（F15夫妻）

　①②③いずれの理由にせよ，フランスではスウェーデンと違って，そもそも子どもを長く家に置きたいという願望があまりないのではないだろうか。それよりも，保育学校や保育園には育児の専門家がいてすばらしいという信頼が寄せられる。子どもの発達のために，保育・教育システムは不可欠と考えられている。

　▶私たちは保育園に全面的な信頼を寄せている。とてもすばらしい力を持ったスタッフがいるから。組織構成も良い。唯一問題なのは，費用がかかること。（F15夫）
とても高い。けれども家に人を雇うよりは安い。私たちは子どもに集団的な環境を与えたかった。さらに，夕方から迎えてもらって我々が帰るまで見てくれる人（学生）を追加的に頼んだ。それが私たちのとった選択。
　　　　　　　　　　　　　　　　　　　　（F15妻・TVプロデューサー）
保育学校も，とても高性能。　　　　　　　　（F15夫・TVディレクター）
　▶フランスの保育園はとても良い。スタッフも施設も。私の知る限り保育園に行っている子どもは，みんな幸せにしている。彼らはそこで沢山の時間を過ごし，沢山のことを学ぶ。残念なのは席が少ないのでみんなが利用できないということ。　　　　　　　　　　　　　　　　（F9妻・中学校教員）
僕たちは子どもを，ヌーリスでなく保育園にやれて，とても満足している。
　　　　　　　　　　　　　　　　　　　　　　　　　（F9夫・中学校教員）
10人の子どもに対して2人の先生がつく。それに食事や昼寝を援助する人がいて臨床心理士や小児科医もいる。一人一人の子どもをしっかり見るだけの人数が確保されていると思う。また，子ども同士が良い関係を持てるほど，子どもの数はおさえられている。私の子は保育園に行く前に一年間ヌーリスのところにいた。ヌーリスはとても親切。子どもがテレビが好きだとずっと見せている。だから子どもの世界はテレビのなかに閉じこめられてしまう。保育園には専門的な保母が配置されていて。　　　　　　　　　　（F9妻）

子どものためのあらゆる活動をやらせてくれる。ちょうど学校のようなんだ。
小さい子どもでも，学校のような（教育的）のはよい。　　　　　（F 9 夫）
遊び道具も安全で良質。発達を考えている。　　　　　　　　　　（F 9 妻）
部屋もヌーリスの所では小さいが，保育園は大きい。　　　　　　（F 9 夫）
社交性（sociabilité）の問題。国によって考え方が違う。大人になってバランスを保つためには，一歳まではまず母親や父親と関係を持つという考え方もあるが，フランスでは，<u>子どもはできるだけ早く社交化（sociabiliser）した方がよいという考え方</u>がある。早くから社会的な接触を持たせた方が良いと考えられている。外の世界と関係を持つのは良い。だから，保育園はポジティブに感じられる。　　　　　　　　　　　　　　　　　　　　　　（F 9 妻）

このようにやむを得ず保育園に預けるのではなく，保育園の教育環境が優れているという考え方が，育児休業より保育を選ばせる動機になっているのではないだろうか。多くのカップルは，保育学校，保育園，ヌーリス，ギャルドリーなど，様々な保育手段をそのメリット・デメリットを勘案しながら併用している。

▶私にとっては，普通の保育園はとても良いシステム。<u>専門家がいるから</u>。
　　　　　　　　　　　　　　　　　　　　　　　　（F13妻・企業技術者）
子どもが病気でもヌーリスの所に預けるのに何も問題はない。保育園は<u>制約がある</u>けれど。　　　　　　　　　　　　　　　　　（F13夫・大学講師）
私たちはアルトギャルデリーに席を見つけて週2回行かせている。あと2〜3日はヌーリスのところ。<u>ヌーリスは柔軟</u>だから。子どもが病気でギャルドリーに行かれないとき，ヌーリスの所にやる。でも，逆にヌーリスがバカンスにでかけて預けられないとき，ギャルドリーで見てもらえる。ギャルドリーの人たちと良い関係を結んでいるので。二つの全く違う保育形態だけれど，<u>一方がだめなとき他方が補う</u>。しかも，ギャルドリーは全然高くない。タダじゃないけれど，1日37フラン。ヌーリスの方がずっと高い。結局，ヌーリスはお金の関係。沢山払えば丁寧に見る。でも，ギャルドリーの人とはとても良い関係を持っていて柔軟に対応してもらえる。　　　　　　（F13妻）

第10章　社会政策とカップルの戦略

▶私は個人的には保育園は全然好きではない。私の母はヌーリスだったので，私はこのシステムをよく知っている。保育園は，いろいろ教えるけれど，沢山の子どもを見るので，個別の愛情が育たない。ヌーリスは，一人一人の子どもと愛着関係を持ってくれる。　　　　　　　　　（F 8 妻・花屋店員）

保育園は，子どもの社会性をよく育てると思う。学校生活への準備もよい。保育アシスタントは家で見るので，その点は違うが。

（F 8 夫・企業技術職員）

認可ヌーリスは，子どもが病気の時もみてもらえるが，保育園では病気の子どもはみない。ヌーリスは時間も比較的自由。午後 7 時すぎてもかまわない。保育園は閉じられている。規則的に預ける人でないと。それに少し高い。

（F 8 妻）

かくして育児と職業の両立をめぐるフランスの家族戦略は，市場のサービスを含んだ保育のパッチワークを軸に展開される。

保育に関する選択は，「夫婦で育児」の 4 類型と関連しない。関連するのは地域における保育インフラの整備状況と，子どもの数や年齢である。ほとんどの子どもたちは 2 〜 3 歳から保育学校に通うが，それ以前は保育園か保育アシスタントである。都市部では保育園が多数開設されているが，地方の農村では保育園は少なく，保育アシスタントに頼っている。階層が高く，子ども数が多い場合は，自宅に保育者を雇うこともある。

◇**階層的な両立戦略**

フランスの両立戦略は，むしろ階層的な性格が強い。

二人とも高学歴で高度な専門職・管理職に就いている都市のカップルは，「平等主義」タイプであれ「女性の二重役割」タイプであれ，3 歳未満の子どもを，保育園にやるよりも自宅に置いて保育者を雇う。フランスにはしばしば子沢山のスーパー・キャリア女性がいるが，家事・育児使用人を利用しているのである。

▶ 3 人目からは，経済的に 3 人まとめて面倒みてくれる人を雇った方が良か

った。保育学校への送り迎えもしなければならないし。だから、<u>一人女性を雇って週日は子どもの世話と料理をしてもらった。とてもよい収入があるので，それが可能</u>。旅行に費やすよりも，家での家事育児援助に費やしたわけ。ここはパリからそう離れていないのに庭があって田舎のように子どもたちを遊ばせられる。……モロッコ人の女性はとてもいいのよ。下の子どもたちはモロッコ語を話せないけれど。もちろんフランス語もまだ話せない（笑）。モロッコ語を少し理解する。彼らはバイリンガル。彼女は子どもたちにモロッコ語しか話さないから。 　　　　　　　　　（F11妻・高等予備校教員）
Q：あなたはフランス語を話す人の方がよいとは考えなかったのですか。
　　　　　　　　　　　　　　　　　　　　　　　　　　　（聞き手）
いいえ全然。私は子どもたちが他の言葉を学ぶのを望んでいる。だって何も問題がない。私も夫も，もちろんフランス語を話すから（笑）。フランスではアラブの人が家にいるのは典型的なのよ。芸術家ではアラブの人を探す。私たちもアラブの人を探したのよ。<u>マグレブ女性やアルジェリア女性は，子守がすばらしくうまい</u>。フランス人の子守はあまりよくない。マグレブ女性にとって子どもは王様。　　　　　　　　　　　　　　　　　　（F11妻）
▶たしかに子どもを保育園にやれば，早く女性は仕事に復帰できて，ある意味では良いと思う。最初の子どもの時，6ヵ月から保育園にやりました。でも，3ヵ月間，絶え間なく具合が悪かった。保育園は熱があると子どもを預からないから，職場に電話がきて，私は迎えに行かねばならなかった。そういうことがずっと続いて，子どもはほとんど保育園におらず，私が世話をした。それは，子どもにもよくない。だから，保育アシスタントに3歳まで見てもらった。3歳からは保育学校に行った。3歳になると丈夫になり通えるようになる。　　　　　　　　　　　　　　　　　　　（F3妻・弁護士）
そうだね。保育園は一般に働く女性のためによいシステムで，5時半から6時頃迎えに行く。だが，自由業や上級幹部のような仕事の場合はうまくない。フランスの普通の女性は，子どもを二人ぐらい持って働き続ける。けれども，<u>高度な仕事をする女性たちは，保育園ではなく，自宅に保育者を雇う</u>。
　　　　　　　　　　　　　　　　　　　　　　（F3夫・企業管理職）
保育園でなく，自宅に保育者を雇った場合に家族手当で補助金が出るのよ。

第10章　社会政策とカップルの戦略

社会保障費用分が出る。昨年から導入された新しい制度。私にはありがたい。
(F3妻)

　家事使用人は，フランスでは何の抵抗感もなく利用されている。本調査は事例調査なので数を数えても有意性は語れないが，フランスの調査協力者15組のうち8組がごく普通に家政婦を雇って掃除とアイロン掛けを任せていた。掃除はともかく，なぜアイロン掛けなのかと言うと，天然素材の衣類を好み，かつ洗濯物を日光に当てて乾かすことができない気候風土のもとで，消毒機能も持つアイロン掛けは，フランスの重要な家事だからである。その重労働を底辺の移民女性労働力に頼っている。
　スウェーデンはその対極で，家事使用人の利用についての抵抗感が非常に大きい。

▶私はたぶん，掃除の人が来る前にきれいに掃除しなくてはと思ってしまいそうなのです。それに，誰か見ず知らずの他人が自分の家に入るのはいやなの。私は，自分でやらなければと思ってしまいそうです。なぜだかわからないけれど，誰か他人が私のために家を掃除しに来るというのが抵抗がありますね。それは，階級の問題でもあるわ。　　　（S3妻・組合誌編集者）
人を使う側と使われる側との間の関係が，不平等を前提にしているような気がする。
私たちは，自分のことは自分でする。みな平等だから。誰かが誰かのバスルーム（トイレ）を掃除するというのは，良くないな。　（S3夫・日刊紙記者）
▶（家政婦のような人を頼みたいと思ったことは）全然ありません。(absolutely not!)　政治的理由よ。私の祖母は，1920年代にメイドとして働いていた。彼女はとても貧しい小作人の家庭に育った。彼女は生活を変えようとして，女中として働いたわけ。彼女は私に沢山の恐ろしい話をしてくれた。彼女は犬のような生活をした。一日中，奴隷のように金持ちのために働いて，低いサラリーしか得られない。恐ろしい生活よ。メイドを雇っている家庭もあるけれど，私はそういうのを見たくない。スウェーデンが再び階級社会になるのは反対です。私の友人は家政婦を雇うのに賛成だけど，私は自分のバック

グラウンドから賛成できないわ。　　　　　　　　　（Ｓ５妻・学生・バイト）

　スウェーデンの事例で，唯一家政婦を雇っていた夫妻の語りには，ためらいがあった。

▶Q：家事使用人を雇っていますか。　　　　　　　　　　　　　　（聞き手）
月に２回，家の掃除。　　　　　　　　　　　　　　（Ｓ９妻・団体管理職）
私たちは，長い間この問題について話し合ってきた。（Ｓ９夫・政府専門職）
私たちは，毎週論争したの。　　　　　　　　　　　　　　　　　（Ｓ９妻）
現実にとても高い。だが，もしも税金を支払わないとすると非合法。私たちはそれでも決めたんです。とても高いけれど，私たちは月に２回計６時間の契約を，サービス会社としよう，それは土曜日か日曜日に，もし子どもと一緒にいたいなら，高いけれども採用に値すると。　　　　　　　　　（Ｓ９夫）
それで家族が幸せになれるのだから。そうでないと掃除しなくちゃと追われることになる。　　　　　　　　　　　　　　　　　　　　　　　　（Ｓ９妻）
とても贅沢だが，遅く帰宅して掃除するのは大変。　　　　　　　（Ｓ９夫）
子どもがちょろちょろすると掃除もできない。　　　　　　　　　（Ｓ９妻）
スウェーデン人が掃除をする人を雇う場合，非合法的にやることが多く，そういう場合は人に言わない。　　　　　　　　　　　　　　　　　　（Ｓ９夫）
Q：あなた方は合法的に雇っているのですね。失礼ですが，いくらぐらい払うのですか　　　　　　　　　　　　　　　　　　　　　　　　　　（聞き手）
月に６時間で1800クローネ（約27000円くらい）。　　　　　　　（Ｓ９夫）
１時間300クローネ（約4500円くらい）。　　　　　　　　　　　（Ｓ９妻）
非合法だと60〜100クローネぐらいだろう。　　　　　　　　　　（Ｓ９夫）
Q：すごい違いですね。どうしてこんなに違うのでしょう。　　　（聞き手）
<u>税金と社会保障</u>です。でも，私たちは非合法の人を雇いたくなかった。非合法で働く人たちは，働いても年金がもらえるようにはならない。収入の高い家族では結構非合法の使用人を雇っているケースがある。　　　　（Ｓ９夫）

　このようにメンタリティの違いだけでなく，・システムの違い・も大きい。フラ

ンスは階層格差を再生産する社会システムを持ち，その中で普通に取られる家事合理化戦略は，否応なく階層再生産のレールの上を走る結果になる。スウェーデンは社会的再配分システムによって階層格差を縮小しようとする仕組みを持ち，その中では階層再生産的な家事合理化戦略にブレーキがかかる結果になる。このように家事・育児使用人の利用という戦略は，諸個人の意識をこえて社会の中に埋め込まれた階層化のポリティクスに大きく左右されている。

　一般に家事・育児に関する外部資源の導入は，ジェンダー秩序の流動化にとって両義的である。保育サービスの利用や家事サービス・家事省力的商品の購入などは，女性の家事育児負担を軽減し，フルタイム就労を容易にする効果があるが，「役割逆転」機会に対してはマイナス効果を持つこともある。徹底した外部資源の導入は，夫妻でシェアする必要性を低下させるからである。だが外部資源の利用によって女性の職業上のエンパワーメントが進むならば，その回路を通じて，夫妻の仕事の同等性が導かれ，夫妻の家事育児責任の同等性をもたらしうる。さらに外部資源の利用経験は，妻の家事育児の抱え込みを解き，夫とのシェアの可能性を心理的に開くものでもありうる。

　しかし使う側と使われる側の階層差は歴然としている。家事の階級間分業，エスニシティ間分業，家事サービスの商品化に孕まれるジェンダーと階級の関係について，今後，もっと研究が必要である（大和 1999：113-116）。

　以上，フランスは80年代以降，保育・教育システムの拡大に支えられて母親のフルタイム就労が進み，父親の育児参加を勧める社会的言説も広がっていった。90年代中頃まで，雌鳥パパ（papa poule）などと言って，育児する父親を揶揄する表現も見られたが，II近代家族のステージからIII現代家族のステージに移行しつつあると言える。けれども，まだ「平等主義」タイプへの移行の道は険しく，家事・育児使用人を安価に利用できることの両義性や，女性内部での階層化の問題を問わなければならない。

4　日本社会への示唆

◇収斂の方向

　これまで分析してきたように，フランスとスウェーデンはそれぞれ違った家

族文化と福祉レジームを前提に固有のカップル戦略を生みだし，そのニーズを吸収しつつ，世界に誇れる固有の優れた政策を発展させてきた。しかし近年の政策動向は，前節で述べてきたような歴史的経緯の違いにもかかわらず，少し歩み寄りを見せている。

スウェーデンでは育児休業を中心に政策が進められてきたが，近年は，保育を福祉としての「保育サービス」から，すべての子どもに対する「就学前教育システム」へと転換している。1996年7月，保育問題担当省庁が社会省から教育省に移された。1998年1月，保育に関する規定が「社会サービス法」から「学校法」に変わり，実務監視責任も社会庁から学校庁に移管された。1998年8月には就学前教育カリキュラムが作られ，保育制度は生涯教育の一環と位置づけられた。2001年以降は，低額保育料体系の導入や4〜5歳児に1日3時間の無料の就学前教育を提供するなどの改革がさらに進められている。

フランスでは保育・教育システムを中心に政策が進められてきたが，第2章でも紹介したように，近年は育児休業の範囲の拡大を行っている。たとえば育児休業給付金は，1986年には第3子からしか給付されなかったが，1994年より第2子から，2004年には第1子からと広がっている。もっとも1994年の拡大により，10万人の女性が家に入ったと言われ，3歳以下の子どもを持つ女性の就労率は，1990年の63％から2001年には55％へと低下しているなど，問題も指摘されている。

またフランスには従来，男性の育児休業取得や男性保育士増加を促進する政策はなかったが，ようやく出産時の父親休暇が2002年より3日から11日に拡大し，父親手帳（Livret de Paternité）が配布されるなど，父親に焦点を当てた政策が少しずつ進んでいる（Meunier 2002）。民間の産院では，新しく父親になる男性と経験者の男性が語り合う場を設ける父親グループの運動もある（Strouk 2001）。

このように，スウェーデンは育児休業中心から保育・教育制度の充実へ，フランスは保育・教育制度中心から育児休業の拡大と男性政策へと，近年互いに一歩近づいてきたように見える。両国は同じEUの枠内で統一的な政策方向が目指されているという側面もあり，また互いに自国の政策には欠けている他国の政策の良い点を取り入れようとしているのであろう。いずれにせよ，児童手

当，保育・教育，育児休業は，男女がともに職業と家庭を両立し，子どもの成長を保障していくための基本政策の三本柱であり，この3つが充実していく方向は社会政策の収斂していく方向であろう。

しかし収斂と言っても，全く同じ政策にはならないだろう。スウェーデンにおいて，優れて育児休業制度が発達した背景には，固有の家族文化と福祉レジームがあった。そして，それは人々のメンタリティやハビトゥスと相互規定的な関係を持ち，家族戦略の集積としてのニーズの構造も特徴づけていたのであった。フランスにおいて，優れて保育・教育制度が発達した背景にも，同様のことが言える。したがって最低限の共通の政策という意味での収斂はあっても，言わば得意領域における個性は残っていくと考えられる。

このことは比較社会学的変動論にとって，鍵になる認識である。育児の社会化と男性ケアラー化という共通の2つの軸に沿った変動が，スピードの差を持ちつつ生じているが，そのあり方は個性的であり，違いがある。そしてスウェーデンにおける男女の育児休業を特徴とする政策体系は，優れていると同時に限界もあることは既に述べたとおりである。フランスについても，同様のことが言える。

◆日本の隘路

では，このような比較社会学的変動論の立場から，スウェーデンとフランスの経験をふまえて，日本社会についてどんなことが言えるだろうか。

第2章の5節で述べたように，従来の日本の政策は「少子化対策」という状況依存的な性格を持ち，保育と育児休業あるいは勤務時間との接合が必ずしもうまくいかずに，その隙間を親世代との同居や近居が埋める形で「家族主義的解決」がなされてきた。また労働市場においても，男性正規雇用と女性非正規雇用の格差構造という困難を抱えている。近年ようやく，保育と育児休業の拡大や児童手当の増額が行われ始めたが，内的な困難が孕まれているのではないだろうか。

日本の家族文化はフランスよりもスウェーデンの方に近親性があると考えられるので，保育よりも育児休業の方がニーズが高いと予想される。しかし育児休業の拡大や柔軟化，男性の育児休業取得促進は，企業の側の大きな抵抗に遭

うだろう。スウェーデンの育児休業制度の成功の裏には，強い労働組合と社会民主主義政権下での安定した労使関係があった。もっとも日本企業では，お産の時の父親休暇なら可能であろう。なぜなら忌引きは既に制度化されており，突然発生するにもかかわらず認められているので，核家族の父親が子どもの誕生前後に1週間くらい仕事の席を外すことは，予定が立てられるだけに容易と考えられる。しかし父親が何ヵ月も育児休業を取得するということは，すぐには一般化しにくいだろう。第4章と第5章で紹介した，日本の「平等主義」タイプや「役割逆転」タイプの男性は，職場との葛藤を非常に強く語っていた。先駆者たちは，強い葛藤をとおして新しい道を切り開くが，一般化には時間がかかる。

そうであれば，保育を拡大することがますます必要であるが，今度は3歳児神話の根強さにぶつかることになる。ある平等主義タイプの妻は語る。

▶ <u>3歳児神話</u>。もう出ていくときに，その<u>プレッシャー</u>から逃れるということに，どれだけ自分がエネルギーを使ったかというの。1年やってみて，なーんだ死なないじゃないか。なーんだね，そんな言うほど，よそん家の子どもとこの子が違うのかって言ったら，もっと大きくなってみないとわかんないけど，はっきり言ってあまり違わないかもしれないなみたいなところで。保育園のメリットっていっぱいあるじゃないですか。……<u>そこがきつかった</u>ですね。そこから逃れて出ていくのがね。うちの父親だって，（これからは女性も）職業を持ちなさいと教育したって言いましたよね。そして（夫に）協力しろって（言ったと）言いましたよね。それなのに，あんた辞めないのかって言うんですよ。子どもがかわいそうだってね。……（世間のまなざしは）学童にやってまでお金がほしいか，とかそういう言い方になる。

（J 8妻・公務員ヘルパー）

このように，理解があるはずの身内から非難されることは少なくない。そこに3歳児神話の根深さがあるように思われる。さらにフランスの保育学校が世界の注目を集め，スウェーデンが保育と教育を統合しつつあるなか，日本でも保育と教育の一元化を望む声は高い。しかし日本の官庁の縦割り行政のため，

なかなか実現が難しい。

　いったい日本は保育・教育中心に進めていけるのか，育児休業中心に進めていけるのか。日本は隘路に陥っているかのようである。

　ここで想起したいのは，スウェーデンは1970年代から，フランスは1980年代から，共働きが増えたことである。その基礎の上に過去20〜30年の間に，育児の社会化と男性ケアラー化が進められてきた。ところが日本の1970年代は，「人口ボーナス」の基盤の上で片働きシステムが広がった時期であり，1980年代には専業主婦の保護政策も打ち出された。しかし今日もはや人口ボーナスはなく，既婚女性の就労継続への客観的基盤は整いつつある。「21世紀出生児縦断調査」（2001年）によれば，実際に，第1子の出産を機に退職する女性は約7割であるが，「労働力調査特別調査」（2001年）によれば，3歳未満児を持つ専業主婦（61％）の半数以上（37％）は，就業を希望している。また「第2回全国家庭動向調査」（2000年）によると，未就学児を持つ母親でずっと就労するつもりがない女性は1割しかおらず，約8割の女性がいずれは働きたいと考えている。違うのは保育園に預けてすぐに働きたいのか，末子が小学校に入るまで待つか，というタイミングである。日本でも条件さえ整えば，共働き家族は増えていく時期に達している。

　女性の就労継続，保育，育児休業，児童手当のすべてを，スウェーデンやフランスは経済成長とサービス化の下で整えていったが，日本は情報化とグローバル化の進む新しい競争的な世界経済の下で，これからすべてを整えていかなければならない。しかもまだしばらくは，家族主義的な解決方式を引きずりながら。ただそれがスウェーデンやフランスと較べて困難であるか否かは，未知数である。必要なのは3歳児神話の根拠のなさを明らかにし，開かれた育児としての保育・教育の豊かさを示すことと，男女の柔軟な育児休業，つまり短時間集中労働システムを作ることであろう。

　さらに，政策理念を「少子化対策」から「育児の社会化」と「男性ケアラー化」へと高めていくことが必要である。第2章5節で述べたように，日本の若い男性のケア意識は想像以上に高い。また母親ひとりの育児は困難であるという認識も広がりつつあり，専業母親も親族の援助を頼るだけでなく，育児支援センターに集ったり，一時保育を利用したりし始めている。「育児の社会化」

や「男性ケアラー化」を進めていく期は熟している。

以上本章では，スウェーデンで育児休業制度が，フランスで保育・教育制度が，それぞれ優れた発達をとげた根拠を，各国の家族文化や福祉レジーム，家族のメンタリティやカップルの戦略から解釈し，そこから得られた知見をもとに，日本の変革課題を論じた。日本社会はスウェーデン型にもフランス型にも進みにくい隘路に陥ってはいるが，その隘路を突破する条件も熟しつつあり，家族主義的解決を引きずりながらもそれを脱皮していく方向が示された。

注
1) A.レイラは，1990年代北欧の両立政策についての論文で，在宅育児給付と有給育児休業は一見似ているが，その実際の効果は異なると述べている（Leira 2000：169-171）。
2) 1999年時点では，第2子から給付があった。1994年以前は，第3子から給付があった。

終 章

ジェンダー変革の困難と希望

本書の初めに,私は三つの問いを掲げた。
①育児を通じて男女の不平等を生み出していく家族内在的なからくりは何か。
②育児に関わる社会制度はジェンダー秩序とどのような関係にあるか。
③マクロな社会政策とミクロな家族戦略はどのような関係にあるか。
これまでの分析をふまえて,それぞれに対する結論を簡潔にまとめたうえで,比較社会学的変動論を締めくくり,本書の意義と限界について述べたい。

1 通文化的4類型を貫くジェンダー秩序のベクトルと対抗ベクトル

①家族内在的ジェンダー秩序(ミクロのジェンダー・ポリティクス)については,まず第4章から第7章にかけて,育児をよくシェアしているカップルの4類型を示し,そのいずれのタイプにおいても,男性を活動の主体に,女性を他者のケアへと促すジェンダー秩序が遍在することを明らかにした。

C「平等主義」タイプにおいてさえ,カップルは絶えずジェンダー秩序のベクトルにさらされており,それに常に意識的に対抗してかろうじて保持される平等であった。例えば女性が先に家事に気づくこと,家事技能を高めようとすること,個の時間を断念することなどが,ジェンダー秩序の浸入を許す。また家事の好き嫌い,中の家事と外の家事などの姿で,微妙なジェンダーが派生する。

D「役割逆転」タイプにおいても,完全な逆転ではなく,ジェンダー秩序のベクトルにさらされ,Cタイプへと戻る性向を内在していることが明らかにな

った。夫は職場に強い葛藤感を持って辞め，一時的に主夫の立場になっているが，再就職をめざし，アルバイトもしていた。またどうしても夫にできない家事領域があったり，妻が在宅時は家事が自然に妻の方に流れたりした。

B「女性の二重役割」タイプでは，家事・育児分担をめぐるカップル間交渉において時に葛藤が顕在化するものの，基本的には葛藤が潜在化しており，女性が不平等を納得する様々な仕組みが抽出された。それらは，相対的に高い夫の育児遂行による心理的埋め合わせや，性別特性に基づく相補性という考え方，ハビトゥスや愛情イデオロギーなどであり，妻の側の家事・育児の抱え込みと自分自身の人生の追求の断念も指摘された。

A「男性の二重役割」タイプでは，Bタイプとは逆の不平等があるが，基本的な性別役割分業が自明の前提となっており，その上で男性が不平等を納得する理由として，強い家族一体感や育児参加の楽しみが示された。しかし自明の前提から，夫は基本的に仕事を優先せざるをえず，妻からの要請，時間的ゆとり，家事技能がある限りにおいて，夫の家事・育児は遂行された。

これらの認識は，家族内在的なジェンダー秩序についての動態的な把握を可能にする。家族に内在するジェンダー秩序は，決して静態的・固定的ではなく，常にジェンダー秩序に向けて我々を促すベクトルのようなもので，それに対抗するベクトルを対置し続けることなしに平等は実現しえない。この対抗ベクトルは，自明性を問い直し，葛藤を顕在化するところから，家庭の平和を乱しトラブルを起こすものと捉えられるかもしれない。その対抗ベクトルの鍵になるのが「役割逆転」であった。家族内在的なジェンダー秩序を流動化し，A→B→Cとタイプ間移行する際に，絶えず自明性を問い直し，潜在化しがちな葛藤を顕在化させ，かつ相互理解を進めるものとして，様々な「役割逆転」機会が挙げられた。日常的表現で言えば「百のケンカより，ひとつの役割逆転」となろうか。

「平等主義」とは家事・育児の単なる折半ではない。むしろそれは帰結のひとつ，チェック・ポイントのひとつであり，人と人が，相互に活動の主体でありつつ，他者の活動を支えるケアの担い手でもあることが，重要なのである。相互に抑圧しない関係を追求していくと，平等主義に至る。私がCタイプを「平等」タイプではなく「平等主義」タイプと名づけたのは，このような動態

的な意味をこめている。

しかし人と人が，相互に活動の主体でありつつ，他者の活動を支えるケアの担い手でもあるというあり方は，言うのはやさしいが行うのは難しい。不断の相互フィードバックが必要であろう。第8章の平等主義タイプへの移行過程で確認したように，家族内在的なジェンダー秩序の流動化は，〈共同性〉に基礎づけられている。だがその〈共同性〉は両義的である。ともすると「夫婦は一体」の名のもとに，じつは常に夫が主体で妻が支え手にとどまることが多い。が，その逆が望ましいわけでもなかろう。相互に主体としての〈個〉をふまえた高次の〈共同性〉をめざすという動きなのではないだろうか。

先進例の調査研究から見えてきたことは，「平等」なカップルはいないということである。ただ，現実に絶え間なく不平等が生じてくる社会のなかで，いかに相互に平等であろうとするかという「平等主義」があるだけであった。

2　育児に関わる社会政策のジェンダー効果

②育児に関わる社会制度とジェンダー秩序との関係（マクロのジェンダー・ポリティクス）については，第10章（図10-2）においてタイプ間移行過程における社会政策の効果としてまとめた。一般に保育と育児休業は，育児期にある男女の就労継続を可能にする不可欠の制度である。が，女性の育児休業はBタイプへの移行に寄与し，男性の育児休業はDタイプへの一時的移行を通じてCタイプへの移行に寄与する。保育はAタイプからBCタイプへの移行を促すが，Bタイプを固定化する作用も持ちうる。さらに在宅育児手当は，Aタイプへの移行を促す効果を持っている（Leira 2000）。

従来，家族福祉政策をジェンダーの視点から分析する際には，政策体系全体を貫く論理による分類と評価が中心であった。例えばJ. ルイスは，男性稼ぎ手モデルの強弱の度合いに注目し（Lewis 1992），D. セインズベリーは，男性稼ぎ手モデルと個人モデルという2つの理念型を提示した（Sainsbury 1994）。伊田と横山は，家族単位モデルと個人単位モデルの違いに注目している（伊田1995, 1998a, 1998b, 1998c, 横山2002）。それぞれ，政策体系が全体としてジェンダー秩序とどう関わるかを一般的・総合的に問うものである。本書では，

241

終　章　ジェンダー変革の困難と希望

税制，年金，労働政策などの政策体系全体に検討範囲を広げるのではなく，あえて育児休業と保育に限定して，現代の「夫婦で育児」の通文化的 4 類型において，それらが具体的にいかに作用し，タイプ間移行に影響するかを検討した。このような具体的な検討は今まであまりなされておらず，そこが本書の特徴であるが，見方を変えると限界でもある。

　育児のコストを家族，国家，市場の間でどう分け合うのかという福祉レジームの階層効果についても，興味深いことが見えてきた。一般に公的な保育・教育制度は，階層間平等化システムとして機能するが，市場の保育サービス利用は第10章 3 節で見たように，階層化システムとして機能する。社会保険による育児休業給付は，その階層効果が複雑である。スウェーデンのように収入に連動した高額の保障は，下層労働者の取得戦略の選択の幅を限定するが，上層労働者には多様な取得戦略を可能にする，という形の階層格差をもたらしている。フランスのように低い育児休業給付は，むしろ下層の女性労働者に，保育費を払って就労するより給付をもらって家庭に入る選択を促し，その結果ますますよい就職機会から遠のくことを通じて，階層化を深める。

　今後日本が家族主義的解決をこえて，育児の社会化と男性ケアラー化を進めていく際には，これらの先行例における育児政策の複雑なジェンダー効果と階層効果について知っておくことは有意味であろう。

3　社会政策とカップルの戦略との相互規定関係

　③マクロな社会政策とミクロな家族戦略との関係（ミクロとマクロのジェンダー・ポリティクス）については，第10章において，政策枠組とカップルの両立戦略の親和性と相互規定性に注目しつつ，スウェーデンとフランスの例を中心に歴史を遡ってみた。

　スウェーデンは，親子関係を重視する家族文化と社会民主主義的福祉政策との結びつきから，まず育児休業制度の拡充という方向に政策が発展し，カップルの戦略も「育児休業引き延ばし戦略」という形を取っている。さらに男性解放運動と軌を一にして，男性の育児休業取得を促進するために設けられた「パパ月」の制度は，制度的に「役割逆転」経験を提供することにより，男女平等

化の促進に一定の意義を持っている。しかし「パパ月」は，その趣旨から外れた活用をされたり，事情によっては利用できなかったりして，必ずしもすべてのタイプのカップルに有効なわけではなかった。

　フランスは，親子関係に適切な距離を置く家族文化と保育学校および乳母の歴史的伝統に基づいて，まず保育・教育制度の拡充という方向に政策が発展した。カップルの両立戦略も育児休業より保育のパッチワークであり，家事や育児に人を雇うこともめずらしくない。このようなカップル戦略は，極めて階層的性格を持ち，高学歴の2人キャリア・カップルから，2人労働者カップルまで，多層なカップルの戦略を生み出している。

　近年，この2つの対照的な政策動向がEUの共同政策の枠組のもとで収斂の動きを見せているが，各国に固有の政策特色はなかなか変わりにくいと考えられる。そこで日本に固有の社会政策とカップル戦略の核は何かについて考えてみたが，育児休業充実型のルートを取るにしても保育充実型のルートを取るにしても，日本は隘路に入りこんでしまう。それ以前に，状況依存的な「少子化対策」の枠組から脱して，社会権に基づく「理念」を確立することが必要である。

4　比較社会学的変動論

　比較社会学的変動論の枠組に基づき，3ヵ国に共通の変化の軸として，①育児の社会化と②ジェンダー関係の変化を取り上げた。

　①育児の社会化の軸については，家族・親族・地域のなかで営まれ賄われてきた次世代再生産が，社会構造の変化に伴って育児コストの社会的再配分システムを介するようになり，また保育・教育制度を整えていく過程として捉えられた。その具体的なありようは，第10章で述べたように文化的歴史的な個性の違いによって多様であるが，変化のスピードの違いは共通の指標で測ることが可能であった（図2-1）。スウェーデンとフランスは比較的早く進み，日本は家族主義的解決を引きずりつつ，遅れて進んでいることが確認された。

　②ジェンダー関係の変化については，本書では女性の就労の有無に注意を払いながらも，「男性ケアラー化」の軸として捉えてきた。この点がジェンダー

終　章　ジェンダー変革の困難と希望

関係の変化を女性の非労働力化と労働力化の軸として捉える，瀬地山の比較社会学的変動論と異なっている。ジェンダー関係の変化は，一般に基本的な性別役割分業（男は仕事，女は家庭）の問題として捉えられるが，多くの場合男性の家庭参加よりも女性の就労が，まず基本的な性別役割分業の指標として使われてきた。その理由は現象として目に見えやすく，また量的な変化が生じているからである（瀬地山 1996：50-54）。しかし女性が就労しても，ジェンダー秩序は必ずしも揺るがない。そこで家庭内の家事・育児分担の指標化が必要になってきたのである。私は「男性ケアラー化」の指標を工夫してみた。「男性ケアラー化」の具体的ありようも文化的歴史的な個性の違いによって多様であるが，家事・育児時間など共通の指標で見ると，スウェーデンは相対的に政策的取り組みも早く実際に進んでおり，フランス，日本の順に，相対的に遅い。

　第9章で3ヵ国における育児期家族のあり方の世代間比較を行った。およそ1970年代に育児をしていた親世代と，1990年代後半に育児をしている子世代との違いを整理し，世代間変動の仮説的モデル（図9-1）をまとめた。私の提示した世代間変動の仮説的モデルは，男性の役割に注目する構図になっているため，逆に女性はみな専業主婦になったわけではなく，歴史的に就労し続けた層があることが見えてきた。多くの女性は就労しつつも，家事・育児を担い続けてきたのであった。性別役割分業は，このように双方向から捉えられる必要があるだろう。

　文化の違いが，我々の行動や意識をある程度規定し続けながらも，グローバル化した今日の社会で，共通の変化が進んでいく。その共通面と異質面を見ていくことが必要である。日本ではまだ個々の男性が言わば孤立無援で職場と闘わなければ，平等な家族ケア責任を果たせないのにたいして，フランスでは少なくとも社会的言説は変化している。さらにスウェーデンでは社会的言説を実践するための制度的基盤が整えられている。

　我々は「ケア」が重要になる社会へと向かっているように思う。第2章5節で見たように，様々な意識調査の結果は，ケアに対する男性の関心の高まりを示し，その大衆意識の基盤はあると思われる。いつまでも男性が活動の主体でありつづけ，女性が他者の活動の支え手でありつづけることは不合理になるだろう。N.フレイザーの提唱する「総ケア提供者モデル」は，それぞれの社会

の抱えている諸条件の中でいかにして可能であろうか。

本調査から見えてきた，ひとつの未来イメージは，①上質の短時間保育・教育保障，②短時間正規雇用の保障，③男性ケアラー化（女性の主体化を含む）政策である。それは，現在のスウェーデンの政策が可能性を開いている形である。第4章で典型例として紹介したスウェーデンのジャーナリスト・カップル（S3）は，そのイメージを提供してくれる。何者もその働き方を強制されるべきではないが，望めばこのような「短時間正社員」的な働き方が可能であるような社会制度の整備が必要であると考える。

今後このような社会構想にむけて，市民権の内容を掘り下げる研究，父親概念の脱構築（沼崎 2000），ケア関係そのものを捉え返す研究などが必要である。

5　本書の意義と限界

私は育児にひそむジェンダー秩序を明るみに出し，それを極小化していくような社会政策のあり方を求めて，日本・フランス・スウェーデンの3ヵ国でオリジナルなフィールドワークを行い，その質的データを丹念に分析し解釈するなかから，いくつかの概念と理論枠組を見いだしてきた。「夫婦で育児」の通文化的4類型，ジェンダー秩序の遍在と対抗ベクトル，役割逆転機会，平等主義タイプへの移行過程，世代間変動の仮説的モデル，マクロの社会政策とミクロの家族戦略との相互規定関係，および社会政策がタイプ間変動に与える影響などを示した。

本書の特色と意義は，第1に，マクロな社会政策の枠内で生きる個々の家族の日常生活レベルに降りたって，人々を単なる政策の対象としてではなく，政策を活用して戦略的に生きる主体と見て，膨大なインタビューの語りを理解し，解釈してきたことであろう。これまで，ともするとマクロの政策問題とミクロのカップル間関係における実践とは，切り離された形で論じられてきた。たとえばホックシールドは，夫婦間葛藤のリアリティをみごとに分析しているが，その成果は社会政策論と結びつかなかった。逆にセインズベリやシアロフの政策研究は，それらの政策の枠内で生きる人々に具体的にどんな効果をもたらすのかについての分析につながらなかった。本書は，フランスとスウェーデンの

育児政策という限られた領域ではあったが，マクロ・ミクロ・リンクを行った点に意義があると思う。

第2の特色は，質的な実証研究の長所を生かして，リアリティのある分析を目指したことである。私はデータ対話型理論（Grounded Theory）を実践していく中で，本当に〈データが動き出す〉経験をした。問いを掲げて何度も繰り返しテープ起こしの語りを読み，ひとつ小さな〈発見〉をすると，次々と連鎖的に他の語りの部分が意味を帯びて迫ってきた。もう語りの方が書いてくれと言っているようだった。インタビューそのものも，調査者と調査協力者との共同作業によって作りあげられていくものであるが，分析プロセスにおいても同じような共同作業が起こった。それはまあ比喩的な言い方であるが，要するにデータと対話をしながら次第に積み上がっていった概念と枠組であって，あらかじめ先験的な理論枠組と仮説を用意してそれに従って分析したのではない，ということである。

第3の特色は，すでに随所で述べたように，スウェーデン社会やフランス社会をいたずらに理想視することなく，あるいはまたその文化的個性に還元してしまうことなく，共通の比較可能な枠組で捉え，それぞれの学ぶべき点と抱えている困難な状況をきちんと見ていったことである。そのおかげで，日本の隘路の構図が明確になった。しかし困難さが分析できれば，克服への要所もわかりやすくなる。

しかし本書の長所は裏返せば短所であり，一般に対象を限定しなければ集中した研究ができないが，絞り込みによって落としてしまうものも多い。さらに問題意識のレベルで，すでに本書はある歴史性を前提としているだろう。最後にこうした限界について，簡単に列挙しておきたい。

①質的研究から得られた仮説は複雑で全体性があるけれども，それらを単純な仮説群に分節化して，統計的データで検証していくことは，今後の課題である。
②各国の政策形成プロセスの詳細な研究はそれだけで大仕事であり，ここでは背景的にしか取り上げられなかった。今後は男性ケアラー化政策，特に父親の育児休業促進政策について深めてみたい。
③福祉レジームで言えば「自由主義」のアメリカとの比較やアジアの中の比

5 本書の意義と限界

較が,今後必要である。個人ではできないので,共同のプロジェクトへの参加という形で追求したい。

④ジェンダー秩序の定義において役割構造の部分のみを採用し,セクシュアリティの部分を括弧に入れたことによる限界がある。はたしてジェンダー秩序のベクトルの遍在は,ヘテロセクシュアルな関係における特徴であろうか。ホモセクシュアル・カップルの家事・育児分担においては,どのようなジェンダー秩序が作動するのか研究する価値がある。

⑤調査の過程で,ひとり親の育児を外さざるを得なかったことは大きな限界である。

⑥市場のサービスを利用することは階層化を促しやすいが,階層とジェンダーとエスニシティの関係について,今後詰めていきたい。

⑦私の問題意識自体の中に,私自身の属する階層・ジェンダー・エスニシティが反映しているかもしれない。価値中立的な存在はいないので,日本の高学歴女性というポジションから捉えた「育児のジェンダー・ポリティクス」であると自覚しよう。

以上の諸限界は,今後の理論的実証的研究において生かしたいと思っている。

参考文献 　著者のアルファベット順

Ahrne G. & Roman C. 1997 *Hemmet, barnen och makten : Förhandlinger om arbete och pengar i familjen, Rapport till Utredningen om fördelningen av ekonomisk makt och ekonomiska resurser mellan kvinnor och män*, SOU 1997 : 139＝2001，日本・スウェーデン家族比較研究会，ハンソン友子訳『家族に潜む権力──スウェーデン平等社会の理想と現実』青木書店

Arve-Parès B. ed. 1995 *Reconciling Work and Family Life : a challenge for Europe*, Swedish National Committee on the International Year of the Family and the Commission of the European Communities

浅井春夫・伊藤悟・村瀬幸浩編著　2001『日本の男はどこから来てどこへ行くのか』十月舎

Beauvoir S. 1949 *Le deuxieme sexe*, Gallimard＝1997　井上たか子・木村信子監訳『決定版第二の性　Ⅰ　事実と神話』新潮社

Carlsen S. 1998 *Men on Parental Leave*, Nordic Council of Ministers

Centre de Sociologie Urbaine 1986 *A propos des rapports sociaux de sexe,* CSU

Christoffersen M. 1997 *Spaedboernsfamilien*. Rapport nr. 1. Copenhagen : SFI

Chodorow N. 1978 *The Reproduction of Mothering*, University of California Press＝1981　大塚光子・大内菅子訳『母親業の再生産』新曜社

Coltrane S. 1996 *Family Man*, Oxford University Press

男女共同参画会議・少子化と男女共同参画に関する専門調査会　2005「少子化と男女共同参画に関する社会環境の国際比較調査報告書」

土場学編　2002『子育てと福祉に関する三鷹市民意識調査──分析編』東京工業大学社会福祉政策研究会

江原由美子　2001『ジェンダー秩序』勁草書房

Esping-Andersen G. 1990 *The three worlds of welfare capitalism*, Princeton University Press.＝2001　岡沢憲芙・宮本太郎訳『福祉資本主義の三つの世界』ミネルヴァ書房

───── 1999 *Social foundations of postindustrial economies*, Oxford University Press＝2000　渡辺雅男・渡辺景子訳『ポスト工業社会の社会的基礎』桜井書店

───── with Gallie D., Hemerijck A. & Myles J. 2002 *Why We Need a New*

Welfare State, Oxford University Press
Fagnani J. 1998 Helping mothers to combine paid and unpaid work...or fighting unemployment ? The ambiguities of French family policy, *Community, Work & Family*, Vol. 1 No. 3 297-312
──── 2000 *Un travail et des enfants : petits arbitrages et grands dilemmes*, Bayard
Fagnani J. & Letablier M. T. 2003 La réduction du temps de travail a t-elle amélioré la vie quotidienne des parents de jeunes enfants ?, *Premières Informations et Premières synthèses*, DARES, Janvier 2003 No. 01. 2
Franser N. 1997 *Justice Interruptus : Critical Reflections on the 'Postsocialist' Condition*, Routledge=2003 仲正昌樹監訳『中断された正義』御茶の水書房
Friedan B. 1963 *The Feminine Mystique*=1965 三浦冨美子訳『新しい女性の創造』大和書房
深澤和子　2003『福祉国家とジェンダー・ポリティクス』東信堂
藤田穂高　1997『フランス保育制度史研究』東信堂
Funabashi K. 1987 "Comparaison sur l'éducation des enfants en France et au Japon," *Enquête sur l'éducation des enfans en France et au Japon : premier rapport*, Centre franco-japonais de documentation sur les femme, Paris, 11-27
舩橋惠子　1990「日仏子育てアンケートは語る」『日本の子育て・世界の子育て』日仏女性資料センター　3-38
──── 1991「産育の比較社会学の枠組と鍵概念をめぐって」『国際学レヴュー』No. 3　桜美林大学　143-158
────・堤マサエ　1992『母性の社会学』サイエンス社
──── 1993「出産・育児に対する支援制度のあり方──フランスの例を検討しながら日本の制度形成を考える」『季刊社会保障研究』Vol. 29 No. 1　社会保障研究所　54-64
──── 1994『赤ちゃんを産むということ──社会学からのこころみ』NHKブックス
──── 1996「EUの男性変革戦略：男性の子育て促進へ向かって・連載・ヨーロッパ統合とジェンダー⑥」『時の法令』No. 1530　大蔵省印刷局　58-67
──── 1998「育児休業制度のジェンダー効果──北欧諸国における男性の役割変化を中心に」『家族社会学研究』No. 10-2　日本家族社会学会　55-70
──── 1998「現代父親役割の比較社会学的検討」比較家族史学会監修　黒柳晴夫・山本正和・若尾祐司編『シリーズ比較家族Ⅱ‐2　父親と家族──父性を問

参考文献

　　　　　う』早稲田大学出版会　136-168
────　1999「父親の現在──ひらかれた父親論に向かって」渡辺秀樹編『シリーズ子どもと教育の社会学 3　変容する家族と子ども』教育出版　85～105
────　1999「ジェンダーの視点からみた現代の母性・父性」『ヒューマンサイエンス』Vol. 12 No. 1　早稲田大学出版会　28～32
────　2000「スウェーデンにおける育児・看護休業制度」JIL資料シリーズNo. 105『諸外国における育児・介護休業制度　ドイツ・フランス・スウェーデン』日本労働研究機構　43～76
────　2000「『幸福な家庭』志向の陥穽──変容する父親像と母親規範」目黒依子・矢澤澄子編『少子化時代のジェンダーと母親意識』新曜社　47～67
────　2004「平等な子育てに向かって──『夫婦で育児』の4類型」『国立女性教育会館研究紀要』Vol. 8　September　13～23
────　2005「育児戦略と家族政策のなかのジェンダー──日本・フランス・スウェーデンの比較調査から」『家族社会学研究』No. 16-2　日本家族社会学会　23-35
────　2005「職業と育児に関するジェンダー・バランスの5類型」『男性のケア意識・職業意識がジェンダー秩序の流動化に与える影響に関する実証的研究』（平成15-16年度科学研究費補助金　基盤研究(B)(1)研究成果報告書）91～100

Haas L. 1992 *Equal Parenthood and Social Policy : A Study of Parental Leave in Sweden*, State University of New York Press

Hantrais L. 1993 "Women, Work and Welfare in France", Lewis J. ed. *Women and Social Policies in Europe*, Edward Elgar 116-137

林道義　1996『父性の復権』中央公論社

樋口恵子・中村通子・暉岡淑子・増田れい子　1985「シンポジウム・女たちの今，そして未来は？──家庭・労働・平和を考える」『世界』8月号，23-59

広井良典　2001『定常型社会』岩波新書

広田照幸　1999『日本人のしつけは衰退したか』講談社現代新書

Hobson B. ed. 2002 *Making Men into Fathers : Men, Masculinities and the Social Politics of Fatherhood,* Cambridge University Press.

Holter φ. G. 2003 *Can men de it ? Men and Gender Equality-the Nordic Experience*, Nord

Hochschield A. with Machung A. 1989 *The Second Shift : Working Parents and the Revolution at Home*, New York : Viking Penguin.＝1990　田中和子訳『セカンド・シフト──アメリカ共働き革命のいま』朝日新聞社

参考文献

育児休業を取った 6 人の男たち　2000『「育児父さん」の成長日誌』朝日新聞社
井口泰・西村智　2002「国際比較からみた雇用システムと少子化問題」国立社会保障・人口問題研究所編『少子社会の子育て支援』東京大学出版会　137-160
井上輝子・上野千鶴子・江原由美子・天野正子（編集協力）1995『日本のフェミニズム 3 性役割』岩波書店
伊藤達也　1994『生活の中の人口学』古今書院
伊藤セツ　2003「書評『戦後日本の女性政策』」『国立女性教育会館研究紀要』No. 7　140-141
井神浩　2003「福祉国家動態論への展開——ジェンダーの視点から」埋橋孝文編著『比較の中の福祉国家』ミネルヴァ書房　43-67
稲葉昭英　1998「どんな男性が家事・育児をするのか？——社会階層と男性の家事・育児参加」渡辺秀樹・志田基与師編『社会階層と結婚・家族』（1995年 SSM 調査シリーズ15）1〜42
Ishii-Kuntz M. & Coltrane S. 1992 Predicting the Sharing of Household Labour : Are Parenting and Housework Distinct ?, *Sociological Perspective* 35-4, 629-649
石井クンツ昌子　2004「女性の就業と夫婦関係」渡辺秀樹・稲葉昭英・嶋崎尚子編『現代家族の構造と変容』東京大学出版会　201-214
海妻径子　2004『近代日本の父性論とジェンダー・ポリティクス』作品社
柏木惠子　編著　1993『父親の発達心理学』川島書店
―――　2003『家族心理学』東京大学出版会
春日キスヨ　1989『父子家庭を生きる』勁草書房
加藤邦子・石井クンツ昌子・牧野カツコ・土谷みち子　1998「父親の育児参加を規定する要因」『家庭教育研究所紀要』No. 20　38-47
川喜田二郎　1967『発想法』中公新書
経済企画庁経済研究所国民経済計算部　1997『あなたの家事の値段はおいくらですか？——無償労働の貨幣評価についての報告』大蔵省印刷局
木本喜美子　2003『女性労働とマネジメント』勁草書房
木下康仁　1999『グラウンデッド・セオリー・アプローチ』弘文堂
―――　2003『グラウンデッド・セオリー・アプローチの実践』弘文堂
Komter A. E.　1989　Hidden Power in Marriage, *Gender and Society* 2, 187-216
小島宏　2000「フランスにおける育児・介護休業制度」JIL 資料シリーズ　No. 105『諸外国における育児・介護休業制度—ドイツ・フランス・スウェーデン—』日本労働研究機構　15-41

参考文献

小林順子編　1997『21世紀を展望するフランスの教育改革』東信堂
久場嬉子　1994「福祉国家とジェンダー摩擦」『季刊社会保障研究』Vol. 30 No1. 2 152-163
Leira A. & Boje T. P. eds. 2000 *Gender, Welfare State and the Market*, Routledge
─────　2002 *Working Parents and the Welfare State : Family Change and Policy Reform in Scandinavia*, Cambridge University Press
Leprince F. & Fenet F. 2002 *Les modes d'acueil des Jeunes enfants*, Ash
Lewis J. ed. 1993 *Women and Social Policies in Europe : Work, Family and the State*, Edward Elgar
前田正子　1997『保育園は，いま──みんなで子育て』岩波書店
─────　2003『子育ては，いま──変わる保育園，これからの子育て支援』岩波書店
─────　2004『子育てしやすい社会』ミネルヴァ書房
牧野カツコ・中野由美子・柏木惠子編著　1996『子どもの発達と父親の役割』ミネルヴァ書房
松田茂樹　2004「男性の家事参加」渡辺秀樹・稲葉昭英・嶋崎尚子編『現代家族の構造と変容』東京大学出版会　175-189
松田智子　2000「性別役割分業からみた夫婦関係」善積京子編『結婚とパートナー関係』ミネルヴァ書房
Meunier C. C. *La place des hommes et les métamorphoses de la famille*, PUF
Mitterauer M. 1990 *Historisch-Antholopologische Familienforschung*, Bohlau Verlag=1994　若尾祐司・服部良久・森明子・肥前栄一・森謙二訳『歴史人類学の家族研究』新曜社
見田宗介 1988「比較社会学」見田宗介・栗原彬・田中義久編『社会学事典』弘文堂
宮坂靖子 2000「親イメージの変遷と親子関係のゆくえ」藤崎宏子編『親と子──交錯するライフコース』ミネルヴァ書房 19-41
Ministry of Health and Social Affairs 1999 *Swedish family policy*, Regeringskansliet no. 11 August 1999
Ministry of Labour 1986 *The Changing Role of the Male : Summary of a report by the Working Party for the Role of the Male.*
内閣府経済社会総合研究所　2005『フランスとドイツの家庭生活調査──フランスの出生率はなぜ高いのか』
中谷文美　1999「『子育てする男』としての父親?」西川祐子・荻野美穂編著『男性論』人文書院

参考文献

直井道子編　1989『家事の社会学』サイエンス社
永井暁子　2004「男性の育児参加」渡辺秀樹・稲葉昭英・嶋崎尚子編『現代家族の構造と変容』東京大学出版会　190-200
日本女子社会教育会　1995『家庭教育に関する国際比較調査報告書』
西岡八郎　2004「男性の家庭役割とジェンダー・システム」目黒依子・西岡八郎編，『少子化のジェンダー分析』勁草書房
西村純子　2001「性別分業意識の多元性とその規定要因」『年報社会学論集』No. 14. 139-150
日仏女性資料センター　2003『女性空間』20周年記念号（日仏女性研究学会）
Nord 1995 *Towards New Masculinities—report from a nordic conference on men and gender equality—*, Nordic Council of Ministers.
——— 1998 *Men and Gender Equality—New Challenge—*, Nordic Council of Ministers.
沼崎一郎　2000「男性にとってのリプロダクティブ・ヘルス／ライツ」『国立女性教育会館研究紀要』No. 4　15-24
大日向雅美　1988『母性の研究』川島書店
——— 1999『子育てと出会うとき』NHKブックス
——— 2000『母性愛神話の罠』日本評論社
Oakley A. 1974 *The Sociology of Housework* = 1980　佐藤和枝・渡辺潤訳『家事の社会学』松籟社
太田素子　1994『江戸の親子』中公新書
岡村清子　1996「主婦の就労と性別役割分業」野々山久也・袖井孝子・篠崎正美編著『いま家族に何が起こっているのか——家族社会学のパラダイム転換をめぐって』ミネルヴァ書房
岡谷公二　2003『シュヴァル——夢の宮殿をたてた郵便配達夫』福音館書店
落合恵美子　1994, 1997, 2004『21世紀家族へ——家族の戦後体制の見かた・超えかた』有斐閣
OECD 1999 *Early Childhood Education and Care Policy in Sweden*
——— 2002 *Babies and Bosses-Vol. 1, Australia, Denmark and the Netherlands*
——— 2003 *Babies and Bosses-Vol. 2, Austria, Ireland and Japan*, =2005　高木郁郎監訳『国際比較：仕事と家庭生活の両立——日本・オーストリア・アイルランド』
——— 2004 *Early Childhood Education and Care Policy in France*
Orloff A. S. 1993 Gender and Social Rights of Citizenship: State Policies and

参考文献

Gender Relations in Comparative Research, *American Sociological Review*, Vol. 58 No. 3
Pernoud L. 1986 *J'élève mon enfant*, Pierre Horay
RFV 2003 *Social Insurence in Sweden*
Sainsbury D. ed. 1994 *Gendering welfare states*, Sage Publication
———— ed. 1999 *Gender and welfare state regimes*, Oxford University Press
Segalen M. 1980 *Mari et femme dans la société paysanne*, Flammarion＝1983 片岡幸彦監訳『妻と夫の社会史』新評論
SOFRES 1995 *L'état de l'opinion.*
桜井厚 2002『インタビューの社会学』せりか書房
佐藤博樹・武石恵美子 2004『男性の育児休業』中公新書
三瓶恵子 1993『スウェーデン右往左往』日本貿易振興会
三具淳子 2002「カップルにおける『経済的依存』の数値化」『家族社会学研究』Vol. 14 No. 1 37-48
仙田幸子 2002「大都市圏の女性のフルタイム就労率にかかわる要因の検討」『家族社会学研究』Vol. 13 Nol. 2 63-72
瀬地山角 1996『ジェンダーの比較社会学——東アジアの家父長制』勁草書房
汐見稔幸編 2003『世界に学ぼう！子育て支援』フレーベル館
品田知美 2004『〈子育て法〉革命』中公新書
柴山恵美子・中曽根佐織編著 2004『EU男女均等政策』日本評論社
Sialoff A. 1994 Work, Welfare and Gender Equality: A New Typology, Sainsbery D. ed. *Gendering welfare states*, Sage Publications, 82-100
Sokoloff J. N. 1980 *Between Money and Love*＝1987 江原ほか訳『お金と愛情の間』勁草書房
Sorensen A. & McLanahan S. 1987 Married Women's Economic Dependency 1940-1980, *American Journal of Sociology*, 93 (3): 659-687
SCB (Statistics Sweden) 1995 *Women and Men in Sweden: Facts and figures 1995*
———— 2004 *Women and Men in Sweden: Facts and figures 2004*
Strauss A. & Corbin J. 1990 *Basics of Qualitative Research: Grounded Theory Procedures and Techniques*, Sage＝1999 南裕子監訳『質的研究の基礎』医学書院
———— & Glaser B. 1967 *The Discovery of Grounded Theory: strategies for qualitative research*＝1996 後藤隆・大出春江・水野節夫訳『データ対話型理論

の発見』新曜社

Strouk J. & Bompard C.V. 2001 *Je vais être Papa*. Rocher

末盛慶　1999「夫の家事遂行および情緒的サポートと妻の夫婦関係満足感」『家族社会学研究』No. 11, 71-82

橘由子　1992『子どもに手を上げたくなるとき』学陽書房

武川正吾　1999『社会政策のなかの現代』東京大学出版会

竹崎孜　2002『スウェーデンはなぜ少子国家にならなかったのか』あけび書房

田間泰子　2001『母性愛という制度――子殺しと中絶のポリティクス』勁草書房

寺田恕子　1987『フランスにおける女性のための再就職教育の調査と研究』日仏女性資料センター

Todd E. 1990 *L'Invention de Europe*, Seuil=1992　石崎晴巳訳『新・ヨーロッパ大全Ⅰ』藤原書店

都村敦子　2002「家族政策の国際比較」国立社会保障・人口問題研究所編『少子社会の子育て支援』東京大学出版会 19-46

恒吉遼子&ブーコックS. S. 1997『育児の国際比較――子どもと社会と親たち』NHKブックス

上野千鶴子　1990『家父長制と資本制』岩波書店

――――　1991『90年代のアダムとイヴ』日本放送出版協会

――――・中西正司　2003『当事者主権』岩波新書

渡辺秀樹編　1999『変容する家族と子ども』教育出版

Welzer-Lang D. 2004 *Les hommes aussi changent*, Payot

矢澤澄子・国広陽子・天童睦子　2003『都市環境と子育て』勁草書房

矢澤澄子ほか　2004『ジェンダー化されたケア労働の形成に関する理論的・実証的研究』（課題番号　14594020　平成14年度〜15年度科学研究費補助金　基盤研究(c)(1)研究成果報告書）

大和礼子　1995「性別役割分業意識の二つの次元」『ソシオロジ』Vol. 40-No. 1 109-126

――――　1999「「家事労働」概念の再検討」『家族社会学研究』No. 11, 113-118

――――　2001「夫の家事参加は妻の結婚満足度を高めるか」『ソシオロジ』Vol. 46 No. 1 3-20

横山文野　2002『戦後日本の女性政策』勁草書房

吉田義仁　1992『ぼくらのパパは駆け出し主夫』朝日新聞社

善積京子　1996「スウェーデン社会と家族変動」野々山久也・袖井孝子・篠崎正美編著『いま家族に何が起こっているのか――家族社会学のパラダイム転換をめぐっ

参考文献

て』ミネルヴァ書房
——— 編著 2004『スウェーデンの家族とパートナー関係』青木書店

あとがき

　私はちっぽけな一介の社会学徒で，シュヴァルである。第2章で紹介したが，フランスの田舎の郵便配達人シュヴァルは，躓いた石ころに魅せられて，毎日郵便配達の合間に拾った石ころをコツコツと積み上げて，33年もかけて「夢の宮殿」を作り上げたという。それにはとうてい及ばないが，途中思い悩むとき何度も私はシュヴァルを思い浮かべた。しかし，とんでもないことを始めてしまったとは思っても，やめたいと思ったことはない。何よりも96人の調査協力者の山のような〈声〉が私を駆り立てて，7年にわたるデータ整理と分析・まとめにいたる困難な道を私に歩み通させてくれた。本当はまだ終わっていない。ほんの一部屋できただけだし，それも床の一部が弱かったり窓が足りなかったりしている。

　データに基づいてしっかりした研究をしたいという思いは，東京教育大学社会学教室（1977年閉学）の伝統から得ている。私が回り道の後に学士入学して社会学を学び始めたとき，中野卓先生，間宏先生，森岡清美先生，今は亡き安田三郎先生という錚々たる実証研究の大家が揃った環境で，手ほどきを受けることができたのは幸運であった。その後脈々と続く「東京教育大学社会学の会」にたまに出席するたびに，会の研究者の文字通り分厚い実証研究の成果に接し，大いに刺激をいただいた。私もいつかこの会で取り上げていただけるような実証研究をまとめたいと心に誓ってから何年経つだろうか。まだ自信はないが，このへんで区切りをつけて厳しい批判をいただきたいと思う。

　私の社会学的探求のもうひとつのルーツは，大学院の5年間を過ごした東京大学社会学研究室の先生方と諸先輩，院生仲間である。見田宗介先生，吉田民人先生，既に他界された馬場修一先生に直接の指導を受け，自由な発想に基づく理論形成を学ばせていただいた。また当時の院生仲間からは，鋭い相互批判精神と構想展開力を学んだ。

　本書は学位申請論文として構想し全面的に新しく書き下した。関連する既発

あとがき

表論文は文献に掲げているが，いずれもそのほんの一部を引用したにとどまる。1998年に3ヵ国調査の計画を立て，1999年に実施，その後テープ起こしに2年，分析方法や理論の探求に2年，書き下しはじめて2年もかかってしまった。上野千鶴子さんは，大晦日に草稿をお送りしたにもかかわらず，正月早々即座に励ましのこもった鋭いコメントを下さり，博論審査を引き受けて下さった。生来の遅筆のため亀のごとき執筆状況であったが，勁草書房の町田民世子さんは大変忍耐強く待って下さり，私の最後の迷いをふっきって刊行に踏みきらせて下さった。お二人に，心から御礼申し上げたい。

調査研究に当たっては，じつに多くの方々からご支援をいただいた。フランス調査では，Annie et Francis Pavé, Anne-Marie Devreux, Marie-Christine Pouchelle, Réjane Le-Dolédec に，スウェーデン調査では，Johan Peanberg, Caroline Tovatt, Tomoe Olivier, Toshiko Tsukaguchi-le-Grand, Eiko Duke, Brid Scharp, Aulikki Cederholm, Mailis Salmi, Simon Krigsholm, Alexander Butchart, Brigitte Kuhlmann に，調査協力者探しと滞在生活面での援助をいただいた。日本調査では，特に稲村百合子さんと金子玲子さんにお世話になった。また，ストックホルム大学女性学研究所（現ジェンダー学研究所）の Gunilla Bjerén と Eva Bernhardt には，研究所での発表の機会をいただき，よいコメントをいただいた。その他にも，お名前を挙げきれないほど沢山の方々から，研究会や学会その他の場面で，貴重なご教示や励ましを受けた。

研究の環境を与えてくれた組織にも感謝したい。前任校の桜美林大学からは1999年7月から12月まで6ヵ月間の在外研究の機会をいただき，スウェーデン滞在が可能になった。また滞在中に，日本労働研究機構の育児・介護休業に関する調査研究プロジェクトでスウェーデンを担当する機会に恵まれた。その前後に，生命保険文化センター，日本証券奨学財団，日本経済研究奨励財団から研究費を受けた。

最後に，研究者としての私を支えてくれた家族にも，心からありがとうと言いたい。

2006年1月9日

舩橋　惠子

索　引

ア　行

アーネ G. とロマーン C.　71
アンデルセンG. E.　17, 25, 36
明らかな権力　14, 166
育児休業　37, 54, 55, 58, 164, 178, 215, 224, 225, 234
育休引き延ばし戦略　220, 242
育児支援センター　50
育児参加　144
育児責任　109
育児専業　143, 148
育児のおもしろさ　93
育児の抱え込み　100, 132, 184
育児のコスト　12, 242
育児の社会化　22, 36, 236, 243
育児の組織化　192
育児費用　36
育児労働　36
石井クンツ昌子　29
稲葉昭英　28
1歳児神話　45, 172
一体感　145, 181
インタビュー　64, 65, 66, 67, 245
上野千鶴子　12
江原由美子　13
オークレイ A.　25
岡村清子　27
夫の育児遂行　28, 125
夫の家事遂行　28
夫の妻への家事依存度（H.D.）　70
男の子育てを考える会　200
男も女も育児時間を！　連絡会　200
親子関係　43, 242, 243

カ　行

階層　52, 228, 232
海妻径子　4
外部資源　135, 136
隠れた権力　166, 176, 179, 185

家事使用人　228, 230, 231
家事に気付くこと　96
家事技能　97, 148
家事分担　126
家事労働　20
春日キスヨ　15
稼ぎ手　194, 196
家族給付　47, 54
家族政策　47
家族手当金庫（CNAF）　55
家族文化　7, 42, 43, 210, 234
カップルの戦略　7, 175, 179, 243
家庭保育園（creche familiale）　56
家父長的協働　188, 193
カールセン S.　202
木下康仁　68, 69, 185
木本喜美子　2
共同決定　89
〈共同性〉　181, 182, 183
嫌いな家事　98
近代家族　204
計量分析　27, 28
ケアする父親　194, 196
ケアラーとしての男性（men as carers）　202, 203
現代家族　204
〈個〉　181, 182, 183
公的保育　37
コムター A.　14
コルトレイン S.　196

サ　行

サムボ　45, 84, 86
3歳児神話　15, 59, 172, 235
三具淳子　70
瀬地山角　34, 36
「自由主義」レジーム　17
「社会民主主義」レジーム　18
シアロフ A.　21, 245
出産休暇　55

259

索　引

修正版グラウンデッド・セオリー・アプローチ
　　68, 69, 185
シェア　87
ジェンダー契約　24
ジェンダー知　13, 14, 200
ジェンダー秩序　2, 3, 5, 6, 13, 16, 33, 154, 239,
　　240, 241
　　──の流動化　36, 208, 213, 214
ジェンダー・ポリティクス　1, 4, 6, 17, 155
ジェンダーの脱構築　24
児童手当　37, 58
品田知美　59
次世代育成支援対策推進法　57
少子化社会対策基本法　57
少子・高齢化　43
職業意識　110
「女性の二重役割」タイプ　6, 118, 153, 157,
　　173, 181, 184, 185, 205, 207, 240
質的調査研究　i, 246
事例調査　63
社会的価値のヒエラルキー　112, 114
社会的言説　197, 198, 244
人口構造の変化　40
新性別役割分業　204, 205
末盛慶　30
好きな家事　98
スピード・プレミアム　138
聖域なしのライフデザイン　164
生物学的性差　200
性役割意識　190, 193
性役割分業　16
性役割配分　74, 75
性別特性　129
性別分業　13
性別役割分業　204, 205, 244
セインズベリ　D.　241, 245
世代間葛藤　187, 191, 193
世代間変動　187, 204, 205, 244
専業主夫　112
潜在的権力　14, 15,
選択の自由　53
相補性　127, 180, 181
属地主義　53
ソコロフ　N.　12
外の家事　99

タ　行

託児所（halte-gardrie）　56
武川正吾　20
脱家族化　19, 36
脱商品化　36
男性ケアラー　i, 16, 36, 37, 236, 237, 243
「男性の二重役割」タイプ　6, 74, 137, 153,
　　181, 184, 185, 205, 207, 240
男性と平等　51, 202, 217
男性保育者　202, 233
男性の育児休業　214, 216, 222, 233
男性の役割を考える政府委員会　216
短時間正社員　46
父親休暇　55
父親教育　51
父親の責任　200
父親役割　199
通文化的4類型　6, 71, 239, 242, 245
妻の夫への経済的依存度（E.D.）　70
妻の経済力　91
妻の職業的能力への誇り　91
妻からの交渉　150, 167
妻の断念　132, 133
データ対話型理論　68, 246
伝統家族　204
土場学　170

ナ　行

直井道子　27
永井暁子　28
中谷文美　200
中の家事　99
〈ニーズ〉　212
2歳児神話　172
西岡八郎　28
西村純子　31
沼崎一郎　201

ハ　行

パパ月（父親の1ヵ月）　51, 221, 242
パパ・クオータ　203, 217
パパグループ　217
ハビトゥス　130
比較社会学的変動論　6, 35, 36, 39, 210, 243

平等規範　90
「平等主義」タイプ　6,79,95,153,157,158, 173,181,183,184,185,205,239
平等な育児　32
微妙なジェンダー秩序　95
深澤和子　4
不可視的権力　14,15,31,166,171
福祉レジーム　6,7,17,210,211
フレイザー N.　23,244
「保守主義」レジーム　17
不平等　125,143,162,239
保育　47,48,54,59,222,224,234
保育アシスタント（assistante maternelle）　56,136,222,223
保育学校（école maternelle）　55,222
保育園（crèche）　56,222,223,226,227,228
母性イデオロギー　1,15,60
ホックシールド A.　26,245

マ 行

前田正子　59
マクロの社会政策　210,211,212,239,242
松田茂樹　28

松田智子　27
ミクロの家族戦略　210,211,212,239,242
自らの内なる声　106
見田宗介　34
宮坂靖子　200
モス P.　202

ヤ 行

役割交代　88
「役割逆転」　111,166,167,173,176,177,180, 184,185,196,208,214,242
「役割逆転」タイプ　6,103,153,157,181,185, 205,239
大和礼子　30,31
〈与件〉　211
吉田義仁　16

ラ 行

理論的飽和　75
両親保険　47,50,215
ルイス J.　241
歴史的状況差　36
労働力編成　41,43

著者略歴

1949年　神奈川県に生まれる
1979年　東京大学大学院社会学研究科博士課程単位取得満期退学
現　在　静岡大学人文学部教授・副学長（男女共同参画・学生担当）／社会学博士
主　著　『母性の社会学』（サイエンス社，1992）
　　　　『赤ちゃんを産むということ』（NHKブックス，1994）

育児のジェンダー・ポリティクス

双書 ジェンダー分析11

2006年5月15日　第1版第1刷発行
2009年6月20日　第1版第3刷発行

著　者　舩　橋　惠　子
発行者　井　村　寿　人

発行所　株式会社　勁　草　書　房

112-0005 東京都文京区水道2-1-1　振替 00150-2-175253
（編集）電話 03-3815-5277／FAX 03-3814-6968
（営業）電話 03-3814-6861／FAX 03-3814-6854
堀内印刷所・牧製本

©FUNABASHI Keiko　2006

ISBN978-4-326-64872-6　　Printed in Japan

JCLS ＜㈳日本著作出版権管理システム委託出版物＞
本書の無断複写は著作権法上での例外を除き禁じられています。
複写される場合は、そのつど事前に㈳日本著作出版権管理システム
（電話03-3817-5670、FAX03-3815-8199）の許諾を得てください。

＊落丁本・乱丁本はお取替いたします。
http://www.keisoshobo.co.jp

木本喜美子	女性労働とマネジメント	3675円
矢澤澄子他	都市環境と子育て	2940円
首藤若菜	統合される男女の職場	5670円
目黒依子他編	少子化のジェンダー分析	3675円
杉本貴代栄	福祉社会のジェンダー構造	2835円
本田由紀編	女性の就業と親子関係	3255円
浅倉むつ子	労働法とジェンダー	3675円
堀江孝司	現代政治と女性政策	4935円
山下泰子	女性差別撤廃条約の展開	3675円
赤松良子	均等法をつくる	2520円
横山文野	戦後日本の女性政策	6300円
江原由美子	ジェンダー秩序	3675円
山田昌弘	家族というリスク	2520円
瀬地山角	お笑いジェンダー論	1890円
落合恵美子	近代家族とフェミニズム	3360円
江原由美子編	フェミニズムの主張	2835円
江原由美子編	性の商品化　フェミニズムの主張2	3360円
江原由美子編	生殖技術とジェンダー　フェミニズムの主張3	3780円
江原由美子編	性・暴力・ネーション　フェミニズムの主張4	3570円
江原由美子編	フェミニズムとリベラリズム　フェミニズムの主張5	2835円

＊表示価格は2009年6月現在。消費税が含まれております。